D1997349

Plan Leben bewusst gestalten

Ernährung • Konsum • Gesundheit

Herausgegeben von
Silvia Leutnant

Erarbeitet von
Heidrun Forstmaier
Sabine Hetzer
Angelika Krug
Silvia Leutnant
Kirsten Mann
Katrin Thiessen

Schöningh

www.schoeningh-schulbuch.de
Schöningh Verlag, Jühenplatz 1–3, 33098 Paderborn

Druck A 5 4 3 2 / Jahr 2018 17 16 15
Alle Drucke der Serie A sind im Unterricht parallel verwendbar.
Die letzte Zahl bezeichnet das Jahr dieses Druckes.

Umschlaggestaltung: Reinhild Kassing, Kassel, unter Verwendung von Fotografien von SSC/Getty Images (U1 re.), © Wolfgang Kraus – Fotolia.com (U1 li.), © davis – Fotolia.com (U4 re.), © ArVis – Fotolia.com (U4 li.)
Illustrationen: Veronika Wypior, Bad Driburg
Infografiken: Franz-Josef Domke, Hannover
Druck und Bindung: westermann druck GmbH, Braunschweig

ISBN 978-3-14-018800-5

Inhalt

1 Hamburger, Hering oder Heuschrecken? – Essen ist Geschmackssache

„Der Mensch ist,
was er isst."

Ludwig Feuerbach,
deutscher Philosoph, 1804–1872

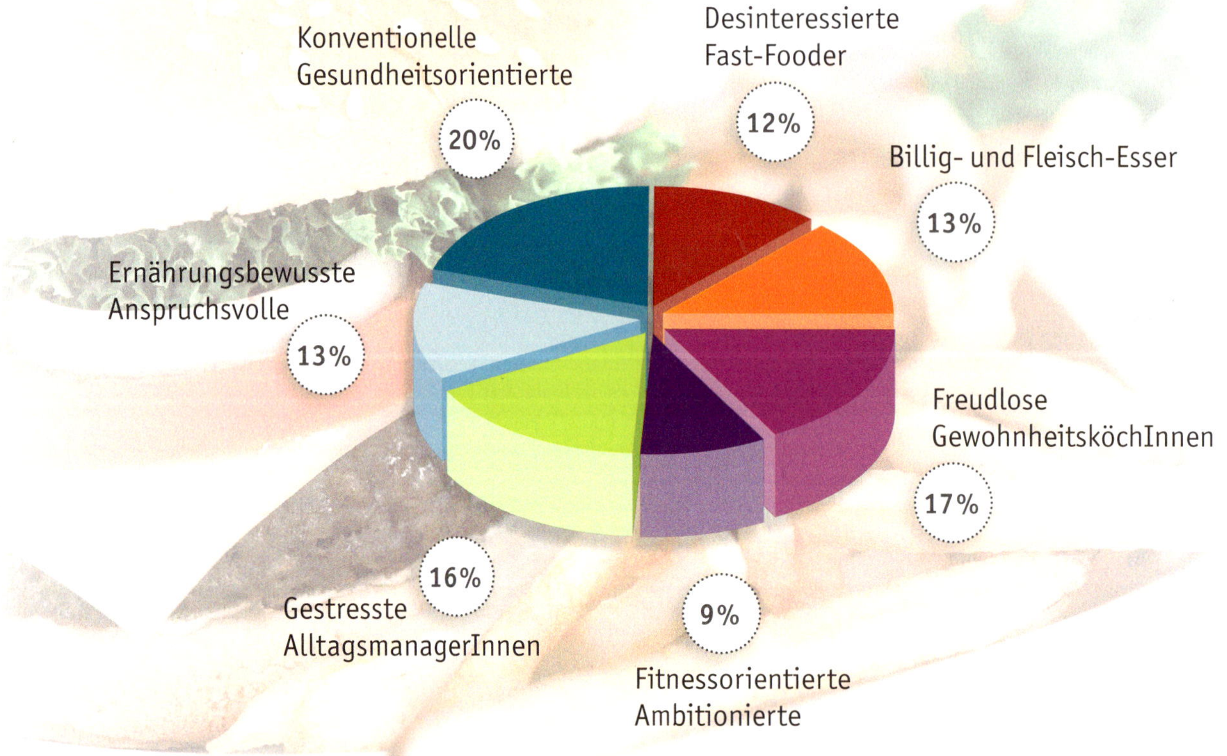

Ernährungsstile in Deutschland

Aus: Ernährungswende, hg. v. Inst. f. sozial-ökolog. Forschung (ISOE), Diskussionspapier Nr. 5, Frankfurt a. M. 2005, S. 19

Wer isst eigentlich was, wann, wo, mit wem und warum?
Was schmeckt lecker? Warum schmeckt manches nicht?
Welche Einflussfaktoren bestimmen unser Essverhalten?
Warum gibt es Fisch am Karfreitag?
Was bedeutet halāl, harām und koscher?
Was unterscheidet Vegetarier von Veganern?
Welche Bedeutung hat die Familienmahlzeit?
Was ist ein „kulinarischer Code"?
Wie gestalte ich eine festliche Mahlzeit für alle?

Der Hunger treibt's hinein – warum essen wir eigentlich?

Warum essen wir?

Die Frage ist wohl einfach zu beantworten. Ganz klar, weil wir Hunger haben, weil wir ohne Essen und Trinken nicht leben können. Jahrhundertelang bestimmte die Suche nach Essen den Tagesablauf der Menschen. Mit Essen lässt sich aber viel mehr als nur unser natürliches *Bedürfnis* nach Nahrung befriedigen.

Manchmal essen Menschen, weil sie Appetit auf etwas „Schönes" oder „Leckeres" haben. Sie naschen Süßigkeiten, weil sie unter Stress leiden, trösten sich mit Schokolade oder belohnen sich mit einem Stück Sahnetorte in geselliger Runde. Manchmal essen sie auch einfach nur aus Langeweile. Hunger kommt in unserer Gesellschaft oft gar nicht mehr vor.

→ Plan L.-Glossar

Du-kannst-Aufgaben

Unser Essverhalten ist sehr unterschiedlich. Es gibt viele gemeinsame Gründe, warum und wann wir essen. Diese Gemeinsamkeiten und Unterschiede wollen wir herausfinden.

1. *Du kannst eine Tabelle erstellen, in der du unterschiedliche Anlässe aus deinem Alltag, aber auch Feste und Geburtstage notierst. Schreibe auf, welche Speisen gegessen werden und notiere jeweils den Grund dafür.* ***Beispiel:***

Situation	Speise	Grund
1. Schulpause	Butterbrot	Hunger
2. Schulpause	Waffel	Die SV verkauft Waffeln und die riechen so gut.
3. Weihnachten	...	...
4. ...		

2. *Du kannst Gründe sammeln, warum Menschen essen. Erstelle hierzu eine Liste.*
3. *Du kannst in einer Gruppe Gründe sammeln, warum ihr etwas esst und was ihr esst. Stellt gemeinsam eine Situation in einem Rollenspiel dar. Präsentiert eure Rollenspiele in der Klasse und diskutiert Gemeinsamkeiten und Unterschiede.*
4. *Du kannst eine Woche ein Essprotokoll führen und die Auswertung gemeinsam mit anderen erledigen.*

→ Methoden-Trainingsplatz: Essprotokoll S. 24

INFOBOX

Kaum ist ein Kind geboren, hat es auch schon Hunger. Dieses Grundbedürfnis wird als erstes gestillt. Der Mensch ist angewiesen auf Energie und Baustoffe für seinen Körper. Die Gesellschaft für Konsumforschung fand heraus, dass der Durchschnittsdeutsche eine Stunde und 43 Minuten am Tag mit Essen verbringt – das sind knapp 630 Stunden im Jahr. In der Türkei verbringt ein Mensch ungefähr 162 Minuten des Tages mit Essen und Trinken, in Mexiko sind es nur 66 Minuten.

Sind Menschen in der Türkei also hungriger als Menschen in Deutschland oder Mexiko?

Im Büro gibt es zwischendurch ein PC-Picknick ...

+++NEWS TICKER+++ Döner-Weltrekord: Der Rekordhalter ist Mehmet Aslan aus Sanliurfa in der Türkei und liegt bei 52 Portionen an einem einzigen Tag. In Deutschland werden pro Jahr ungefähr 400 Millionen Döner gegessen.

Aus: fluter, hg. v. d. Bundeszentrale f. polit. Bildung (bpb), Nr. 33, Bonn 2009, S. 34

Du-kannst-Aufgaben

Essen um satt zu sein, Essen um Weltrekorde aufzustellen, Essen „nebenher" – wie wichtig ist es für dich, dein Essen und Trinken zu genießen?

... zu Hause wünschen wir uns oft eine gemeinsame Mahlzeit.

1. *Du kannst überlegen, in welchen Situationen du dein Essen genießen kannst (siehe Essprotokoll).*
   → Formuliere wichtige Regeln für dich.

→ Methoden-Trainingsplatz: Essprotokoll (S. 24)

2. *Du kannst die Beispiele auf dieser Seite untersuchen. Welche Faktoren behindern das Genießen von Essen?*
   → Versuche hieraus Regeln für den Genuss zu formulieren.
3. *Befragt eure Eltern, Lehrer, Mitschülerinnen und Mitschüler, was es für sie bedeutet, genussvoll zu essen.*
4. *Du hast fünf Sinne: Sehen, Riechen, Tasten, Hören und Schmecken. Wie kann jeder Sinn zum Genießen eines Lebensmittels beitragen? Was spürst du zum Beispiel beim Essen eines knackigen Apfels oder einer knusprigen Pizza? Sammle weitere Beispiele und beschreibe deine Sinneseindrücke.*

→ Methoden-Trainingsplatz: Sensorik (S.26)

Wer die Wahl hat, hat die Qual – was essen wir?

Nicht alles, was grundsätzlich essbar ist, findet man tatsächlich auf unserer Speisekarte.

Jeder is(s)t anders– Geschmackssache

Im Gegensatz zum Tier bestimmen wir Menschen selbst was wir essen und auch, wie unsere Nahrung zubereitet wird. Wir essen nicht einfach, was wir in der Natur finden, sondern nutzen zahlreiche Techniken zur Zubereitung von Nahrung. Diese werden auch als Kulturtechniken bezeichnet und ermöglichen ein riesiges Angebot an Lebensmitteln und Speisen. Die meisten von uns können frei darüber entscheiden, was sie essen wollen. Daraus entsteht aber auch die Notwendigkeit entscheiden zu müssen. Was wähle ich heute für mein Frühstück am Schulkiosk aus? Wurst, Käse oder Marmelade auf dem Schulbrot? Welches Menü wähle ich in der Mensa? Was kochen wir am Wochenende? Welches Essen wünschst du dir für deine Geburtstagsfeier? Was soll Oma am Samstag für dich kochen? – Wer die Wahl hat, hat die Qual!

+++NEWS TICKER+++ Unser Geschmack verkümmert. Während ein jugendlicher Mensch über ca. 9 000 Geschmacksknospen auf der Zunge verfügt, hat ein alter Mensch nur noch 4 000. Aber nicht nur das Alter hat Einfluss auf unser Geschmacksempfinden, sondern auch die Aromen in vielen Fertigprodukten lassen uns abstumpfen. So schmeckt manchen der industriell hergestellte Erdbeerjoghurt besser als der Naturjoghurt mit Erdbeeren.

→ *Plan L.-Glossar*

Der Mensch ist grundsätzlich ein Alles(fr)esser. Mit unseren Geschmacksrezeptoren auf der Zunge können wir süß, salzig, sauer, bitter und *umami* schmecken. Aus diesen fünf „Geschmäckern" setzen sich alle weiteren Geschmacksrichtungen zusammen.

Forscher gehen davon aus, dass die Vorliebe für „Süßes" angeboren ist, da der süße Geschmack ein Hinweis auf sichere und ungiftige Nahrung ist (= Sicherheitsgeschmack). Ein bitterer Geschmack könnte hingegen vor giftigen Nahrungsmitteln warnen.

Auch für die anderen Geschmacksarten haben Forscher biologische Einflussfaktoren in der Entwicklung des Menschen gefunden: So soll ein saurer Geschmack z. B. vor verdorbenen Speisen warnen, salzig hingegen weist auf lebenswichtige Mineralstoffe hin. Die Geschmacksart umami (= wohlschmeckend) weist auf eine gute Proteinquelle (Eiweiß) hin, da es natürlicherweise in tierischen Lebensmitteln vorkommt.

„Scharf" allerdings ist gar kein Geschmack, sondern eine Schmerzempfindung.

Texte nach: Dr. Rainer Wild-Stiftung (Hg.): Geschmäcker sind verschieden. Heidelberg, Ausg. 3 – 2008

INFOBOX

Gewohnheit und Erfahrung

Was uns schmeckt, hängt aber nicht nur von angeborenen Vorlieben ab, sondern vor allem von unseren Gewohnheiten und Erfahrungen. Schon im Mutterleib sammelt der Mensch Geschmackserfahrungen, die im weiteren Verlauf des Lebens ständig erweitert werden (können).

Oft essen wir besonders gern die Speisen oder Lebensmittel, mit denen wir angenehme Situationen verbinden, wie z. B. Milchreis mit Zimt und Zucker, weil es den immer bei Oma gibt. Häufig sind auch die Speisen beliebt, die wir in geselliger Runde und schöner Umgebung probiert und gegessen haben. Zu Festen und besonderen Anlässen gibt es oft Speisen mit viel Zucker und Fett, wie Kuchen, Fleischgerichte, Soßen, Süßes. Erfahrungen zu besonderen Anlässen wie Weihnachten oder anderen Festen prägen den eigenen Geschmack, auch so etwas wie einen „Familiengeschmack". Wenn Eltern bestimmte Speisen nicht mögen oder selbst nicht kennen, werden diese nicht gekauft oder gekocht. So lernt ein Kind diese Speisen nicht kennen, kann sich nicht an den Geschmack gewöhnen und wird die Speisen wahrscheinlich später selbst nicht mögen.

→ *Rezepte-Finder: Pizza mit Parmaschinken und Rucola*

Neues probieren

In einer angenehmen Atmosphäre oder in einer entspannten Urlaubssituation sind wir eher bereit, etwas „Neues" zu probieren. Neben dem Vorbild unserer Eltern ist manchmal die Meinung von Freunden wichtig und prägt auch unsere Essgewohnheiten.

Egal was dir schmeckt oder nicht schmeckt, es liegt an dir selbst, ob du mal etwas Neues ausprobierst und deinen „Geschmack" an neue Speisen gewöhnst. Tipp: Sei neugierig und experimentierfreudig und erweitere dein „Geschmackslexikon".

Du-kannst-Aufgaben

Was schmeckt dir? Was schmeckt anderen? Findet gemeinsam in eurer Lerngruppe heraus, was euch schmeckt und sucht nach möglichen Einflussfaktoren.

1. *Du kannst dein Lieblingsgericht auf eine Karteikarte schreiben und überlegen, warum du diese Speise besonders gern isst. Tausche dich in deiner Gruppe aus und notiere mögliche Gründe. Sammelt alle Karten an der Tafel und versucht diese zu sortieren. Was fällt euch dabei auf?*
2. *Du kannst mögliche Einflussfaktoren auf das Essverhalten in einer Liste sammeln. Lies alle Texte hierzu noch einmal genau. Schreibe die Faktoren heraus, die dich beeinflussen.*
3. *Du kannst weitere Einflussfaktoren in einer Mindmap sammeln. Denk dabei auch an unterschiedliche Kulturen, Religionen, Länder, usw.*

Essen und Kultur – wer beeinflusst wen?

Esskultur

Eine Hausfrau in Grönland bereitet Robben für das Abendessen vor.

Was wir essen, hängt von unseren Erfahrungen, unseren Vorlieben und Abneigungen ab. Die Familie spielt eine wichtige Rolle, weil sich hier entscheidet, welche Speisen zubereitet werden, wie viel Geld verfügbar ist, welche Lebensmittel ausgewählt werden. Wir lernen von Kindheit an, was, wann, wie, wie viel und mit wem gegessen wird.

Die Familien sind dabei allerdings nicht unabhängig von ihrem Umfeld. So hat eine Familie in Grönland andere Essgewohnheiten als eine Familie in Kenia. Die Esskultur ist je nach Land oder Region unterschiedlich. Je nachdem in welcher Kultur du aufgewachsen bist, isst du keine Hunde, keine Heuschrecken und keine Robben. In manchen Kulturen ist das Essen mit Stäbchen üblich, in anderen wird Hirsebrei mit den Fingern gegessen. Es gibt typische Speisen, typische Gewürze und Regeln für die Zubereitung.

Esskultur im Wandel

Jedes Land ist bekannt für typische und traditionelle Speisen. In Deutschland gibt es zwar keine „Nationalküche", aber viele regionale Küchen, die für besondere Speisen bekannt sind. Du hast vielleicht schon einmal von der westfälischen Küche gehört, von Thüringer Klößen oder von der bayerischen Küche, also von der Münchener Weißwurst mit Brezel und süßem Senf, Leberkäse, Dampfnudeln, usw.

Die bayerische Küche findest du aber nicht nur in Bayern, da die Kochkunst und die Essgewohnheiten der Menschen keine Landesgrenzen einhalten. Längst kannst du auch an der Nordsee bayerische Schweinshaxen und in München Nordseekrabben essen.

Nicht zuletzt durch den Tourismus vermischen sich Esskulturen schon seit Langem auch weltweit. Durch die zunehmende Migration „wandern" auch fremde Speisen und Esskulturen in andere Länder. Die Globalisierung der Märkte verschafft uns die Möglichkeit, exotische Lebensmittel und Speisen kaufen zu können. So findest du bei uns Einflüsse der griechischen, italienischen, mexikanischen, asiatischen, türkischen und indischen Küche, um nur einige zu nennen.

Die Welt isst eine Scheibe – Pancakes, Crêpes und Pfannkuchen

Jeder kennt sie: Dünne Teigfladen in der Pfanne gebacken. Allerdings gibt es viele unterschiedliche Rezepte auf der Welt. Ein Grund hierfür sind unterschiedliche Zutaten, da z. B. Weizen nicht in jedem Klima gut wächst und daher in mexikanischen Tortillas eher Maismehl verwendet wird. Wenn Rezepte sehr ähnlich sind, ist manchmal der Einfluss der Nachbarländer zu erkennen.

Amerika – Pancakes	Mexiko – Tortilla
Frankreich – Crêpes oder Galettes	Niederlande – Pannekoeken
Italien – Crespelle oder Necci	Österreich – Palatschinken, *Kaiserschmarrn*
Russland – Blinis	Indien – Chennaküchlein

Du-kannst-Aufgaben

Die Einflüsse unterschiedlicher Esskulturen sind vielfältig. Im Rahmen eines Projekts wollt ihr euch mit unterschiedlichen National- und Regionalküchen intensiv beschäftigen.

1. *Du kannst ein Referat zu einer Landesküche deiner Wahl vorbereiten und präsentieren.*
2. *Du kannst eine Speise oder ein Lebensmittel auswählen und deren Bedeutung, verschiedene Rezepte oder Namen in unterschiedlichen Ländern untersuchen (z. B. Brot, Fleischgerichte, usw.). Präsentiere deine Ergebnisse.*
3. *Du kannst Rezeptsammlungen oder Kochbücher untersuchen und Speisen ihrer Herkunft zuordnen.*
4. *Du kannst dich über die Geschichte einzelner Speisen informieren. Wie kamen z. B. Pizza und Döner nach Deutschland?*
5. *Du kannst dir weitere Ideen zum Projekt überlegen.*

INFOBOX

Der österreichische Kaiserschmarrn ist am Hofe des Kaisers Franz Joseph I. entstanden, der besonders gern Palatschinken aß. Dem Koch war dieser wohl zu dick geraten und in der Pfanne zerrissen. Der Kaiser schickte diesen dann auch prompt in die Küche zurück mit den Worten: „So ein *Schmarrn* ist des Kaisers nicht wert".

+++NEWS TICKER+++

Wer in Berlin einen „Pfannkuchen" bestellt, bekommt einen „Berliner". Diese meist gefüllten und in Fett gebackenen Hefeteilchen heißen in der Hauptstadt eben „Berliner Pfannkuchen". Wer in Berlin einen flachen Pfannkuchen essen möchte, muss einen „Eierkuchen" bestellen.

→ *Rezepte-Finder: Kaiserschmarrn*

Berliner Pfannkuchen, meist nur „Berliner" genannt

Kaiserschmarrn

→ *Plan L.-Glossar*

Fasten, Fleisch und koscheres Fast Food – Essen und Religion

Religion

→ Plan L.-Glossar

Was auf unserem Teller landet, wird auch durch unseren Glauben bestimmt. In vielen Religionen gibt es Speisegesetze oder *Tabus*, die uns den Genuss mancher Lebensmittel verbieten oder eine besondere Zubereitung vorschreiben. Viele dieser religiösen Regeln betreffen Fleisch oder das Einhalten von Fastenzeiten, allerdings ist der Ursprung der Regeln nicht immer eindeutig bekannt.

Außer-Haus-Verzehr ist für strenggläubige Juden nicht immer so einfach

Die Weltreligionen beeinflussen unser Essverhalten, aber natürlich kommt es darauf an, wie streng ein Mensch nach seinem Glauben lebt. Hier spielt auch die Erziehung durch die Familie eine große Rolle.

Judentum

Strenggläubige Juden ernähren sich nach den Speisegesetzen der „Kaschrut". Hiernach sind nur „koschere" Speisen rein und erlaubt. Das Blut eines Tieres ist absolut tabu, daher gibt es für das Schlachten von Tieren eine besondere Vorgehensweise: das Schächten. Mit einem gezielten Schnitt durch die Kehle soll das vollständige Ausbluten des Tieres erfolgen, ohne dass dies betäubt wird. Erst wenn das Fleisch ganz frei von Blut ist, gilt es als koscher. Gegessen wird nur das Fleisch von Wiederkäuern mit gespaltenen Hufen, also Rinder, Schafe, Ziegen oder Rehe. Schweinefleisch ist tabu, genauso wie Meerestiere ohne Flossen und Schuppen, also Krabben und Muscheln.

Aufgrund der biblischen Vorschrift, man solle das Böcklein nicht in der Milch seiner Mutter kochen, dürfen niemals Fleisch und Milchprodukte vermischt werden. Also sind Cheeseburger, Döner mit Tzaziki oder Geschnetzeltes in Sahnesauce für Juden tabu.

Sehr strenggläubige Juden haben getrennte Kochtöpfe für „Milchiges" und „Fleischiges", ebenso Teller, Bestecke oder sogar zwei Geschirrspülmaschinen und Kühlschränke.

Islam

Für Muslime gibt es Speise-, Trink- und Schlachtvorschriften. Nicht erlaubt sind der Verzehr von Schweinefleisch, Blut und Alkohol. Sind auch nur Teile davon in einer Speise enthalten, gilt diese als unrein und verboten, also als „harām". Wie im Judentum müssen Rinder und Schafe und andere erlaubte Tiere geschächtet werden, damit deren Fleisch als erlaubt und rein, also als „halāl" gilt.

Im Fastenmonat Ramadan verzichten Muslime und Musliminnen von Sonnenaufgang bis Sonnenuntergang auf Essen, Trinken, Geschlechtsverkehr und Rauchen (außer Kranke und kleine Kinder). Nach Sonnenuntergang gibt es oft erst Wasser, Oliven oder Datteln vor der eigentlichen Mahlzeit.

Am Ende der Fastenzeit steht das zwei- bis dreitägige Fest des Fastenbrechens (arabisch: Id-al-Fitr/türkisch: Seker Bayrami). Im Kreise der Familie wird ein fröhliches Fest gefeiert, Kinder erhalten Geschenke und Süßigkeiten. Ein Festtagsessen gehört auch dazu.

Beim Zuckerfest eine Lieblingsspeise in türkischen Familien: Baklava

→ Plan L.-Glossar

INFOBOX

Halāl oder harām?

Für Muslime ist es nicht immer leicht zu entscheiden, ob ein Lebensmittel erlaubt ist. Gummibärchen mit *Gelatine* sind nicht erlaubt, aber oft verraten industriell verarbeitete Lebensmittel nicht eindeutig, woher die Zutaten kommen.

Ein Beispiel: E 120 (Cochenille)

Dieser natürliche rote Farbstoff wird aus weiblichen Schildläusen gewonnen, aber auch synthetisch hergestellt. In der Lebensmittelherstellung werden beide benutzt, damit die Salami eine schöne rote Farbe hat. Handelt es sich um den natürlichen Farbstoff, ist die Rinder- oder Geflügelsalami harām, der synthetische Farbstoff hingegen wäre halāl, also erlaubt.

Christentum

Bis heute begehen viele Katholiken vor Ostern 40 Tage Fastenzeit, weil auch Jesus 40 Tage und Nächte in der Wüste gefastet hat, bevor er am Karfreitag am Kreuz starb. Für die Fastenzeit gibt es heute keine festen Vorschriften mehr, sondern Empfehlungen. Manche Menschen essen keine Süßigkeiten, trinken keinen Alkohol, essen einfach weniger oder verzichten auf Fernsehkonsum.

In Gedenken an die Kreuzigung am Karfreitag essen viele Christen an diesem Tag kein Fleisch. Fisch hingegen ist erlaubt, sodass noch heute viele Christen freitags Fisch essen und in vielen öffentlichen Einrichtungen freitags Fisch in der Mensa oder Kantine angeboten wird.

Ostern ist das wichtigste Fest der Christen, hier wird die Auferstehung Jesu von den Toten gefeiert. Als Symbol für Fruchtbarkeit und Wiedergeburt hat das Ei eine besondere Bedeutung für das Osterfest. Heute werden ausgeblasene Hühnereier bunt angemalt und an Zweigen aufgehängt. Ostereier aus Schokolade und anderen Zutaten erfreuen Kinder und Erwachsene, genauso wie der Osterhase, der auch als Fruchtbarkeitssymbol gilt.

Die Adventszeit im Christentum galt eigentlich auch als Fastenzeit, in der Lebkuchen und Plätzchen für das Weihnachtsfest gebacken wurden. Gegessen wurden diese dann erst am Weihnachtsfest zur Feier von Jesu Geburt. Weihnachten wird von vielen mit besonderen Festtagsspeisen gefeiert, die Adventszeit kennen die meisten jungen Menschen gar nicht mehr als Fastenzeit.

INFOBOX

Fastenzeit und Schwäbische Maultaschen

Die Mönche im Mittelalter dachten sich so manchen Trick aus, um den Verzicht auf Fleisch zu umgehen: So erklärten Sie Biber zu Fischen, da diese ja viel Zeit im Wasser verbringen. Geflügel erklärten sie ebenso zu Fisch, da Gott „Fische und Vögel an einem Tag erschuf".

Aus dem 17. Jahrhundert stammt die folgende Legende: Die Mönche des Klosters Maulbronn bekamen ein Stück Kalbfleisch geschenkt, dass sie allerdings in der Fastenzeit nicht essen durften. Daher hackten sie das Fleisch sehr klein, vermischten es mit Kräutern und Spinat und „versteckten" es in kleinen Nudeltaschen, damit Gott es nicht sehen könne.

Aus diesem Grund heißen die leckeren Schwäbischen Maultaschen auch „Herrgotts B'scheißerle" und werden heute nicht nur an Fastentagen aufgetischt.

Schwäbische Maultaschen

Hinduismus

Die meisten Anhänger dieser Glaubensrichtung leben als Vegetarier, da sie an die Wiedergeburt glauben und darum keine Tiere töten wollen.

Im Hinduismus ist die Kuh ein heiliges Tier, weil Krishna (Gott der Hindus) bei einer Hirtenfamilie unter Kühen aufgewachsen sein soll und die Kuh als Lebensspenderin gilt. Folglich dürfen Kühe und Rinder nicht geschlachtet und gegessen werden, gelten also als Tabu. Es gibt aber auch die Auffassung, dass dieses Gebot erst vor ca. 2000 Jahren in Indien auftauchte. Zu der Zeit wurden Kühe dringend für den Ackerbau benötigt, hätte man sie geschlachtet, wären die Menschen verhungert. Also durften Rinder nicht mehr geschlachtet werden.

Heute haben Kühe im nördlichen Indien Vorfahrt im Straßenverkehr und es gibt sogar Altersheime für Kühe (Gaushala). Allerdings kommt es auch vor, dass Kühe sich in den Straßen vom Müll der Menschen ernähren.

Im Süden Indiens werden Rinder durchaus geschlachtet und verzehrt, vor allem von dort lebenden Moslems und Christen.

Heilige Kühe in Indien

Du-kannst-Aufgaben

Der Einfluss der Religion auf unseren Speiseplan ist sehr unterschiedlich. Gemeinsame Mahlzeiten in der Mensa, zu Hause oder auch bei einem Klassenfest müssen daher genau geplant werden. Wie kann eine gemeinsame Mahlzeit für alle vier hier vorgestellten Religionen aussehen?

1. *Du kannst in einer Tabelle die Gemeinsamkeiten und Unterschiede der Religionen gegenüberstellen.*
2. *Du kannst weitere Informationen zu einer Religion deiner Wahl sammeln. Berücksichtige hierbei vor allem besondere Feste und Speisen. Präsentiere hierzu ein Plakat.*
3. *Du kannst eine Umfrage in der Klasse oder auf dem Schulhof durchführen. Bereite Fragen vor und präsentiere das Ergebnis deiner Lerngruppe:*
   - *→ Wie gut kennen sich die Jugendlichen in ihrer eigenen Religion aus?*
   - *→ Wie gläubig sind die Jugendlichen?*
4. *Du kannst dich in die Lage des 14-jährigen jüdischen Joshua versetzen, der bei seinem christlichen Freund Tim zum Geburtstag eingeladen ist. Tim hat beim Lieferservice eine Familienpizza Salami bestellt, von der alle essen. Joshua gibt vor, er habe keinen Hunger und isst nichts. Später schreibt er Tim einen Brief und erklärt ihm, warum er nichts von der Pizza gegessen hat.*
5. *Du kannst ein Rollenspiel vorbereiten. Vier Jugendliche wollen gemeinsam Fast Food essen. Ihre unterschiedlichen Religionen stellen ein Problem dar, das diskutiert wird.*

Essen ist Teil deines Lebenstils

Essgewohnheiten und Ernährungsformen

> *„Der Trend ins Vegetarische ist unaufhaltsam. Vielleicht isst in 100 Jahren kein Mensch mehr Fleisch."*
>
> Helmut Maucher, ehemaliger Generaldirektor von Nestlé
>
> Aus: Die Wirtschaftswoche, 11.08.1994

Jede und jeder von uns hat individuelle Essgewohnheiten.
Immer mehr Menschen entscheiden sich ganz bewusst und auch freiwillig für bestimmte Ernährungsformen und Essgewohnheiten.
Dies kannst du am Beispiel Fleisch gut erkennen. Schon seit langer Zeit entscheiden sich Menschen bewusst gegen das Essen von Fleisch und leben als Vegetarier. Der griechische Gelehrte Pythagoras (um 570 bis 500 vor Christus) gilt heute als erster großer Vegetarier und hat schon damals seine Einstellung so begründet: „Alles, was der Mensch den Tieren antut, kommt auf den Menschen zurück".

Ethisch-moralische Gründe führten also damals schon dazu, dass sich Pythagoras gegen das Essen von Fleisch entschied. Auch heute essen manche Menschen kein Fleisch und keinen Fisch, weil sie Massentierhaltung und Tierquälerei ablehnen.

> *„Tiere sind meine Freunde und meine Freunde esse ich nicht."*
>
> George Bernhard Shaw (1856–1950)

Ökologische Gründe führen ebenso zu einem geringeren Konsum von Fleisch und Milchprodukten, weil immer mehr Menschen die Umwelt schützen wollen. Immerhin haben tierische Produkte im Bereich der Lebensmittelproduktion den größten Anteil an klimaschädlichen Emissionen.

Gesundheitliche Gründe beeinflussen ebenso den Fleischverzehr. Manche entscheiden sich nur für ganz bestimmte Qualitäten von Fleisch, z. B. besonders magere Teile, andere achten besonders auf die Herkunft oder verzichten ganz. Dies kann eine Entscheidung für einen kurzen Zeitraum sein, zum Beispiel für eine Diät, es kann aber auch für länger sein. Die Gründe hierfür können in einer medizinischen Notwendigkeit liegen oder eine freiwillige Entscheidung sein, um z. B. leistungsfähiger, sportlicher oder schlanker zu sein. Bei anderen Lebensmitteln können auch Nahrungsmittelunverträglichkeiten Ursachen für Verzicht sein. Beispiele hierfür sind Laktoseintoleranz sowie Intoleranzen gegen Fructose oder Gluten. Außerdem gibt es Allergien gegen einzelne Lebensmittel.

> *„Billigfleisch kommt bei uns nicht auf den Tisch! Da essen wir lieber weniger, aber dafür haben wir Qualität auf dem Teller."*
>
> Silke M., Mutter und Agentur-Chefin

Wirtschaftliche Gründe könnten ebenso den Fleischverzehr bestimmen. So haben große Teile der Weltbevölkerung in den Entwicklungsländern gar nicht die Möglichkeit, Fleisch zu essen, weil ihnen dazu die finanziellen Mittel fehlen oder es gar nicht angeboten wird.

Lebensmittelkrisen sind in den letzten Jahren zunehmend ein Auslöser für den (vorübergehenden) Fleisch-Verzicht: BSE-Krise, Vogelgrippe, Gammelfleisch.

INFOBOX

Vegetarier

- **Ovo[1]-Lakto[2]-Vegetarier:** Dies ist die größte Gruppe der Vegetarier. Fleisch und Fisch werden nicht gegessen, Milchprodukte und Eier sind jedoch erlaubt.
- **Ovo-Vegetarier** essen kein Fleisch, keinen Fisch und keine Milchprodukte. Erlaubt sind allerdings Eier (Ovo).
- **Lakto-Vegetarier** verzichten auf Fleisch, Fisch und auf Eier, dürfen jedoch Milchprodukte essen.
- **Veganer** sind die strengsten Vegetarier: Sie verzichten auf alles vom Tier, also auf Fleisch, Fisch, Milchprodukte, Eier und Honig. Außerdem nutzen sie auch keine Schuhe aus echtem Leder, keine Kleidung aus Schafwolle und sogar kein Obst, das mit Bienenwachs seinen schönen Glanz erhalten hat.

1 "Ovo" von lat. ovum = Ei
2 "Lakto" von lat. lactare = Milch

+++NEWS TICKER+++

Die Zahl der Vegetarier in Deutschland hat sich in den letzten sieben Jahren verdoppelt: Insgesamt leben 3,7% der über 18-jährigen Deutschen vegetarisch, nur eine sehr kleine Gruppe sogar vegan.

Generell sind 60 % der Bevölkerung bereit, weniger Fleisch zu konsumieren. Erstmals erhoben wurde die Zahl der Flexitarier, die bewusst möglichst wenig und nur besonders hochwertiges Fleisch essen (11,6 %).

Du-kannst-Aufgaben

„Vegetarismus – Protest oder Lebenseinstellung?" – so lautet der Titel eines Galeriegangs in eurer Lerngruppe. Allein oder in einer kleinen Gruppe sollst du hierfür einen Beitrag erstellen.

1. *Du kannst zu einer der genannten Ernährungsformen weitere Informationen sammeln und auf einem Plakat darstellen.*
2. *Du kannst zu den Formen des Vegetarismus eine Tabelle erstellen. Trage hier die jeweiligen Merkmale ein und versuche mögliche Gründe für jede Ernährungsform aufzulisten.*
3. *Du kannst dir überlegen, was dein Fleischverzehr über dich verrät. Hast du bislang bewusste Entscheidungen in Bezug auf Fleisch getroffen? Gehörst du zu einer bestimmten Gruppe? Kennst du andere, die so essen wie du? Welche Gemeinsamkeiten und Unterschiede fallen dir auf?*

Was wir essen, sagt viel über uns aus:

Wie wir denken und leben, zu welchen Gruppen wir gehören und zu wem wir nicht gehören.

Essen ist somit Ausdruck und Teil unseres Lebensstils.

Wer isst mit wem – gemeinsame Mahlzeiten

INFOBOX

Die Familienmahlzeit hat für viele Menschen eine besondere Bedeutung. Einziger Treffpunkt im turbulenten Tagesablauf, Ort und Zeit für Gespräche, Fürsorge für die Familienmitglieder.
Allerdings wird die Familienmahlzeit heute seltener. Menschen essen immer mehr allein, sitzen dabei vor dem Fernseher, dem Computer oder essen unterwegs.

→ Rezepte-Finder: Frikadellen, Kartoffelpüree, Salat mit pikantem Senfdressing

Die Ordnung der Mahlzeiten

Eine wichtige Situation für neue Geschmackserfahrungen und das Genießen mit allen Sinnen ist die Mahlzeit.

In jeder Gesellschaft gibt es Vorstellungen darüber, wie Mahlzeiten gestaltet werden. Für Deutschland galten lange z. B. drei Hauptmahlzeiten als selbstverständlich:

Frühstück	**Mittagessen**	**Abendessen**
6:00 bis 8:00 Uhr	12:00 bis 14:00 Uhr	18:00 bis 20:00 Uhr
Brot, Brötchen, mit süßem oder herzhaften Belag, Kaffee oder Tee, Müsli, Milch	Warmes Gericht bestehend aus Fleisch oder Fisch, Gemüse oder Salat und einer Sättigungsbeilage (Kartoffeln, Nudeln, Reis)	Abendbrot Brot, Brötchen mit herzhaftem Belag, evtl. einem kleinen Salat oder einer Suppe

"Proper Meal": *Frikadellen* mit *Kartoffelpüree* und *Salat*

In diesem System spielte das „richtige Mittagessen" die zentrale Rolle, welches von der Engländerin Mary Douglas auch als „Proper Meal", also als richtiges Essen bezeichnet wurde.
Diese Vorstellung entspricht heute allerdings selten der Realität, du findest es aber z. B. noch in Krankenhäusern.
In vielen Haushalten gibt es die „richtige Mahlzeit" nur am Wochenende oder zu besonderen Anlässen.
Wochentags finden viele berufstätige Menschen nicht die Zeit für Einkauf, Zubereitung und Verzehr von ausgiebigen Mahlzeiten.

+++NEWS TICKER+++ Bereits 1976 stellte die Deutsche Gesellschaft für Ernährung fest, dass in ca. 75 % der Haushalte nur am Wochenende alle drei Mahlzeiten gemeinsam eingenommen wurden. Etwa 15 % der Haushalte saß täglich zu allen drei Hauptmahlzeiten zusammen. 1990 waren es schon nur noch 8 % der Haushalte.

Die Bedeutung der Mahlzeit in der Familie

In einer achten Klasse wird über die Bedeutung der gemeinsamen Mahlzeit für die Familie diskutiert. Hier findest du einige Stellungnahmen:

Familie beim gemeinsamen Mittagessen

SARAH: „Manchmal esse ich mit Freunden, manchmal allein, aber mindestens einmal täglich mit der Familie. Darüber bin ich auch sehr froh, dann sieht man sich wenigstens einmal am Tag."

JONAS: „Bei Familienmahlzeiten sind alle zusammen, das finde ich am allerwichtigsten auf der Welt. Also denke ich, dass Familienmahlzeiten sehr wichtig sind."

MELISSA: „Für mich und meine Eltern ist das gemeinsame Essen normal, wir essen so ziemlich immer zusammen. Ich könnte ohne gemeinsames Essen nicht über die Schule reden, weil meine Eltern arbeiten. Für mich ist das selbstverständlich, denn essen tue ich nicht gerne allein. Ich finde, dass Essen einfach etwas Gesellschaftliches ist."

LUKAS: „Also bei mir zu Hause gibt es kein gemeinsames Essen. Bei uns isst jeder, wann er will oder wenn er Hunger hat. Wenn wir mal zusammen essen, dann nur vielleicht an Feiertagen (Weihnachten ...), sonst nie."

Du-kannst-Aufgaben

Wie wichtig ist die Familienmahlzeit für dich? Wann findet diese statt? Isst du gern allein oder lieber mit Freunden? Welche Unterschiede und Gemeinsamkeiten findet ihr in eurer Lerngruppe?

1. *Du kannst die Fragen stichwortartig für dich selbst beantworten und in einer Gruppe austauschen.*
2. *Du kannst dein Ernährungsprotokoll auswerten.*
   → *Welche regelmäßigen Mahlzeiten findest du? Erstelle eine Ordnung der Mahlzeiten (siehe Tabelle S. 18).*
   → *Wie oft isst du mit der Familie gemeinsam?*
3. *Du kannst eine Umfrage vorbereiten und deine Familie, Mitschülerinnen, Freunde oder Menschen vor dem Supermarkt interviewen.*
   → *Was verstehen andere unter einem „richtigen Mittagessen"? Wie wichtig sind gemeinsame Mahlzeiten in der Familie?*
   → *Präsentiere die Ergebnisse auf einem Plakat.*
4. *Du kannst überlegen, wie eine typische Familienmahlzeit in deiner Familie aussieht. Gibt es besondere Gesprächsthemen? Gibt es Regeln am Tisch? Benimmst du dich anders, wenn du allein oder mit Freunden unterwegs isst?*
   → *Tausche dich in einer Gruppe dazu aus und bereitet ein Rollenspiel zu einer typischen Situation vor.*
   → *Präsentiert dies in der Lerngruppe und diskutiert gemeinsam.*

→ *Methoden-Trainingsplatz: Interview (S. 152)*

Besondere Mahlzeiten – Essen als Ausdrucksmittel

Alltagsküche und Festtagsküche

Wer im Restaurant Austern oder Hummer bestellt, gilt in der Regel als wohlhabend und Feinschmecker. Wenn er sich außerdem beim Essen dieser Speisen richtig benimmt, gilt er als jemand, der sich in der kulinarischen Welt auskennt und zur Elite gehört.

Der gedeckte Tisch verrät viel über die Personen, die diesen gedeckt haben und davon essen.

Essen ist eben auch ein Statussymbol. Menschen zeigen mit der Auswahl ihrer Speisen, was sie sich leisten können und was sie kennen. So ist es eben ein Unterschied, ob du deinen Gästen Nudeln mit Soße oder ein Fünf-Gänge-Menü mit Rinderfilet servierst.

Die Alltagsküche unterscheidet sich von der Festtagsküche. Hier wollen wir uns besonders gut darstellen, unsere Gäste gut bewirten. Diese wollen sich wiederum besonders gut benehmen, essen kleine Bissen und halten Höflichkeitsregeln ein.

Es gibt besondere Mahlzeiten zu Geburtstagen, Hochzeiten, aber auch zur Besiegelung von Verträgen, bei Staatsbesuchen oder Firmenjubiläen. Religiöse oder traditionelle Feste beinhalten oft besondere Mahlzeiten oder bestimmte Speisen.

„Die soziale Position eines Menschen kann man daran ablesen, was, wie viel, mit wem und wie jemand isst."

Pierre Bourdieu, französischer Soziologe (1930 – 2002)

Aus: Bourdieu, Pierre: Die feinen Unterschiede. Kritik der gesellschaftlichen Urteilskraft, übers. v. Bernd Schwibs u. Achim Russer, 3., durchges. Aufl., Suhrkamp, Frankfurt a. M. 1984

INFOBOX

Essen ist Reden mit anderen Mitteln

Bei allem, was wir essen und trinken, senden wir auch eine verschlüsselte Botschaft, sozusagen einen kulinarischen Code.

Wir zeigen, wem wir uns zugehörig fühlen, und was wir von unserem Gegenüber halten.

Wenn wir zu einem besonderen Anlass wichtige Menschen eingeladen haben, setzen wir diesen wohl kaum eine Erbsensuppe vor.

Wertschätzung drücken wir zum Beispiel auch aus, wenn wir zu Muttertag einen selbst gebackenen Kuchen in Herzform verschenken.

Gemeinsam Feste feiern – eine Mahlzeit für alle

Wenn du ein Fest für deine Familie oder deine Freunde vorbereitest, machst du dir viele Gedanken. Einen beachtlichen Anteil eines Fests macht die Mahlzeit aus. Je festlicher der Anlass ist, umso mehr Zeit und Geld kostet die Vorbereitung der Speisen und Getränke.
Aber natürlich ist es von großer Bedeutung, wie, wo und mit wem du feiern willst. An der folgenden Unterhaltung in der Klasse 10 A kannst du dies gut erkennen.

KEVIN: Sagt mal, wie feiern wir denn eigentlich unseren Schulabschluss? Machen wir was mit unserer Klasse und unseren Eltern?

FRANZIS: Spinnst du? Mit meinen Eltern muss ich schon zu Hause langweilig am Tisch sitzen. Mit euch hier in der Schule will ich Party machen!

LEONIE: Also ich gehe mit meiner Familie nach der Zeugnisausgabe in unser Lieblingsrestaurant. Gegen eine zusätzliche Feier mit unserer Klasse und Eltern hätte ich nichts einzuwenden. Aber bitte nicht wieder mit Bratwurst und Brötchen.

TOSUN: Ich finde die Idee auch gut, allerdings kommt es darauf an, wann wir das machen. Demnächst ist bei uns Fastenzeit. Außerdem essen wir kein Schweinefleisch, das müssten wir berücksichtigen.

KEVIN: Also müssten wir einen Termin aussuchen, der für alle passt. Als Dankeschön für die Unterstützung bei den Prüfungen könnten wir uns für unsere Eltern doch echt mal was ganz Besonderes einfallen lassen, oder? Ich dachte an ausgefallene Speisen, die vielleicht nicht viel kosten, aber viel Arbeit machen. Was meint ihr?

FRANZIS: Das klingt nicht gerade nach Party. Obwohl – wie wäre es mit einer Stehparty mit so edlen kleinen Häppchen, netten Verzierungen und so. Da könnte doch dann für jeden etwas dabei sein.

LEONIE: Tolle Idee! Die könnten wir in so Papierförmchen für Muffins servieren, das hat meine Oma mal gemacht, als die Bürgermeisterin zum Geburtstag kam. Sah echt super aus!

FRANZIS: Aber Stehparty klingt doof. Ich würde lieber am Tisch sitzen als die ganze Zeit rumzustehen.

KEVIN: Na, das sagt ja die Richtige, ausgerechnet du wolltest doch nicht wieder mit deinen Eltern am Tisch sitzen.

LEONIE: Leute, was machen wir denn nun?

Du-kannst-Aufgaben

In Hauswirtschaft möchtet ihr ein Fest planen. Anlass ist z. B. eine Weihnachtsfeier, der Schuljahresabschluss oder ein erfolgreich beendetes Projekt. Gemeinsam macht ihr euch an die Arbeit.

1. *Du kannst ein Motto für das Fest überlegen: Hierfür musst du dich entscheiden, ob du mit den anderen ein Buffet oder ein Gänge-Menü planen willst. Berücksichtige hierbei die Personenzahl. Erstelle einen Vorschlag mit möglichen Speisen und Getränken. Präsentiere deinen Vorschlag den anderen und stimmt darüber ab.*
2. *Du kannst eine Einkaufsliste und eine Kalkulation für die Feier erstellen.*
3. *Du kannst eine Tischdekoration, Menükarten oder Einladungen entwerfen.*
4. *Du kannst einen Organisationsplan für deine Lerngruppe erstellen.*

Messer, Löffel oder Finger – wie isst du eigentlich?

INFOBOX

Schwierige Speisen

Brot jeglicher Art wird unter gar keinen Umständen geschnitten, sondern mit den Händen in mundgerechte Stücke gebrochen und zwar immer einzeln und nicht auf Vorrat.

Salat darf nicht geschnitten und nur mit der Gabel gegessen werden. In schwierigen Fällen kann man dafür ein Stück Brot zu Hilfe nehmen.

Spaghetti und lange Bandnudeln dürfen keinesfalls mit dem Messer geschnitten werden. Man benutzt nur die Gabel, indem man wenige Nudeln mit den Gabelzinken zu einem moderaten Bissen aufwickelt. Nur wer sich gar nicht zu helfen weiß, darf zum Aufwickeln einen Löffel zu Hilfe nehmen. Könner beachten diesen nicht, auch wenn er bei dem Besteck liegt.

Aus: *www.knigge.de*

@

→ *Web-Tipp*

Tischmanieren

Dein Benehmen beim Essen sagt viel über dich aus. Je nach Situation und Anlass sind vollkommen unterschiedliche Tischmanieren gefordert. Natürlich verhältst du dich anders, wenn du mit Freunden in einem Schnellrestaurant essen gehst oder bei deiner Oma zum Geburtstagessen eingeladen bist. Vielleicht sitzt du als Auszubildende eines Tages bei einer Weihnachtsfeier zufällig neben deinem Chef – dann solltest du über entsprechende Tischmanieren verfügen, damit du dich nicht blamierst.

Im Jahr 1788 erschien das Buch „Über den Umgang mit Menschen" von Adolph Freiherr von Knigge, welches das Zusammenleben der Menschen in vielen Situationen erleichtern sollte. Noch heute liefern aktualisierte Fassungen wichtige Regeln für das richtige Benehmen, wie z. B. der Business-Knigge, Handy-Knigge, Flugzeug-Knigge, usw.

Adolph Freiherr von Knigge (1752 – 1796)

Unterschiedliche Länder – unterschiedliche Sitten

So einfach diese Formel klingt, so kompliziert sind die verschiedenen Regeln beim Essen. Noch vor ungefähr 400 Jahren aßen die meisten unserer Vorfahren mit den Händen, da nur die Reichen oder Adeligen über Besteck verfügten. Heute ist für die meisten von uns alltäglich und selbstverständlich, mit Messer, Gabel und Löffel zu essen. Dies entspricht auch den vornehmen Manieren bei Tisch. Gleichzeitig lässt sich beobachten, dass durch den steigenden Fast-Food-Verzehr immer mehr Gelegenheiten entstehen, ohne Besteck zu essen. Auch „Finger-Food" erfreut sich immer größerer Beliebtheit in allen gesellschaftlichen Bereichen.

Trotzdem gilt ein gutes Benehmen bei Tisch immer noch als wichtige Qualifikation im beruflichen und privaten Bereich.

Ob du das Besteck richtig verwendest, die Serviette an der richtigen Stelle ablegst, die Suppe schlürfst, die Hähnchenknochen abnagst oder nicht – all das verrät viel über dich und ist eine Form der Kommunikation mit anderen.

Sprache des Bestecks: Die Anordnung von Messer und Gabel verraten dem Personal oder den Gastgebern, was sie tun sollen.

Du-kannst-Aufgaben

Für die nächste gemeinsame Mahlzeit in deinem Hauswirtschaftskurs willst du nun genau Bescheid wissen und Experte/Expertin für Tischmanieren und Tischkultur werden.

1. *Du kannst einen Flyer mit den wichtigsten Knigge-Regeln beim Essen erstellen. Recherchiere hierfür im Internet.*
2. *Du kannst eine Liste zusammenstellen, worauf du als Gastgeber bzw. als Gastgeberin achtest. Berücksichtige hierbei den gedeckten Tisch und dein eigenes Benehmen bei Tisch.*
3. *Du kannst in einer Tabelle gegenüberstellen, welche Regeln für dich allein, bei einer Familienmahlzeit oder bei einer Einladung wichtig sind.*
4. *Du kannst in einer Gruppe ein Rollenspiel zu Tischmanieren planen. Schreibe hierfür die wichtigsten Regeln auf, die ihr darstellen wollt. Baut zwei Regelverstöße ein, die von den Beobachtern herausgefunden werden müssen.*

Methoden-Trainingsplatz: Das Essprotokoll

Mein Essprotokoll

- *Schreibe (mindestens) eine Woche alles auf, was du isst oder trinkst. Wichtig ist auch, wie lange, wo, mit wem und warum du isst oder trinkst. Du kannst die Tabelle auch ergänzen, z. B. durch die Spalte „Zubereitet von…“ oder „Gleichzeitig beschäftigt mit…“ oder „Befinden“.*
- *Wenn du einmal unterwegs isst oder trinkst, kannst du zu Hause das Protokoll vervollständigen.*

Tag/Dauer	Was?/Wie viel?	Wo?	Mit wem? Was machst du nebenher?	Grund?
Montag 7:10 – 7:20 Uhr	halbes Brötchen, Marmelade, Butter, halbes Glas Milch	zu Hause, Küche	Mutter, Bruder, WhatsApp von Freundin beantworten	Mutter will unbedingt, dass man vor der Schule frühstückt.
…				
…				

Du-kannst-Aufgaben

1. *Du kannst die Fragen für dich allein schriftlich beantworten.*
2. *Du kannst dich mit einer Person deiner Wahl austauschen.*
3. *Du kannst eine Liste mit besonders häufigen Essgewohnheiten erstellen.*
4. *Du kannst dich in einer kleinen Gruppe über Gemeinsamkeiten und Unterschiede austauschen.*
5. *Du kannst mit deiner Gruppe besonders typische Essgewohnheiten in einem Rollenspiel darstellen und der Klasse vorspielen.*
6. *Du kannst selbst Fragen für die Auswertung entwickeln und beantworten (lassen).*
7. *Du kannst dir überlegen, welche Essgewohnheiten der anderen du einmal ausprobieren willst.*
8. *Du kannst eine Liste erstellen, welche Essgewohnheiten nicht empfehlenswert sind und Möglichkeiten zur Veränderung entwickeln.*

Auswertung mit Leitfragen

Um über deine eigenen Essgewohnheiten nachzudenken, können die folgenden Fragen hilfreich sein.

- Isst du häufig zu ähnlichen Uhrzeiten?
- Wie lange dauern deine Mahlzeiten?
  Wie viel Zeit verbringst du insgesamt pro Tag mit Essen?
- Isst du zu bestimmten Uhrzeiten immer ähnliche Speisen? Besonders viel oder eher wenig?
  Wie viele unterschiedliche Gerichte/Speisen hast du in dieser Woche gegessen?
- Wo isst du am häufigsten? Wo isst du am liebsten?
- Isst du oft allein oder mit anderen? Was gefällt dir besser? Mit wem isst du besonders gern?
- Aus welchen Gründen isst du? Gibt es Gründe, die häufig/oft/selten/fast nie auftauchen?
- Gibt es Ereignisse, die zur Verschiebung einer Mahlzeit führen?
- Wie oft nimmst du „ungeplante“ Mahlzeiten ein? Lässt du dann andere ausfallen?
- Beschäftigst du dich „nebenher“ noch mit anderen Aktivitäten (Lesen, Handy, usw.)?

Für die Auswertung musst du das Protokoll mit in den Unterricht bringen, aber niemand außer dir wird darin lesen.
Nur was du erzählen willst, kannst du anderen mitteilen.

Methoden-Trainingsplatz: Sensorik

Mit allen Sinnen erleben – Sinnesschulung

„Wer nicht genießen kann, wird ungenießbar.“

Theresia von Avila, 1515 – 1582

- *Durch die Aktivierung und das Training deiner Sinne kannst du Lebensmittel und Speisen erst richtig genießen. Genießen und Genuss sind angenehme Gefühle, die für unser Wohlbefinden wichtig sind.*
- *Wenn du erkältest bist und nicht riechen kannst, schmeckt dir dein Essen nicht wie sonst.*
- *Wenn du an Chips oder Salzstangen denkst, wie wichtig ist dann das krachende Geräusch beim Abbeißen?*
- *Worauf achtest du beim Aussehen eines Apfels? Wie muss er sich anfühlen?*

Ihr könnt in kleinen Gruppen zusammenarbeiten und jeweils eine Station zum Genießen mit allen Sinnen für die ganze Lerngruppe vorbereiten. In der Tabelle findet ihr Beispiele für die Auswahl der Lebensmittel und Hilfsfragen für die Beobachtung.

Lebensmittel	Butterkekse, Äpfel (süß oder eher sauer), Bananen, Möhren, Salz-Cracker, Erdnüsse, Bitterschokolade …
Wie sieht es aus?	Farbe? Knackig? Schrumpelig? Lecker?
Wie riecht es?	Riecht es frisch, süß oder herzhaft, fruchtig, appetitlich?
Wie fühlt es sich an? Wie ist das Mundgefühl?	Glatt, zartschmelzend, körnig, rau, porös, trocken, feucht …?
Wie hört es sich beim Abbeißen an?	Hört es sich laut und knackig an? Kracht es oder hört man nichts?
Wie schmeckt es?	Wie schmeckt es beim ersten Biss? Mit zugehaltener Nase? Wie nach 5 Sekunden, nach 10 oder 30? Süß, sauer, salzig, herzhaft (umami) oder fettig?

Sensorische Prüfung

Bei dieser Übung kommt es nicht darauf an, möglichst schnell herauszufinden, um welches Lebensmittel es sich handelt. Vielmehr geht es darum, die Bedeutung einzelner Sinne für das „Schmecken“ zu untersuchen. Außerdem kannst du die Grenzen deiner Sinne erfahren. Lässt du dich täuschen?

„Das Auge isst mit!“

- *Arbeite mit einem Partner/einer Partnerin zusammen. Im ersten Durchgang gibt es eine Testperson, die sich erst einmal die Augen mit einem Küchentuch verbindet. Die andere Person schlüpft in die Rolle der Assistentin, besorgt die Probiermengen des Lebensmittels, ein Glas Wasser und einen Löffel.*
- *Nun erkundet die Testperson mithilfe der Assistentin die Lebensmittel mit allen Sinnen. Aufgabe der Assistentin ist auch das Aufschreiben der Beobachtungen der Testperson.*
- *Nach dem ersten Durchgang tauscht ihr die Rollen.*

Lebensmittel			
Wie riecht es?			
Wie schmeckt es? Mundgefühl?			
Wie sieht es aus?			

Kannst du dich auf deine Sinne verlassen?

Wenn Lebensmittel industriell verarbeitet sind, lassen unsere Sinne sich schnell täuschen.

Am einfachsten lässt sich über das „Sehen“ manipulieren. Ist z. B. die Verpackung eines dir bekannten Markenprodukts zu sehen, beeinflusst das möglicherweise deinen „Geschmackssinn“. Welche Schokolade hat den wirklich leckersten Geschmack? Welcher Joghurt schmeckt tatsächlich nach Erdbeere?

2

Spurensuche auf dem Teller – was steckt in unseren Lebensmitteln?

Lieber Gott, bitte mach,
dass die Vitamine aus dem Spinat
in den Vanillepudding kommen!

(Anonymous)

So ernähren sich Jugendliche in Deutschland – Ergebnisse der Nationalen Verzehrsstudie

70 g

300 g

285 g

80 g

1. Brot, Backwaren und Getreideerzeugnisse → ca. 300 g/Tag
2. Milcherzeugnisse und Käse → ca. 285 g/Tag
3. Gemüse, Gemüsegerichte → ca. 250 g/Tag
4. Obst → ca. 200 g/Tag
5. Kartoffeln → ca. 80 g/Tag
6. Fleisch und Wurstwaren → ca. 80 g/Tag
7. Süßwaren → ca. 70 g/Tag

250 g

80 g

200 g

Was leistet unsere Nahrung für unseren Körper?

Wie viel Energie brauchst du?

Welche Ernährungsempfehlungen gibt die Wissenschaft?

Was bringen Diäten?

Was sollten Sportler und andere Personengruppen beachten?

Warum können Lebensmittel schaden, anstatt zu nutzen?

+++NEWS TICKER+++ Im Vergleich zu Frauen verzehren Männer doppelt so viel Fleisch, Wurstwaren und Fleischerzeugnisse. Jungen zwischen 14 und 17 Jahren haben einen deutlich höheren Verzehr an Pizza als Mädchen gleichen Alters.

Aus: Nationale Verzehrsstudie II, Ergebnisbericht, Teil 2, hg. v. Max-Rubner-Institut, Karlsruhe 2008, S. 30, 44

Damit's gut läuft – was muss unsere Nahrung für den Körper leisten?

Nährstoffe in unserer Nahrung

Häufig machen wir uns mehr Gedanken darüber, was wir anziehen, als über das, was wir essen. Doch im Gegensatz zu Kleidung, die außerhalb des Körpers bleibt, wird die Nahrung, die wir verzehren, bereits nach kurzer Zeit zu einem Teil unseres Körpers. Es lohnt sich daher, einen Blick auf die Inhaltsstoffe unseres Essens zu werfen.

Wir essen, was uns schmeckt. Doch darüber hinaus führen wir uns mit jedem Bissen in den Mund Nährstoffe zu, die unser Körper zum Überleben braucht. Sie liefern uns Energie, ermöglichen Wachstum und schützen uns vor Krankheiten. Die Auswahl unseres Essens trägt also entscheidend zu unserem Wohlbefinden bei. Die richtige Ernährung macht uns konzentrations- und leistungsfähig und gibt uns Kraft für den Tag.

Wir finden die Nährstoffe, die in einem Lebensmittel enthalten sind, auf der Verpackung in der Ernährungsnavigation (siehe beispielsweise Tabelle links).

Nährwerte	ø/100 ml	**ø/Portion** 200 ml	% **GDA**
Brennwert	169 kj/46 kcal	392 kj/92 kcal	5 %
Eiweiß	0,1 g	0,2 g	< 1 %
Kohlenhydrate	11,0 g	22,0 g	8 %
davon Zucker	11,7 g	21,4 g	24 %
Fett	0,1 g	0,2 g	< 1 %
davon gesättigte Fettsäuren	< 0,1 g	< 0,1 g	1 %
Ballaststoffe	0,2 g	0,4 g	2 %
Natrium	< 0,1 g	0,1 g	5 %

GDA = Richtwerte der empfohlenen Tagesmenge

Wichtige Nährstoffgruppen

Baustoffe	Brennstoffe	Reglerstoffe
Eiweiß, Wasser	**Fette, Kohlenhydrate**	**Vitamine, Mineralstoffe**
Baumaterial für:	Energielieferung für:	Steuerung von:
• Aufbau neuer Körperzellen • Ersatz von Körperzellen	• Stoffwechsel • Muskelarbeit • Körpertemperatur	• Stoffwechsel • Körper-funktionen • Schutz gegen freie Radikale

→ *Plan L.-Glossar*
Eiweiß ▪ Fette ▪ Kohlenhydrate ▪ Vitamine ▪ Mineralstoffe ▪ freie Radikale

INFOBOX

Neben den Nährstoffen enthält unsere Nahrung auch *Ballaststoffe*, welche die Darmtätigkeit anregen.

Wasser ist nicht nur der Hauptbestandteil unseres Körpers, sondern dient als Lösungsmittel für alle Nährstoffe und hilft bei deren Transport.

→ Plan L.-Glossar

Bei losen, unverpackten Lebensmitteln ist es schwieriger herauszufinden, welche Nährstoffe in ihnen enthalten sind. Hierzu gehören auch Backwaren oder Gerichte zum Mitnehmen.

Du-kannst-Aufgaben

Fitness beginnt mit einer bewussten Ernährung. Du kannst herausfinden, welche Nährstoffe mit deinem Essen in deinen Körper gelangen.

1. *Du kannst eine Übersicht der lebenswichtigen Nährstoffe erstellen und recherchieren, welche Lebensmittel diese enthalten.*
2. *Ihr könnt Fragen formulieren, die euch in Bezug auf Ernährung interessieren, und diese an der Tafel sortieren. Wo liegen die Hauptinteressen eurer Klasse? Gibt es bereits Experten für die Beantwortung eurer Fragen? Erstellt einen Verlaufsplan für die nächsten Unterrichtsstunden.*
3. *Du kannst in einer Nährwerttabelle nach typischen Vertretern der Nährstoffe E, F und KH suchen.*
4. *Ihr könnt eine Tabelle mit den Lieblingslebensmitteln oder Lieblingsgerichten eurer Klasse erstellen und die Hauptnährstoffe recherchieren.*
5. *Ihr könnt zu jeder Nährstoffgruppe ein Plakat in Gruppenarbeit gestalten und es euren Mitschülern präsentieren.*
6. *Ihr könnt in Gruppenarbeit eine Radiowerbung mit einem Nährstoff (z.B. Eiweiß) als Star erarbeiten. (Was macht ihn so wichtig, wie viel braucht man davon, womit kann der Bedarf gedeckt werden usw.?)*

→ Web-Tipp

+++NEWS TICKER+++ Angaben zu Nährstoffen in unverpackten Lebensmitteln wie z. B. Obst und Gemüse findet ihr in speziellen Nährwerttabellen, z. B. *www.naehrwerttabelle.de*.

Darf's ein bisschen mehr sein? – Wie viel Energie braucht mein Körper?

Dein Energiebedarf

+++NEWS TICKER+++
Eine größere Muskelmasse erhöht den Grundumsatz, da sie besonders stoffwechselaktiv ist.

Eiweiß, Fette und Kohlenhydrate liefern unserem Körper Energie, welche in Kilojoule (kJ) oder Kilokalorien (kcal) gemessen wird. Der Begriff Kalorie bezeichnet also nichts anderes als die Menge an Energie, die ein Nährstoff liefert. In der Ernährungsnavigation auf den Lebensmittelverpackungen wird dies häufig als Brennwert bezeichnet.

Die nachfolgende Tabelle gibt eine Übersicht.

Diese Energie liefern uns die Nährstoffe:

1g Eiweiß	**4 Kalorien**
1g Fett	**9 Kalorien**
1g Kohlenhydrate	**4 Kalorien**
Vitamine Mineralstoffe Wasser	**0 Kalorien**

INFOBOX

Energie wird in Kilojoule (kJ) oder Kilokalorien (kcal) gemessen.

Dabei kann man ungefähr rechnen:
kJ : 4 = kcal oder kcal × 4 = kJ.

Unser Körper benötigt diese Energie selbst wenn wir schlafen, um unsere wichtigen Körperfunktionen wie Atmung, Körpertemperatur und Herzschlag aufrechtzuerhalten. Diese unverzichtbare Menge an Energie wird *Grundumsatz* genannt und ist unter anderem abhängig von Alter, Geschlecht, Gewicht und der Körpergröße eines Menschen.

→ *Plan L.-Glossar*

Eine grobe Faustformel zur Berechnung des Grundumsatzes ist folgende:

GU Frauen: 0,9 x Körpergewicht in kg x 24

GU Männer: 1 x Körpergewicht in kg x 24

Selbst beim Entspannen verbraucht unser Körper Energie

Wenn wir uns bewegen, Sport treiben, aber auch geistig arbeiten, benötigt unser Körper zusätzliche Energie. Dieser *Leistungsumsatz* ist je nach Art und Dauer der Tätigkeit unterschiedlich.

→ Plan L.-Glossar

Wissenschaftler messen den Grad der körperlichen Aktivität und ermitteln den sogenannten PAL-Wert (engl.: Physical Activity Level). Die Tabelle gibt dir eine Übersicht.

Tätigkeit	PAL-Wert
ausschließlich sitzend oder liegend	0,2
fast ausschließlich sitzend, wenig Freizeitaktivitäten	0,4
überwiegend sitzende Lebensweise, aber auch gehend und stehend (Schüler)	0,6
überwiegend gehende und stehende Tätigkeiten	0,8
körperlich schwer arbeitend, Leistungssportler	1,2

Um den Leistungsumsatz zu ermitteln, wird der zuvor berechnete Grundumsatz mit dem entsprechenden Faktor aus der Tabelle multipliziert.

Leistungsumsatz LU : Grundumsatz x PAL-Wert
Beide Werte zusammen ergeben dann den Energiebedarf eines Tages, also den Gesamtumsatz.
Grundumsatz + Leistungsumsatz = Gesamtumsatz

Wie viel Energie dein Körper also genau braucht, ist eine Kombination aus dem Wert für deinen Grundumsatz und deiner körperlichen Aktivität. Je mehr du in Bewegung bist, umso mehr verbrennt dein Körper die Nährstoffe.

Bei sportlichen Aktivitäten verbraucht der Körper mehr Energie

Du-kannst-Aufgaben

Isst du dauerhaft weniger als du verbrauchst, nimmt dein Gewicht ab. Umgekehrt nimmt dein Gewicht zu, wenn du ständig mehr Energie zu dir nimmst als du benötigst. Jugendliche brauchen allerdings zusätzliche Energie für ihr Wachstum. Wie sieht es mit dir aus? Wie viel Energie benötigst Du? Wie viel Energie führst du dir mit deinem Essen zu? Stimmt deine Energiebilanz?

1. *Du kannst deinen persönlichen Grundumsatz und Gesamtumsatz berechnen.*
2. *Du kannst mit anderen diskutieren, ob jeder seinen persönlichen Grundumsatz kennen sollte? Notiert eure Begründungen schriftlich.*
3. *Du kannst mithilfe einer Nährwerttabelle einen Speiseplan für einen Tag zusammenstellen, der deinen Gesamtumsatz deckt.*
4. *Du kannst den Brennwert deines Lieblingsgerichtes berechnen und den Wert mit deinem Gesamtumsatz vergleichen. Liefert es viel oder wenig Energie? Aus welcher Nährstoffgruppe liefert es die meiste Energie? Ist es eher kohlenhydrat-, eiweiß- oder fettreich?*

Döner oder Rohkost – welche Empfehlung gibt die Wissenschaft?

Ernährungsempfehlungen der Deutschen Gesellschaft für Ernährung e.V. (DGE)

Jeden Tag Pizza, Nudeln oder Döner? Diese Gerichte liefern ja ausreichend Energie und schmecken gut? Wozu dann noch Obst oder Gemüse?

Wir essen mehrmals täglich, jedoch nicht bewusst bestimmte Nährstoffe, sondern vielmehr *Lebensmittel*, welche die Nährstoffe in unterschiedlicher Art und Menge enthalten.

→ *Plan L.-Glossar*

Mussten sich die Steinzeitmenschen noch mit dem begnügen, was sie in der Natur fanden oder erjagten, können wir heute im Supermarkt(-dschungel) aus einem breiten Angebot an Lebensmitteln auswählen. Doch was ist die richtige Wahl? Wie versorge ich meinen Körper optimal? Mit diesen Fragen beschäftigt sich die Deutsche Gesellschaft für Ernährung e.V. (DGE). Sie entwickelt aus den neusten Forschungsergebnissen Empfehlungen, die uns helfen sollen, lange fit und gesund zu bleiben.

DGE-Ernährungskreis

Der Ernährungskreis gibt eine Orientierung, welche Lebensmittel in welcher Menge verzehrt werden sollten, um den Körper mit allen wichtigen Nährstoffen zu versorgen. Es wird empfohlen, täglich Lebensmittel aus allen sieben Gruppen zu essen bzw. zu trinken, um eine *vollwertige Ernährung* zu gewährleisten.

Der Kreis bildet auch die Grundlage der dreidimensionalen DGE-Lebensmittelpyramide (siehe rechte Abbildung auf der rechten Seite). Diese gibt zusätzlich Auskunft darüber, welche Arten z. B. von Fetten du mehr bzw. weniger verzehren solltest.

Die Lebensmittelgruppen des DGE-Ernährungskreises			
1.	Getreideerzeugnisse und Kartoffeln	5.	Fleisch, Fisch und Eier
2.	Gemüse und Salat	6.	Öle und Fette
3.	Obst	7.	Getränke
4.	Milch und Milchprodukte		

Vielleicht kennst du bereits die einfache Darstellungsform der Lebensmittelpyramide des *aid* (siehe linke Abbildung) und kannst diese mit den anderen Modellen vergleichen.

→ Plan L.-Glossar

aid-Ernährungspyramide

Dreidimensionale DGE-Lebensmittelpyramide

Du-kannst-Aufgaben

Natürlich isst niemand nur nach Empfehlungen und Regeln der Wissenschaft, besonders wenn man sich gesund fühlt. Langfristig gesehen ist es jedoch sinnvoll, sich seine Ernährungsgewohnheiten bewusst zu machen, um seinen Körper richtig zu versorgen, ohne dabei den Genuss am Essen zu verlieren.
Doch im Alltag ist es nicht leicht, sich entsprechend zu ernähren. Am Kiosk lacht dich das Schokocroissant an und zu Hause ist die Tiefkühlpizza eine bequeme Mahlzeit. Stress und Hektik stehen einer ausgewogenen Ernährung häufig entgegen.
Wie wichtig ist dir eine ausgewogene Ernährung? Wie könntest du für deinen Alltag Ernährungsempfehlungen formulieren? Welche Ernährungsempfehlungen setzt du bereits um und wo könntest du noch Veränderungen vornehmen?

1. *Ihr könnt die unterschiedlichen Modelle und Empfehlungen recherchieren (10 Regeln der DGE, 5 am Tag, verschiedene Lebensmittelpyramiden) und vergleichen.*
2. *Du kannst ein Essprotokoll (S. 24) führen und mit den Ergebnissen deinen persönlichen Ernährungskreis gestalten. Wo findest du Unterschiede zum abgebildeten Modell der DGE?*
3. *Du kannst den einzelnen Lebensmittelgruppen die Hauptnährstoffe zuordnen.*
4. *Du kannst anhand der Abbildung des DGE-Ernährungskreises eigene Ernährungsempfehlungen formulieren.*
5. *Ihr könnt für euer Lieblingsgericht einkaufen und die Lebensmittel den Kreisabschnitten zuordnen. Wie sieht es mit den Lebensmitteln aus, die aus mehreren Zutaten bestehen?*

+++ NEWS TICKER +++

Die Deutschen essen mehr Gemüse

Zwischen 2000 und 2011 ist der Konsum von Gemüse in Deutschland jährlich pro Kopf um durchschnittlich 1,1 Kilogramm gestiegen. Dagegen hat sich der Obstverzehr verringert.

6. *Ihr könnt aus Prospekten eure Lieblingslebensmittel ausschneiden und damit einen Ernährungskreis gestalten.*
7. *Schaut euch die Abbildung des DGE-Ernährungskreises an. Welche Lebensmittel fehlen bei dieser Abbildung? Diskutiert.*
8. *Ihr könnt formulieren, welche Schwierigkeiten bei der Umsetzung dieser Ernährungsempfehlungen im Alltag auftreten.*

Saft oder Selters – warum es auch für Getränke Empfehlungen gibt

INFOBOX

Wir nehmen Flüssigkeit über die Nahrung und Getränke zu uns.

Benötigte Flüssigkeitsmenge eines 17-jährigen Jugendlichen:

Getränke	ca. 1,5 l
Nahrung	ca. 0,9 l
Gesamt	ca. 2,3 l

Getränke bilden den Mittelpunkt des DGE-Ernährungskreises und sind die Basis einer ausgewogenen Ernährung. Unser Körper besteht durchschnittlich zu 65 % aus Wasser, verliert jedoch ständig Flüssigkeit u. a. durch Ausscheidung, Schwitzen, Atmung. Diese Verluste müssen wir durch Essen und Trinken ersetzen. Wer zu wenig trinkt, kann unter Müdigkeit, Konzentrationsmangel, Kopfschmerzen oder Verstopfung leiden.

So viel Energie liefern dir Getränke.

Getränke	Portionsgröße (ml)	Energie (kcal)	davon Zucker
Apfelsaft	250	115	26g
Eistee	250	70	16,9g
Cola	250	105	27,3g
Biermischgetränk	330	165	13,8g
Energydrinks	330	148,5	36g
Apfelsaftschorle selbst gemischt 3:1	250	ca.38	9g
Trinkpäckchen	200	85	20g

Energydrinks enthalten neben Zucker und Koffein auch *Taurin* und Farbstoffe.

→ *Plan L.-Glossar*

→ *Methoden-Trainingsplatz: SchmeXperiment (S. 46)*

Du-kannst-Aufgaben

Bei der Auswahl unserer Getränke spielen verschiedene Gründe eine Rolle, so ist der Geschmack eines Getränks von großer Bedeutung. Viele Getränke werden speziell für eine jugendliche Zielgruppe entwickelt. Die Werbung für diese Marken verspricht ein cooles Lebensgefühl. Wonach wählst du deine Getränke aus?

1. *Du kannst in eurer Schule eine Umfrage machen und die beliebtesten Getränke ermitteln.*
2. *Du kannst ein „Trinktagebuch" führen und notieren, warum du was in welcher Situation trinkst.*
3. *Du kannst beliebte Getränke auf ihre Inhaltsstoffe hin untersuchen (s. Zutatenliste S. 44).*
4. *Ihr könnt einen Getränketest organisieren und verschiedene Getränke blind verkosten. Erkennt ihr euer Lieblingsgetränk? Was macht es für euch besonders?*
5. *Du kannst deine Lieblingsgetränke in den DGE-Ernährungskreis S. 34 einsortieren.*
6. *Du kannst ein SchmeXperiment durchführen.*

Um unseren Flüssigkeitsbedarf zu decken, ist Wasser das ideale Getränk, da es keine zusätzliche Energie liefert. Anders als in vielen Ländern können wir bei uns in Deutschland bedenkenlos Wasser aus der Leitung trinken. Die Trinkwasserverordnung ist so streng, dass unser Leitungswasser das am besten kontrollierte Lebensmittel ist. Dennoch sind die Deutschen Weltmeister im Trinken von Mineralwasser, von denen es eine große Auswahl gibt. Wie der Name schon vermuten lässt, führen wir uns mit solchem Wasser Mineralien und Spurenelemente zu. Für die Menge dieser Stoffe im Wasser gibt es Höchstwerte, die in der Trinkwasserverordnung geregelt sind:

http://www.gesetze-im-internet.de/trinkwv_2001/BJNR095910001.html [07.05.2014].

+++NEWS TICKER+++
Das trinken Jugendliche in Deutschland
Jugendliche zwischen 14 und 18 trinken im Durschnitt am Tag ca. 1 l Wasser, 2 Gläser Obstsäfte/Nektare, ½ Tasse Kaffee oder schwarzen Tee. Männliche Jugendliche trinken pro Tag 2 ½ Gläser Limonade, Mädchen in dieser Altersgruppe 1 ½ Gläser.

@

→ *Web-Tipp*

Du-kannst-Aufgaben

Du willst in der Schule fit und konzentriert sein und nimmst dir daher täglich ausreichend Wasser mit. Nach welchen Kriterien wählst du dein Wasser aus?

1. *Du kannst auf den Etiketten verschiedener Mineralwässer die Inhaltsstoffe nachlesen und vergleichen.*
2. *Ihr könnt recherchieren, was die einzelnen Stoffe bewirken und wo die empfohlenen Höchstwerte liegen.*
3. *Ihr könnt einen Geschmackstest durchführen und euren persönlichen Favoriten finden.*
4. *Ihr könnt die Flasche auf ihre Umweltbelastung hin untersuchen. PET oder Glas – Einweg oder Mehrweg? Erstellt eine Liste mit Pro -und Kontra-Argumenten für die einzelnen Flaschentypen.*

+++NEWS TICKER+++
Süße Limonaden und Energydrinks eignen sich nicht als Durstlöscher, da sie durch den Zucker verzögert vom Körper aufgenommen werden.
Rundum fit mit Sport und Ernährung, hg. v. aid infodienst, 2010, S. 43

Zero – Geschmack ohne Reue?

Du willst auf Kalorien, nicht aber auf den Geschmack verzichten und greifst daher zu „Light"-Getränken. In diesen wird der Zucker durch *Süßstoffe* ersetzt. Gesicherte Erkenntnisse zur Wirkung von Süßstoffen gibt es noch nicht. Es tauchen jedoch immer wieder Meldungen zu Gesundheitsgefährdungen auf. Besonders Kinder gewöhnen sich durch den Verzehr von Lightprodukten an den süßen Geschmack.

Bei „leichten Lebensmitteln" lohnt sich ein Blick auf die Ernährungsnavigation: Zum Beispiel ist im fettarmen Joghurt tatsächlich wenig Fett enthalten, aber dafür steckt viel mehr Zucker drin. Die Kalorienmenge bleibt gleich.

ABC

→ *Plan L.-Glossar*

Hilfe, meine Hose kneift – was bringen Diäten?

Diäten

Trotz der Empfehlungen der Ernährungswissenschaftler essen viele Menschen in Deutschland zu viel, zu fett und zu eiweißreich. Stärke- und ballaststoffreiche Lebensmittel werden dagegen zu wenig verzehrt und in einigen Fällen herrscht eine schlechte Versorgung mit Mineralstoffen und Vitaminen.

FDH (Friss die Hälfte)
Ich esse einfach nur noch die Hälfte, da brauche ich auf nichts zu verzichten.

Low Carb
Ich achte darauf, möglichst wenig Kohlenhydrate zu essen. Nudeln, Brot & Co. lasse ich einfach weg.

Low Fat
Ich achte darauf, dass meine Nahrung nicht mehr als 30% Fett enthält.

Diätgruppen
Ich brauche die Anleitung und den Druck einer Gruppe. So bin ich gezwungen durchzuhalten.

Immer mehr Menschen sind übergewichtig und versuchen mithilfe von Diäten abzunehmen. Leider gelingt das Abnehmen mit Diäten nur sehr selten. Zwar nehmen die Personen zunächst ab, aber sobald sie mit der Diät aufhören, steigt das Gewicht wieder und häufig wiegen sie dann sogar mehr als vorher. Unser Körper ist auf das Überleben spezialisiert. Bekommt er zu wenig Energie, schaltet er auf Sparflamme, verlangsamt den Stoffwechsel und geht an die Reserven. Hierfür wird notfalls auch Muskelmasse abgebaut. Diese Vorgänge halten auch nach der Diät an, sodass die nun zugeführte Energie langsamer verbrannt wird, der *Grundumsatz* also niedriger ist.

Doch nicht jeder, der meint zu dick zu sein, ist es auch. Besonders junge Menschen orientieren sich oft an Sportlern, Schauspielern oder Models, die untergewichtig sind. Ist die eigene Körperwahrnehmung dauerhaft gestört, steckt vielleicht die ernsthafte Erkrankung *Anorexia nervosa* dahinter. Dann muss professionelle Hilfe in Anspruch genommen werden.

→ Plan L.-Glossar

Du-kannst-Aufgaben

Wie zufrieden bist du mit deinem Gewicht? Hast du selbst schon einmal eine Diät gemacht oder kennst du jemanden, der versucht hat abzunehmen? Eure Lerngruppe will eine Präsentation zum Thema „Sinn oder Unsinn von Diäten" gestalten.

1. *Du kannst recherchieren, welche Diäten zurzeit in Mode sind, dich über diese informieren und in einer Wandzeitung präsentieren (im Internet findest du die Broschüre „Kompass Ernährung" mit dem Thema Diäten, www.bmel.de).*
2. *Du kannst die Diäten mit den Ernährungsempfehlungen der DGE (s. S. 34 und 35)vergleichen.*
3. *Du kannst herausfinden, was von den unterschiedlichen Diäten zu halten ist.*
4. *Du kannst Interviews mit Personen führen, die schon einmal eine Diät gemacht haben, und deren Erfahrungen protokollieren.*
5. *Du kannst die Ergebnisse der Interviews analysieren und diskutieren, warum es vielen Menschen schwerfällt, sich an die Ernährungsempfehlungen zu halten.*
6. *Du kannst „Stolpersteine" auf dem Weg zu einer gesundheitsförderlichen Ernährung entdecken und Tipps formulieren, wie diese beseitigt werden könnten.*
7. *Du kannst im Schulkiosk, deiner Mensa oder im Supermarkt nach Lebensmitteln mit viel Energie suchen und ein Infoblatt zu diesen erstellen.*
8. *Du kannst nach kostenlosen Apps zum Abnehmen suchen und diese bewerten.*
9. *Du kannst zum Ernährungscoach werden und Tipps für übergewichtige Personen formulieren.*

→ Web-Tipp

→ Methoden-Trainingsplatz: Interview (S. 152)

→ Rezepte Finder: Low-Carb-Brötchen

+++ NEWS TICKER +++ Feierabend- oder Eiweißbrote (z. B. *Low-Carb-Brötchen*)

Viele Bäckereien bieten Brote an, die besonders wenig Kohlenhydrate, aber dafür mehr Eiweiß enthalten. Diese sollen beim Abnehmen helfen und den abendlichen Verzicht auf Kohlenhydrate erleichtern. Ob dies wirklich funktioniert, konnte bisher wissenschaftlich nicht nachgewiesen werden.

Diese Brote enthalten allerdings vier- bis fünfmal so viel Fett wie herkömmliche Brote und damit pro 100 g ca. 50 Kilokalorien mehr. Außerdem sind sie deutlich teurer.

Ernährung für besondere Ansprüche – was Jugendliche und Sportler beachten sollten

Sport und Ernährung

Bewegung gilt heute als das beste Mittel, unseren Körper fit zu halten. Immer mehr Menschen treiben daher regelmäßig Sport. Welche besonderen Anforderungen dies an die Ernährung stellt, hängt von der Sportart und der Intensität ab, mit der sie betrieben wird. Für den normalen Freizeitsportler, der zwei- bis dreimal pro Woche trainiert, reicht eine ausgewogene, vollwertige Ernährung aus. Diese Menschen sollten jedoch darauf achten, ausreichend zu trinken, da sie durch das Schwitzen beim Training mehr Flüssigkeit verlieren. Ideale Getränke sind Mineralwasser oder Saftschorlen, die im Verhältnis 1:3 (Saft : Wasser) gemischt wurden.

→ *Plan L.-Glossar*

Eiweiß

Besonders Kraftsportler glauben, dass sie vermehrt Eiweiß zu sich nehmen müssen, um das Muskelwachstum zu erhöhen.

Die empfohlene Menge von 1 g Eiweiß pro Kilogramm Körpergewicht reicht aber selbst für Bodybuilder aus.

Der tägliche Verzehr von Eiweiß liegt in Deutschland meist über dem empfohlenen Wert. Dauerhaft kann ein Eiweißüberschuss jedoch die Nieren belasten. Wer also viel Eiweiß verzehrt, sollte ausreichend Flüssigkeit trinken, um die entstehenden Harnstoffe über den Urin auszuscheiden.

Bei Leistungssportlern, die täglich länger als 90 Minuten Ausdauersport betreiben, haben Wissenschaftler einen leicht erhöhten Eiweißbedarf festgestellt.

Allgemein wird empfohlen, hochwertige Kombinationen pflanzlicher und tierischer Eiweiße zu essen. Dazu gehören Haferflocken mit Milch oder Vollkornbrot mit Käse.

INFOBOX

Energie- oder Sportlerriegel werden häufig als geeignete Zwischenmahlzeiten angesehen. Die Zusammensetzung dieser Riegel ist sehr unterschiedlich. Viele von ihnen enthalten aber zu viel Fett oder/und Eiweiß.

Es lohnt sich daher, die Angaben auf der Verpackung genau zu lesen.

+++ NEWS TICKER +++ Traubenzucker eignet sich nicht zur Leistungssteigerung. Er geht zwar schnell ins Blut, doch dies hat zur Folge, das vermehrt Insulin ausgeschüttet wird, um den Zucker abzutransportieren. So fällt der Blutzuckerspiegel schnell wieder ab und es kommt zu einer Unterzuckerung.

Vitamine und Mineralstoffe

Vitamine sorgen dafür, dass unser Körper gut funktioniert. Sie werden in wasserlösliche und fettlösliche *Vitamine* unterteilt.

Zwar verlieren Sportler durch den Schweiß Vitamine und *Mineralstoffe*, dennoch reicht eine ausgewogenen Ernährung aus, um diese Verluste auszugleichen. Ernähren wir uns jedoch zu einseitig, macht sich ein Vitamin- oder Mineralstoffmangel in unserer Leistungsfähigkeit bemerkbar.

Für Heranwachsende sind Vitamine und Mineralstoffe von besonderer Bedeutung, da ihr Körper wächst und daher besonders viel leisten muss. Die nachfolgende Tabelle gibt eine Übersicht über einige wichtige Vitamine, Mineralstoffe und *Spurenelemente*.

	besonders enthalten in	Wichtig für
A	Leber(-wurst), farbintensives Gemüse (z. B. Möhren, Feldsalat, Grünkohl)	Sehvermögen, Immunsystem
B-Komplex	Vollkornprodukten, Fisch, Milch, Ei	Wachstum, Nervensystem
C	Zitrusfrüchten, Paprika, Brokkoli	Haut, Zahnfleisch, Wundheilung, Schutz der Körperzellen
D	fettem Fisch, Ei, (in Verbindung mit UV-Strahlung)	Kalziumaufnahme, Knochen
Eisen	Vollkornprodukten, Hülsenfrüchten, Fleisch	Sauerstofftransport im Blut
Kalzium	Milch, Milchprodukten,	Knochen, Zähne
Magnesium	Vollkornprodukten, Kartoffeln	Muskeln
Jod	Seefisch, jodiertem Speisesalz	Schilddrüsenproduktion

INFOBOX

Zusatzpräparate

Wie schön wäre es, ohne große Anstrengung fit und schön zu sein, wie es die Werbung für Sportlerprodukte oder Vitamintabletten verspricht. Hier solltet ihr jedoch vorsichtig sein. Vitamine in Pillen wirken anders als Vitamine in Lebensmitteln. Eine Überdosis einiger Vitamine oder anderer Substanzen ist sogar schädlich für den Körper. Bei manchen Substanzen wie Aminosäuren, Kreatin, Carnitin oder Taurin, die Sportlern eine Leistungssteigerung versprechen, gibt es keine Nachweise über deren Wirksamkeit.

Du-kannst-Aufgaben

Eure Klasse will sich in diesem Jahr für das Schulsportfest optimal vorbereiten. Welche Verpflegung bereitet ihr zu?

1. *Du kannst Steckbriefe zu einzelnen Vitaminen oder Mineralstoffen erstellen.*
2. *Du kannst recherchieren, welche Lebensmittelkombinationen besonders gute Eiweißquellen darstellen.*
3. *Ihr könnt geeignete Zwischenmahlzeiten zubereiten, die euch optimal mit Vitaminen und Nährstoffen versorgen.*
4. *Du kannst notieren, welche Vitamine, Mineralstoffe und Spurenelemente für dich besonders wichtig sind, und mithilfe deines Essprotokolls deine Zufuhr (S. 24) überprüfen.*

→ *Plan L.-Glossar*

→ *Rezepte-Finder: Früchtequark, Vollkornnudeln mit Bolognesesoße* oder *Carbonarasoße, Müsliriegel*

Schöne neue Lebensmittel – welche Gefahren lauern hinter der makellosen Fassade?

Schneewittchen wurde mit einem besonders schönen Apfel vergiftet. Heute käme dieser bestimmt aus China, denn dort werden Äpfel während ihres Wachstums bis zu zwölfmal mit Pestiziden behandelt, um besonders groß, appetitlich und knackig auszusehen.

Es scheint, unser Essen muss heute vor allem eins – schön aussehen. Handelsnormen bestimmen über die Krümmung der Gurke oder die roten Apfelbäckchen. Daher müssen sich Bauern und Lebensmittelindustrie anstrengen, um die Natur zu gleichmäßiger Leistung anzutreiben und profitabel zu arbeiten. Die Landwirtschaft setzt dabei vor allem auf drei Mittel.

Pestizide

Feldspritze

Pflanzenschutzmittel zerstören die Organismen pflanzlicher und tierischer Schädlinge. In Deutschland gibt es eine Höchstmengenverordnung, die bestimmt, in welchen Mengen die einzelnen Chemikalien in der Nahrung enthalten sein dürfen.

Gesundheitliche Probleme können auftreten, wenn verschiedene Pestizide im Körper zusammen treffen und das Immunsystem schwächen.

Am häufigsten belastet sind Erdbeeren, Trauben und Zitrusfrüchte, daher diese Früchte immer gut waschen. Nach dem Schälen von Orangen immer die Hände waschen, damit die Giftstoffe nicht auf das Fruchtfleisch übertragen werden.

Medikamente

Masthühner im Stall

Die große Nachfrage nach Fleisch und Geflügel hat dazu geführt, dass viele Tiere heute auf sehr wenig Platz gehalten werden. Als Folge davon sind die Tiere anfälliger für Krankheiten, die sich in den Ställen schnell ausbreiten. Daher werden Antibiotika häufig bereits zur Vorbeugung eingesetzt.

Nahrungsmittel, in denen Antibiotika nachgewiesen wurden, dürfen nicht mehr verkauft werden, da diese Medikamente bei vielen Menschen Allergien auslösen. Einige Mikroorganismen sind durch den ständigen Kontakt mit Antibiotika schon immun gegen diese Medikamente, sodass deren Funktion außer Kraft gesetzt wird.

Düngemittel

Pflanzen entziehen den Böden für ihr Wachstum wertvolle Nährstoffe. Die Bauern gleichen diese Verluste durch Dünger aus. Überdüngte Böden führen zu hohen Nitratgehalten in Salat und Gemüse. Auch das Trinkwasser ist in manchen Gegenden mit Nitrat belastet. Besonders für Säuglinge besteht durch Nitrat Vergiftungsgefahr. Babynahrung sollte daher nur mit Mineralwasser zubereitet werden, das den Vermerk „für Säuglinge geeignet" trägt.

Produktionskosten von 100 kg Tomaten (€)

	Holland	Spanien/Almeria
Pestizide	0,92	3,66
Dünger	0,92	2,29
Wasser	0,46	0,92
Bodenpreise	1,38	2,75
Heizung	8,69	0
Arbeitskraft	15,55	4,38
gesamt	**27,95**	**14,00**

Genmanipulierte Sojabohnen

INFOBOX

Gentechnik

Jedes Lebewesen besitzt einen genetischen Bauplan (Genom), welcher unter anderem über das Aussehen entscheidet. Heute können Wissenschaftler in diesen Bauplan eingreifen und einzelne Gene verändern. Sie wollen damit die Lebensmittel verbessern und sie vor Schädlingen schützen. Besonders gentechnisch veränderte Sojabohnen und Mais werden heute in großen Mengen als Viehfutter angebaut. Kritiker befürchten, dass sich die veränderten Gene auch in die Zellen von Säugetieren einbauen.

Du-kannst-Aufgaben

Wie siehst du das? Wie wichtig ist dir das Aussehen deiner Lebensmittel? Was kannst du tun, um dich zu schützen? Welche Schadstoffe findest du bedenklich? Ihr wollt in der nächsten Stunde ein Gericht zubereiten, das nur gering mit Pestiziden belastet ist und keine genetisch veränderten Produkte enthält.

1. *Du kannst dich über die Belastungen durch Medikamente, Pestizide und Düngemitteln bei Obst, Gemüse und Fleisch aus Deutschland informieren.*
2. *Du kannst anhand der Tabelle die Produktion von Tomaten in Holland und Spanien vergleichen. Was stellst du fest?*
3. *Ihr könnt recherchieren, wo in Deutschland gentechnisch veränderte Lebensmittel zugelassen sind, und woran man sie erkennt.*
4. *Du kannst herausfinden, welches Obst zu welcher Zeit bei uns geerntet wird (Saisonkalender)*
5. *Ihr könnt ein Plakat mit Tipps zur Verringerung der Pestizidbelastung anfertigen und in der Schulküche aufhängen*
6. *Du kannst Interviews auf dem Wochenmarkt führen. Was sagen Händler und Kunden zu diesem Thema?*
7. *Ihr könnt diskutieren, wie es zu diesen Vorgehensweisen kommen konnte. Versetzt euch in die Lage eines Bauern und eines Verbrauchers. Sammelt für beide Gruppen Argumente.*
8. *Du kannst recherchieren, warum es einen vorgegebenen Sicherheitsabstand zu Feldern mit genveränderten Pflanzen gibt.*

→ Methoden-Trainingsplatz: Interview (S. 152)

→ Rezepte-Finder: Fruchtiges Sahnecurry mit Huhn

Schöne neue Lebensmittel – Zugabe bitte?

Die meisten Lebensmittel in unseren Supermärkten kommen nicht direkt vom Feld oder aus dem Stall, sondern haben häufig schon viele Stationen hinter sich. Auf ihrem Weg zu uns Verbraucherinnen und Verbrauchern waren sie in Fabriken der Lebensmittelindustrie, wo sie verarbeitet und haltbar gemacht wurden, um uns diese Arbeiten abzunehmen. Diese *Convenienceprodukte* benötigen zum Teil viele Zusatzstoffe, damit sie lange Zeit ihre Form, Farbe und Konsistenz behalten.

→ *Plan L.-Glossar*

INFOBOX

Für Süßwaren und Dauerbackwaren, die im Verkaufsraum vorportioniert werden, ist keine Zutatenliste vorgeschrieben.

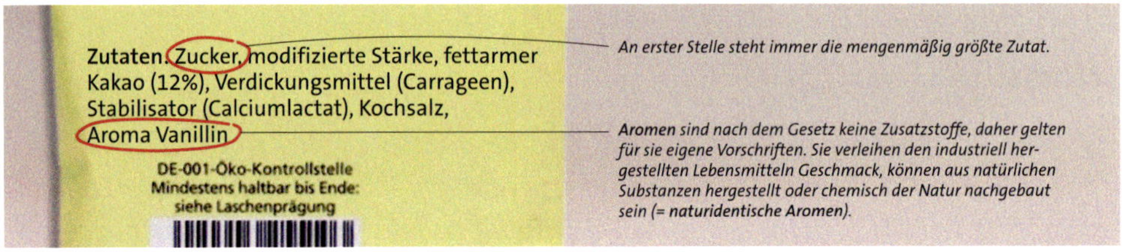

Zutaten in einem Schokoladenpudding

+++NEWS TICKER+++

Leichen verwesen heute langsamer aufgrund der vielen Konservierungsstoffe, die in unserem Essen enthalten sind.

INFOBOX

Zutatenliste

Die Zutatenliste steht auf allen verpackten Lebensmitteln und gibt an, welche Inhaltsstoffe in diesem Produkt enthalten sind.

Die Reihenfolge zeigt dir, mit welchem Mengenanteil die Zutat vertreten ist. An erster Stelle steht die Zutat, von der am meisten, an letzter Stelle die Zutat, von der am wenigsten enthalten ist. Neben den Zutaten sind dort auch die Zusatzstoffe aufgeführt. Zusatzstoffe werden dem Lebensmittel absichtlich zugesetzt, um bestimmte Wirkungen zu erzielen, z. B. die Streichfähigkeit, das Aussehen oder die Haltbarkeit zu verbessern. In der Zutatenliste stehen die Zusatzstoffe mit ihrem chemischen Namen oder der *E-Nummer* und meistens mit einem Klassennamen, z. B. Verdickungsmittel.

Zusatzstoffe werden in der EU umfangreich getestet, bevor sie für Lebensmittel zugelassen werden. Es werden Werte für die Menge festgelegt, die beim täglichen Verzehr noch akzeptabel und gesundheitlich unbedenklich sind. Dennoch sind Zusatzstoffe umstritten und es tauchen immer wieder Meldungen auf, dass bestimmte Stoffe Krebs erregen oder Allergien auslösen können.

→ *Plan L.-Glossar*

Zu Risiken und Nebenwirkungen lesen Sie bitte die Packungsaufschrift oder fragen Ihren Lehrer!

Schön bunt und lecker – Farbstoffe und Geschmacksverstärker für Auge und Gaumen

Die Farbe von verarbeiteten Lebensmitteln entsteht häufig durch chemisch hergestellte **Lebensmittelfarbstoffe**. Die zurzeit zugelassenen werden ständig überwacht und nach den aktuellen Forschungsergebnissen immer wieder neu bewertet. Studien ergaben einen möglichen Zusammenhang zwischen dem Verzehr dieser Farbstoffe und einer Überaktivität bei Kindern. Produkte mit solchen Farbstoffen müssen einen Warnhinweis tragen.

Geschmacksverstärker verleihen vielen Fertiggerichten überhaupt erst Geschmack. Die lange verwendeten Glutamate werden heute meist durch Hefeextrakt ersetzt, welches aber ebenso Glutamat enthält und daher auch ein Geschmacksverstärker ist.

Viele Menschen leiden heute an Allergien oder Nahrungsmittelunverträglichkeiten. Wer Zusatzstoffe möglichst vermeiden möchte, sollte möglichst frische und wenig verarbeite Lebensmittel kaufen und die Speisen selbst zubereiten.

Du-kannst-Aufgaben

Deine Freundin/dein Freund kommt zu Besuch und ist leider allergisch gegen Zusatzstoffe. Du möchtest für sie kochen und dabei auf Fertigprodukte zurückgreifen. Als Nachtisch soll es einen Schokoladenpudding geben.

1. *Du kannst die Zutatenliste verschiedener Puddingpulver vergleichen.*
2. *Du kannst einen Schokoladenpudding ohne Hilfsmittel kochen und das Rezept mit der Zutatenliste eines Schokoladenpuddings vergleichen.*
3. *Du kannst dir die Zutatenliste eines fertigen Puddings anschauen und unter www.zusatzstoffe-online.de [07.05.2014] recherchieren, was sich hinter einzelnen Inhaltsstoffen verbirgt.*
4. *Du kannst einen Becher Sahne schlagen und ihn zwei Tage im Kühlschrank aufbewahren. Vergleiche ihn mit der Sahne auf einem fertigen Schokopudding. Was fällt dir auf? Suche nach den Zusatzstoffen, welche die geschlagene Sahne stabil halten.*

→ Rezepte-Finder: Schokoladenpudding

→ Web-Tipp

Methoden-Trainingsplatz: *Das SchmeXperiment*

Ein SchmeXperiment durchführen

- *Diese Methode setzt sich zusammen aus den Begriffen experimentieren und schmecken: Schmecken+Experimentieren= SchmeXperimentieren.*
- *Du führst ausgewählte Experimente mit Lebensmitteln in der Schulküche durch und wertest diese mit allen Sinnen aus: Sehen, Riechen, Hören, Fühlen, Schmecken.*
- *Anders als du es vielleicht aus dem Chemieunterricht kennst, darfst du hier das Experimentiergut sogar essen oder trinken.*

So kannst du schmeXperimentieren:

1. Vorbereitungsphase

Du beschäftigst dich mit Fragen zu Lebensmitteln oder zur Nahrungszubereitung:

- Warum gibt es harte und weiche Gummibärchen?
- Warum wird die Marmelade fest?
- Wie kommen die Klümpchen in die Soße?
- Was macht die Säure in meiner Limonade?

Notiere deine Vermutungen und überlege, wie ein Versuchsablauf aussehen müsste, der diese Vermutung überprüft.
Erstelle einen Plan und schreibe alle benötigten Materialien auf.

↓

2. Durchführungsphase

Du führst die geplanten Arbeitsschritte durch und protokollierst deine Beobachtungen.
Dabei darfst du dein Experimentiergut natürlich intensiv untersuchen und es auch anfassen, probieren und daran riechen.
Vielleicht entdeckst du einen besonderen Genuss?

↓

3. Auswertungsphase

- Was hat der Versuch ergeben?
- Haben sich deine Vermutungen bestätigt?
- Welche Schlüsse ziehst du daraus?

Beispiel für ein SchmeXperiment: Limonade

1. Vorbereitungsphase

Du hast die Zutatenliste einer Limonade gelesen und erfahren, dass dieses Getränk neben viel Zucker auch Säuerungsmittel enthält. Mögliche Fragen könnten sein:

- Wozu dient die Säure in der Limonade?
- Beispiel: Wieso ist Säure in Cola?
- Du vermutest: „Die Säure hat etwas mit dem Geschmack zu tun."

Du willst es überprüfen: Durch den Vergleich von zwei Zuckerlösungen, die einmal mit und einmal ohne Zusatz von Säure probiert werden.

2. Durchführungsphase

Du benötigst:

- Informationen über den Zuckergehalt (Ernährungsnavigation)
- Wasser
- Zucker
- Zitronensäure
- Waage
- Messbecher
- Gläser
- Löffel

Du beschreibst, wie du vorgehst, und was du beobachtest in deinem Protokoll.

	Durchführung	**Beobachtung**
Wasser-Zuckermischung	200 ml Wasser in ein Glas füllen und die entsprechende Menge Zucker einrühren, bis sich der Zucker auflöst. Probieren!	
Wasser-Zucker-Zitronensäuremischung	200 ml Wasser in ein Glas füllen und die entsprechende Menge Zucker einrühren, bis sich der Zucker auflöst. Zitronensäure hinzufügen & probieren!	

3. Auswertungsphase

- Was ist deine Schlussfolgerung?
- Formuliere ein Fazit.
- Diskutiere dein Ergebnis mit den anderen.

3 Vielfalt in unserer Küche – die Welt der Kräuter und Gewürze

Wie verwende ich Kräuter und Gewürze sachgerecht?
Welche Kräuter und Gewürze nutze ich wofür?
Welche Kräuter passen gut zusammen?
Wann ist der richtige Zeitpunkt zum Würzen?
Wie kann ich frische Kräuter haltbar machen?
Warum sind manche Gewürze so teuer?
Was wären Festtage ohne Gewürze?

Basilikum und Co. – nützliche Kräuter in unserer Küche

INFOBOX

Die Unterscheidung zwischen Kräutern und Gewürzen ist gar nicht so einfach, wie es zunächst scheint. Anders als bei Kräutern finden sich bei Gewürzen auch Teile von Knospen, Früchten, Samen, Rinden, Wurzeln, Wurzelstöcken und Zwiebeln. Bezüglich der Blätter und Blüten gibt es jedoch fließende Übergänge, die eine eindeutige Abgrenzung zwischen Kräutern und Gewürzen nicht immer möglich machen.

Kulturgeschichtlich gesehen sind Kräuter in gemäßigten Klimazonen heimisch, während Gewürze oftmals tropischer Herkunft sind. Der Definition in Südostasien zufolge gilt als Unterscheidungsmerkmal, dass Kräuter frisch und Gewürze getrocknet verwendet werden.

Was sind überhaupt Kräuter?

Als Kräuter werden die oberhalb der Erde wachsenden Pflanzenteile bezeichnet, die wegen der enthaltenen Geschmacks- und Geruchsstoffe als würzende Zutaten bei der Zubereitung von Speisen und Getränken verwendet werden. Kräuter sind frische Blätter, Blüten oder Teile davon.

Warum Kräuter verwenden?

Für das Würzen von Speisen gibt es viel mehr Möglichkeiten als die Verwendung von Salz. Kräuter sind nicht nur besonders schmackhaft, sondern auch viel gesundheitsförderlicher. So kann eine dauerhaft hohe Salzaufnahme beispielsweise zu Bluthochdruck und möglicherweise zu Herz-Kreislauf-Erkrankungen führen. Durch den Gebrauch frischer Kräuter kann die Salzmenge reduziert werden.

Kräuter geben vielen Speisen erst die besondere Würze und machen Lebensmittel appetitlicher, abwechslungsreicher und bekömmlicher. Durch die Wirkung ihrer besonderen Inhaltsstoffe – wie z. B. *ätherische Öle, Vitamine, Mineralstoffe* und andere – steigern sie das allgemeine Wohlbefinden und leisten einen Beitrag zu einer ausgewogenen Ernährung.

→ *Plan L.-Glossar*

+++NEWS TICKER+++ Um frische Kräuter immer verfügbar zu haben, ist es praktisch, sie selbst anzubauen. Dass dafür kein eigener Garten nötig ist, zeigen immer mehr Menschen. In vielen Großstädten sprießt und grünt es auf den Dachterrassen, Balkonen oder in den Wohnungen. In großem Ausmaß nennt man dies Urban Gardening, was so viel bedeutet wie Gemeinschaftsgärtnern in der Stadt (*www.gartenpiraten.net*).

@

→ Web-Tipp

Kostbarkeiten der Natur – früher und heute

→ Plan L.-Glossar

Wissenschaftler nehmen an, dass Kräuter bereits in der Steinzeit vor etwa 50 000 Jahren zum *Aroma*tisieren von Speisen verwendet wurden. Sie fanden zunehmend Einsatz bei der Konservierung von Lebensmitteln sowie der Herstellung von Heilmitteln, Desinfektionsmitteln, Farben, Kosmetika und Parfüms.

Das überlieferte Wissen um die gesundheitsförderliche Wirkung der Kräuter wurde durch die Entwicklung der chemischen Heilmittel und die veränderten Lebensstile der Menschen allmählich geringer. Kräuter werden heute weitgehend als Küchenkräuter – weniger als Heilkräuter – verwendet.

Ursprünglich prägten landestypische Kräuter die einheimischen Küchen: Estragon und Thymian in Frankreich; Basilikum, Rosmarin und Salbei in Italien; Oregano in Griechenland; Petersilie, Salbei und Thymian in England; Dill, Kresse, Majoran, Petersilie und Schnittlauch in Deutschland. Mit der Ausdehnung der Handelsrouten verbreiteten sich Kräuter weltweit.

Du-kannst-Aufgaben

Schnittlauch und Petersilie kennst du sicherlich. Aber wie sieht es mit den anderen Kräutern aus? Mach dich auf die Suche und entdecke die Kräuterwelt. Lies hierzu auch die Tabelle auf den nächsten Seiten.

1. *Du kannst in der Schulküche, im Supermarkt oder auch zu Hause nachsehen, welche Kräuter vorrätig sind. Finde heraus, wofür diese genutzt werden und erstelle eine eigene Tabelle oder ein Plakat.*

2. *Du kannst in Kochbüchern oder Rezeptsammlungen recherchieren, welche Kräuter häufig verwendet werden. Versuche herauszufinden, warum diese Kräuter in diesen Speisen vorkommen.*

3. *Du kannst einen Werbeflyer zu Kräutern erstellen. Dein Ziel ist es, andere von den Vorteilen der Verwendung zu überzeugen.*

Wissenswertes rund um Kräuter

Kräuter	Praktische Tipps	Gesundheitsförderliche Wirkung	Verwendung für	Harmoniert mit
 Basilikum	Basilikum verliert durch Hacken oder Garen an Aroma. Daher sollten die Blätter möglichst ganz oder gezupft nur kurz erwärmt werden.	Hat eine appetitanregende, magenberuhigende verdauungs- und stoffwechselfördernde Wirkung.	Tomatengerichte, Pesto, Pastagerichte, Fleisch, Fisch	Majoran Oregano Petersilie Rosmarin Schnittlauch Thymian
 Bohnenkraut	Es hat eine starke Würzkraft, daher sparsam dosieren. Um sein Aroma zu entfalten, muss Bohnenkraut mitgegart werden. Passt besonders gut zu Speisen mit Hülsenfrüchten, da es Blähungen verringert.	Es wirkt appetitanregend, ist schleimlösend und lindert Husten. Zudem ist es verdauungsfördernd und hilft gegen Blähungen.	Bohnen-, Erbsen- und Linsengerichte, Fleisch- und Fischspeisen, Gemüse, Soßen, Suppen, Sauerkraut	Majoran Oregano Rosmarin Salbei Thymian
 Dill	Erst kurz vor der Verwendung waschen, die Dillspitzen von den Stängeln zupfen und fein schneiden. Dill verträgt keine große Hitze, deshalb nicht garen, sondern frisch über das fertige Gericht streuen.	Er wirkt beruhigend und wohltuend auf Magen und Darm.	Quark, Salate (besonders Gurkensalat), Fisch, Soßen, Kartoffelgerichte, Gewürzgurken	Petersilie
 Majoran	Majoran nur in geringen Mengen verwenden, da er sehr intensiv würzt. Erst am Ende der Garzeit zur Speise geben. Wegen seiner verdauungsfördernden Wirkung ist er besonders bei fettigen Speisen sinnvoll.	Hat eine appetitanregende Wirkung und hilft bei einer trägen Verdauung und bei Blähungen.	Schweinefleisch, Gänsebraten, Eintöpfe, Hülsenfrüchte	Basilikum Bohnenkraut Petersilie Rosmarin Salbei Thymian (verträgt sich nicht gut mit Oregano)
 Oregano	Oregano braucht Hitze, um sein volles Aroma zu entfalten. Daher sollte es spätestens 15 Minuten vor dem Ende der Garzeit in die Speise gegeben werden. Vorsichtig dosieren, es hat ein intensives Aroma.	Wirkt magenstärkend und verdauungsfördernd. Wird auch als schleimlösendes Hustenmittel eingesetzt.	Kartoffelsuppen, Pizza, Tomatengerichte, Pastasoßen, Kräuterbutter, Lamm- und Schweinefleisch, Gemüse, Schafskäse	Basilikum Bohnenkraut Petersilie Rosmarin Thymian (verträgt sich nicht gut mit Majoran)

→ *Rezepte-Finder: Kräuterquark, Kräuterbutter, Ofenkartoffeln mit Kräutern, Joghurtdressing mit Kräutern, Tomatensoße, Pesto, Pesto-Oliven-Brot, Kräutermuffins*

 Krause Petersilie	Krause Petersilie verliert beim Garen Aroma und Vitamine und sollte daher am besten frisch verwendet werden.	Ist appetitanregend und verdauungsfördernd. In der Volksmedizin auch als Mittel gegen Blähungen und bei Blasenleiden bekannt.	Quark, Suppen, Kartoffeln, Dekoration	Basilikum Dill Majoran Oregano Pfefferminze Schnittlauch Thymian
 Pfefferminze	Zum Würzen oder Garnieren werden nur die Blätter verwendet.	Wird bei Beschwerden im Magen-Darm-Bereich eingesetzt, es wirkt beruhigend, krampflösend und schmerzlindernd. Äußerlich angewendet hilft Pfefferminzöl bei Kopfschmerzen.	Lamm und orientalische Gerichte, Salate, Desserts, Kalt- oder Heißgetränke, Garnitur	Petersilie (wird wegen des starken Eigengeschmacks meist nicht kombiniert)
 Rosmarin	Rosmarin hat ein kräftiges Aroma und wird in der Küche sparsam verwendet. Es entwickelt seine Würzkraft erst durch Hitze. Kleine Zweige in der Speise mit garen und vor dem Servieren wieder entfernen.	Wirkt wohltuend bei Atemwegsinfektionen und Verdauungsbeschwerden. Wird in der Aromatherapie bei Erschöpfung und zur Beruhigung der Nerven eingesetzt.	Geflügel, Wild, Fisch, Soßen, Kartoffel- und Gemüsegerichte	Basilikum Bohnenkraut Majoran Oregano Salbei Thymian
 Salbei	Das volle Aroma entfaltet sich erst bei Hitze, so sollten die frischen Salbeiblätter einige Zeit mitgaren. Salbei wird in kleinen Mengen verwendet, da es eine starke Würzkraft hat.	Lindert Halsschmerzen und hilft bei Schweißausbrüchen und Zahnfleischentzündungen.	Fleisch-, Fisch- und Lebergerichte, Gemüsegerichte, Suppen, Tee	Bohnenkraut Majoran Rosmarin Thymian
 Schnittlauch	Schnittlauch verträgt keine Hitze, daher möglichst frisch verwenden und erst zum Schluss über das Gericht streuen. Nicht hacken, sondern mit einer Küchenschere oder einem scharfen Messer zu Röllchen schneiden.	Wirkt appetitanregend und verdauungsfördernd.	Quark, Kräuterbutter, Fisch, Salate, Dekoration	Basilikum Petersilie
 Thymian	Das kräftige Aroma entwickelt sich gut beim Garen. Wegen der starken Würzkraft wird Thymian sparsam verwendet. Für einen milderen Geschmack kann der Zweig auch im Ganzen mit gegart und wieder entnommen werden.	Hat eine verdauungsfördernde sowie schleimlösende und entzündungshemmende Wirkung, z. B. bei Halsschmerzen.	Fleisch, Fisch, Schalentiere, Gemüse, Eintöpfe und Suppen	Basilikum Bohnenkraut Majoran Oregano Petersilie Rosmarin Salbei

Der grüne Daumen – so klappt's!

Du-kannst-Aufgaben

Du hast für den Hauswirtschaftsunterricht Rezepte mit frischen Kräutern ausgesucht. Wo bekommst du die Kräuter nun her und wie gehst du mit ihnen um?

1. *Du kannst eine Checkliste zum Einkauf und zur Aufbewahrung von Kräutern anfertigen.*
2. *Du kannst ein Plakat zu einem Kraut deiner Wahl erstellen. Verwende dafür die Informationen in diesem Kapitel.*
3. *Du kannst für den sachgerechten Umgang mit Kräutern ein Video drehen oder eine Fotodokumentation gestalten.*

Kräuter einkaufen

Im Handel werden Kräuter in vielen verschiedenen Varianten angeboten: im Topf oder als Bundware, in Plastikbehältern eingeschweißt, getrocknet sowie tiefgefroren, ganz oder zerkleinert. Gängige Kräuter wie Basilikum, Dill, Gartenkresse, Kerbel, Petersilie, Rosmarin, Salbei, Schnittlauch und Thymian gibt es meist im Supermarkt oder auf dem Wochenmarkt. In Gartencentern sind neben den Samen auch Kräuterpflanzen erhältlich. Beim Biohändler sind über das gewöhnliche Warenangebot hinaus manchmal auch spezielle Sorten verfügbar. Und wenn es mal außergewöhnlich sein soll, wirst Du im Internet fündig, dort findest du z. B. über 20 Minzesorten.

Achte beim Einkauf von frischen Kräutern auf kraftvolle Stiele und Blätter ohne gelbe oder trockene Stellen. Wenn du dir nicht sicher bist, mach die Schüttelprobe! Sollten dabei viele Blätter abfallen, sind die Kräuter nicht empfehlenswert. Vertrau auch deiner Nase und riech an den Kräutern, sie sollten frisch und intensiv riechen.

Kräuter aufbewahren

So wichtig wie die gute Qualität beim Kräuterkauf ist auch die richtige Aufbewahrung.

Kräuter im Topf solltest du immer mit einer Schere abschneiden. Zudem sollten sie nicht über die Hälfte abgeerntet werden, weil die Kräuter zwischendurch die Möglichkeit brauchen nachzuwachsen, sonst gehen sie ein.

Kräuter als Bundware sollten an den Stielenden noch einmal nachgeschnitten werden. Am besten bleiben Kräuter frisch, wenn sie in einem Glas mit Wasser in den Kühlschrank gestellt werden. Sie können aber auch in einer Plastikdose oder einem Plastikbeutel in den Kühlschrank gelegt werden. Kräuterbündel sollten möglichst kurz gelagert werden, da sie schnell ihre besonderen Inhaltstoffe verlieren.

Kräuter sachgerecht verarbeiten

Wer die aromatischen Substanzen von Kräutern optimal nutzen möchte, muss sich mit der Verarbeitung von Kräutern auskennen.

Kräuter als ganzes Bund unter fließendem, kaltem Wasser abspülen und gründlich trocken tupfen oder schütteln.

Von zarten Stängeln werden die Blätter einzeln abgezupft. Braune und welke Stellen sorgfältig entfernen.

Bei harten Kräuterstängeln, das Kraut am Stängelende festhalten und mit der anderen Hand die Blätter abstreifen.

Schnittlauch und Gartenkresse kannst du mit einer scharfen, sauberen Küchenschere schneiden.

Andere Kräuter kannst du auch mit dem Messer schneiden.

Mit dem Wiegemesser kannst du Kräuter besonders fein hacken.
(Ausnahme: Schnittlauch)

Alternativ kannst du mit dem Kochmesser den Wiegeschnitt anwenden und zum gleichen Ergebnis kommen.

Sollen die Kräuter sehr fein zerkleinert werden, kannst du Mörser und Pistill benutzen.

Für eine Suppe, eine Brühe oder für eine Soßenbasis Kräuter zu einem Sträußchen binden, von Anfang an zugeben und vor der Weiterarbeit oder dem Servieren wieder entfernen.

+++NEWS TICKER+++ Je feiner Kräuter geschnitten oder gehackt werden, desto mehr ätherische Öle werden freigesetzt – und damit entfalten sie mehr Aroma.

Kräuter haltbar machen

→ Plan L.-Glossar

Frische Kräuter sind im Winter deutlich teurer, einige von ihnen sind in der kalten Jahreszeit gar nicht im Handel erhältlich oder haben einen langen Transportweg hinter sich. Um Kräuter über einen längeren Zeitraum haltbar zu machen, gibt es verschiedene Möglichkeiten zur Konservierung, darunter Methoden wie Tiefkühlen, Trocknen oder Einlegen. Jedoch eignet sich nicht jede Konservierungsmethode für jedes Kraut.

Du-kannst-Aufgaben

Selbst hergestellte Kräuterprodukte sind nicht nur praktisch, sie machen sich wunderbar als Dekoration in der Küche oder als Geschenke für Freunde und Familie. Probier´s mal aus!

1. *Du kannst dich über die Konservierungsmethoden informieren. Schreibe anschließend die Vor- und Nachteile der einzelnen Konservierungsmethoden für den Einsatz im Hauswirtschaftsunterricht auf.*
2. *Du kannst dich für eine Konservierungsmethode entscheiden, die du gern umsetzen möchtest. Wähle drei Kräutersorten aus, die sich für die von dir ausgewählte Methode eignen und miteinander harmonieren. Nimm die Tabelle auf den vorherigen Seiten zur Hilfe.*
3. *Du kannst dir überlegen, für welche Speisen die Kräuterprodukte verwendet werden können. Erstelle eine Rezeptsammlung und wähle deinen Favoriten aus.*

Kräuter einfrieren

Eine beliebte und nährstoffschonende Konservierungsmethode ist das Einfrieren. Hierfür werden die Kräuter zerkleinert und in kleinen Behältern, Gefrierbeuteln oder in Eiswürfelschalen (letzteres mit ein wenig Wasser) eingefroren. Vor der Verwendung müssen die Kräuter nicht auftauen. Die Kräuter können nach Sorten getrennt oder in Kräutermischungen eingefroren werden. Kräutermischungen sind ideal zum Würzen von Suppen und Soßen. Tiefgefroren sind Kräuter bis zu einem Jahr haltbar. Kräuter können auch in Soßen oder als Kräuterbutter eingefroren werden, die dann etwa 6 Monate haltbar bleiben.

Besonders gut funktioniert das Gefrieren bei Kräutern, die nicht – oder nur vorsichtig – erhitzt werden, wie Basilikum, Dill, Pfefferminze, Petersilie und Schnittlauch.

Kräuter trocknen

Für das Trocknen an der Luft sollten die Kräuter nach dem Waschen gut geschüttelt und trocken getupft werden. Dann werden sie für mehrere Wochen an einem schattigen, warmen sowie gut belüfteten Ort zum Trocknen ausgelegt oder zu kleinen Sträußen gebunden, kopfüber aufgehängt. Die Küche ist keinesfalls der richtige Ort, dort besteht eine zu hohe Luftfeuchtigkeit, sodass die Kräuter schimmeln könnten. In der Mikrowelle können Kräuter schneller getrocknet werden, allerdings nur mit einem hohen Nährstoffverlust. In fest verschließbaren Gläsern lassen sich getrocknete Kräuter an einem dunklen Ort bis zu einem Jahr aufbewahren.

Das Trocknen eignet sich für robuste Kräuter mit kräftigem Aroma wie beispielsweise Bohnenkraut, Majoran, Oregano, Pfefferminze, Rosmarin, Salbei und Thymian. Majoran und Thymian erhöhen beim Trocknen sogar ihre Würzkraft.

Kräuter in Salz einlegen

Für das Einlegen in Salz werden die frischen Kräuter fein geschnitten. Anschließend wird ein verschließbarer Behälter abwechselnd mit Salz und Kräutern gefüllt. Dabei wird mit Salz begonnen und auch abgeschlossen.

Den verschlossenen Behälter an einem kühlen, dunklen sowie trockenen Ort lagern. Das Salz nimmt nicht nur die Feuchtigkeit auf, sondern auch das Aroma der Kräuter. Diese wiederum verlieren aromatische Substanzen. Wegen des hohen Salzanteils kann dieses Kräutersalz nur in geringen Mengen verwendet werden. Es eignet sich z. B. zum Würzen von Fleisch, Suppen sowie Soßen und ist etwa neun Monate haltbar.

Zum Einsalzen eignen sich Dill, Petersilie, Rosmarin, Majoran, Oregano, Salbei und Thymian.

Kräuter in Öl einlegen

Die ätherischen Öle in Kräutern sind fettlöslich, daher ist das Einlegen in Öl eine hervorragende Konservierungsmethode. Dafür werden einige Kräuterzweige gewaschen und mit Küchenpapier gut getrocknet. Dann kommen sie in eine saubere und trockene Glasflasche und werden mit hochwertigem Pflanzenöl mit wenig Eigengeschmack aufgegossen. Die Zweige müssen komplett mit dem Öl bedeckt sein, da sie sonst mit Sauerstoff in Kontakt kommen und verderben können. Die Flasche luftdicht verschließen und für etwa zwei Wochen an einem dunklen Ort aufbewahren. Wenn das Öl nicht zu intensiv schmecken soll, kannst du die Kräuter wieder aus der Flasche entfernen. Kräuteröl hält sich etwa ein Jahr. Geeignete Kräuter für Öle sind z. B. Basilikum, Bohnenkraut, Majoran, Oregano, Rosmarin, Salbei und Thymian.

Faszinierende Geschmacksvielfalt – eine Reise in die Welt der Gewürze

Was genau sind Gewürze?

Gewürze sind Teile bestimmter Gewächse oder aus ihnen erzeugte aromatische Substanzen, die zum Würzen von Speisen und Getränken verwendet werden. Gewürze können Blätter, Blüten, Knospen, Früchte, Samen, Rinde, Wurzeln, Wurzelstöcke, Zwiebeln oder Teile davon sein. Sie werden meist in getrockneter Form verwendet.

Warum Gewürze verwenden?

Gewürze verleihen Speisen viele unterschiedliche Geschmacksrichtungen, sie sorgen für abwechslungsreiche und wohlschmeckende Speisen. Zudem verbessern sie, vor allem bei fetten und schwer verdaulichen Speisen, die Bekömmlichkeit. Gewürze verfügen über viele gesundheitsfördernde Wirkungen: Sie helfen bei Appetitlosigkeit, fördern die Speichel- und Magensaftbildung, nehmen positiven Einfluss auf die Verdauung, regen den Kreislauf an und vieles mehr. Diese positiven Auswirkungen beruhen größtenteils auf dem hohen Gehalt an natürlichen Inhaltsstoffen wie beispielsweise *ätherischen Ölen, Vitaminen und Mineralstoffen*.

→ *Plan L.-Glossar*

+++NEWS TICKER+++ Die Lebensmittelindustrie entwickelt ständig neue *Aromen* und versucht natürliche aromatische Substanzen chemisch herzustellen. Doch all die positiven und gesundheitsfördernden Wirkungen von Gewürzen können mit künstlich hergestellten Aromen nicht erzielt werden.

Einst unglaublich kostbar, bis heute einmalig kulinarisch

Wie Funde belegen, werden Gewürze schon seit Beginn der Menschheitsgeschichte verwendet. Anfangs waren Gewürze nicht nur Würzstoff für Speisen, sondern vielmehr Medizin, unverzichtbares Mittel bei religiösen Zeremonien, Ausgangsprodukt für Kosmetik und Färbemittel für Textilien.

Während der vergangenen Jahrhunderte waren exotische Gewürze aus dem Fernen Osten wertvoll wie Gold. Sie konnten lange Zeit nur über die mühsamen Landwege nach Europa transportiert werden, sodass sie in Europa eine kostbare Seltenheit waren. Mit der Entdeckung des Seeweges nach Indien durch den Portugiesen Vasco da Gama begann ab 1498 die Blütezeit des internationalen Gewürzhandels. Trotzdem blieben Gewürze lange Zeit für die meisten nahezu unbezahlbar.

Im Gegensatz zu früheren Zeiten werden Gewürze heute in vielen tropischen Ländern der Welt angebaut. In der heutigen Zeit sind Gewürze bedeutende Zutaten bei der Nahrungszubereitung, durch die sich die regionalen Küchen dieser Welt voneinander unterscheiden.

INFOBOX

Wer sich früher dieses exotische Luxusgut leisten konnte, konsumierte es in großen Mengen. Der Konsum von Gewürzen diente der Demonstration von Wohlstand und sozialem Status.

Du-kannst-Aufgaben

Du hast beschlossen, im Hauswirtschaftsunterricht auf künstliche Aromen zu verzichten und dir Expertenwissen über Gewürze anzueignen. Lies hierzu auch die Tabelle auf den nächsten Seiten.

1. *Du kannst in der Schulküche, im Supermarkt oder auch zu Hause nachsehen, welche Gewürze vorrätig sind. Finde heraus, wofür diese genutzt werden und erstelle eine eigene Tabelle oder ein Plakat.*
2. *In unserer Alltagssprache finden wir häufig Gewürznamen: „Geh doch hin, wo der Pfeffer wächst", „Pfeffersack", „gepfefferte Preise", „Zimtzicke", „Lorbeeren ernten". Finde heraus, was diese Ausdrücke bedeuten und wie sie entstanden sind. Vielleicht fallen dir weitere Beispiele ein?*
3. *Du bist ein TV-Reporter im Jahr 1498 und live vor Ort, als im Hafen das erste Mal ein Schiff mit Gewürzen eintrifft. Schreibe auf, was du der Welt über dieses Ereignis berichten wirst.*
4. *Du kannst herausfinden, was Columbus mit der Entdeckung von Vanille zu tun hat. Erstelle einen Bericht.*
5. *Du kannst überlegen und schriftlich beantworten, weshalb Salz kein Gewürz ist.*

Wissenswertes rund um Gewürze

Gewürze/verwendete Pflanzenteile	Praktische Tipps	Gesundheitsförderliche Wirkung	Verwendung für
 Chilis (Frucht)	Mit Chilis immer vorsichtig umgehen, jeden Kontakt zu den Augen vermeiden. Solltest du dir bei der Arbeit mit Chilis zufällig ins Gesicht fassen, sofort mit kaltem Wasser abwaschen.	Wirken anregend auf den Kreislauf, sie helfen bei Magen-Darm-Beschwerden und beugen Erkältungen vor.	Fleisch, Fisch, Suppen, Gewürzpasten und Soßen
 Fenchel (Samen)	Am besten Fenchelsamen kaufen und bei Bedarf mahlen.	Kräftigt den Magen, hat einen positiven Einfluss auf die Verdauung und hat sich als Mittel gegen Blähungen bewährt.	Brot, Gebäck, Linsen, Salami, Gewürzgurken, in Asien für Suppen, Fisch, Gemüse und Reis
 Ingwer (Wurzel)	Je nach Zubereitung kann Ingwer geschnitten, gerieben, gehackt oder durch eine Knoblauchpresse gedrückt werden. Frischer Ingwer schmeckt fruchtiger und milder als getrockneter. Getrockneter Ingwer hat ein starkes Aroma, daher vorsichtig dosieren.	Fördert die Speichel- und Magensaftbildung und hat eine anregende Wirkung.	Bestandteil von Konfitüren, Süßspeisen und Tee, wird in der indischen Küche für Fleisch und Fischspeisen verwendet.
 Kardamom (Samen)	Am besten die ganzen Kapseln kaufen, weil sie das Aroma der darin liegenden Samen sehr gut aufbewahren. Die Kapseln aufbrechen und die Schalen entfernen. Anschließend die Samen rösten und mahlen.	Wirkt magenstärkend, soll die Verdauung anregen und gegen Blähungen helfen.	Süßgebäck wie Spekulatius, Wurzelgemüse, Konfitüre, Kompott
 Knoblauch (Zwiebel)	Knoblauch wird nach dem Schälen entweder mithilfe einer Knoblauchpresse gepresst, in einem Mörser zerstoßen oder mit einem Messer kleingeschnitten.	Bei regelmäßigem Verzehr kann er positiv auf den Kreislauf wirken. Er steigert die Abwehrkräfte und regt die Verdauung an.	Passt zu fast allem Pikanten wie Fleisch, Soßen, Salate und Gemüse.
 Koriander (Samen)	Damit Koriander sein Aroma gut entfaltet, kann er vor dem Garen kurz ohne Öl geröstet werden.	Hat eine magenstärkende Wirkung und hilft bei Appetitlosigkeit.	Brotwaren, Süßgebäck wie Lebkuchen und Spekulatius, Kompott, Fleisch, Fleischmarinade
 Kümmel (Samen)	Am besten Kümmelsamen kaufen und selbst mahlen, da Kümmel im gemahlenen Zustand schnell an Aroma verliert. Werden die Samen vor der Verwendung kurz geröstet, entfalten sie ihr Aroma besser.	Hilft bei Magen- und Verdauungsbeschwerden sowie bei Völlegefühl und Blähungen.	Käse, Suppen und Eintöpfe, Kohl-, und Sauerkrautgerichte, Schweinebraten, Brot, Brötchen und andere Backwaren

 Kurkuma (Wurzel)	Färbt sehr intensiv, dadurch verleiht es vielen Speisen eine appetitlich gelbe Farbe. Beim Verarbeiten der Wurzel am besten Handschuhe tragen und die Arbeitsfläche möglichst abdecken.	Hat eine magenstärkende, antibakterielle und pilzhemmende Wirkung.	Fleisch, Soßen Reisgerichte
 Lorbeer (Blatt)	Lorbeerblätter werden vorwiegend in ganzer Form verwendet. Sie entfalten ihr Aroma langsam, wovon Suppen, Eintöpfe, Soßen und Marinaden profitieren. Sie werden vor dem Servieren wieder entfernt.	Wirkt anregend auf Appetit und Kreislauf. Zudem hat er eine antibakterielle und abführende Wirkung.	Fisch, Huhn, Lamm, Rind, Wild
 Muskat (Samenkern)	Die Muskatnuss wird fast ausschließlich gerieben verwendet. Zum Würzen genügt eine kleine Menge, da sie ein intensives Aroma hat. Am besten erst zum Ende der Garzeit über die Speise reiben.	In Asien wird die Muskatnuss zur Stärkung von Nerven und der Verdauung verwendet, besonders bei Beschwerden im Magen-Darm-Bereich.	Warme Soßen, Kartoffel- und Käsegerichte, Blumenkohl, Spinat, Lebkuchen, Suppen
 Gewürznelken (Blütenknospen)	Die Blütenknospen werden im Ganzen oder gemahlen verwendet. Gemahlen sollten sie sparsam eingesetzt werden, da ihr Aroma sehr intensiv ist. Ganze Nelken werden mitgegart, vor dem Essen aber entfernt.	Wirken antibakteriell, krampflösend und magenstärkend.	Fleisch, Fisch, Soßen, Gebäcke wie z. B. Lebkuchen, Punsch
 Pfeffer (Beeren)	Sollte möglichst frisch gemahlen werden, weil sich sein Aroma schnell verflüchtigt. Gemahlenen Pfeffer erst am Ende der Garzeit zur Speise geben. Bei Gerichten mit langer Garzeit am besten ganze Pfefferkörner in einem Säckchen mitgaren und es vor dem Servieren entfernen.	Wirkt antibakteriell und regt die Verdauung an.	Weißer Pfeffer bei Geflügel, Fisch und hellen Soßen. Schwarzer Pfeffer wird sehr vielseitig verwendet.
 Sternanis (Frucht)	Sternanis wird meist gemahlen gekauft, weil es nicht einfach ist, ihn selbst zu mahlen. Im Ganzen kann er jedoch mitgegart werden.	Fördert die Verdauung, soll gegen Husten, Bronchitis und bei Blähungen helfen.	Backwaren, Süßspeisen, Kompott, Dekoration, in China auch zu Fleisch und Soßen
 Vanille (Frucht)	Vanille wird der Länge nach aufgeschnitten und das Mark mit einem Messer herausgeschabt. Um das kostbare Vanillemark möglichst vollständig zu nutzen, kann die Frucht für das Aromatisieren von Zucker oder Flüssigkeit verwendet werden.	Vanille wird eine vitalisierende Wirkung nachgesagt, sie soll Herz und Psyche stärken.	Gebäck, Desserts, Eiscreme, Schokolade, Milch und Getränke
 Zimt (Rinde)	Zimt wird als ganze Stange oder gemahlen verwendet. Zimtstangen werden bei heißen Getränken eingesetzt, das gemahlene Gewürz zum Backen. Es ist nicht einfach, Zimt selbst zu mahlen, daher wird er meist in Pulverform gekauft.	Hat eine appetitanregende und antibakterielle Wirkung, fördert die Verdauung.	Süßspeisen wie Milchreis, Gebäck wie Zimtsterne, Lebkuchen und Spekulatius, Getränke wie Punsch, Dekoration

Die Kunst des Würzens – so geht's

Gewürze einkaufen

Auf Gewürzbasaren in tropischen Ländern findest du auch heute noch Gewürze in offenen Säcken zum Anfassen und Probieren. Zudem kannst du die Händler über Herkunft, Verwendung und Wirkungsweise der Gewürze befragen. Bei uns werden Gewürze weniger sinnesansprechend in Supermärkten, aber auch in Tee- und Gewürzläden, asiatischen und türkischen Läden sowie über den Internetversand angeboten. Gewürze gibt es im Handel im Ganzen oder gemahlen, pur oder gemischt.

Am besten kaufst du Gewürze in kleinen Mengen ein und bevorzugst ungemahlene Gewürze. Je frischer die Gewürze, desto intensiver das Aroma!

Gewürze aufbewahren

Bei den aromatischen Naturprodukten handelt es sich zwar nicht um leicht verderbliche Lebensmittel, aber unbegrenzt haltbar sind sie nicht. Am längsten behalten getrocknete Gewürze ihr Aroma, wenn sie im Ganzen an einem dunklen, kühlen und trockenem Ort aufbewahrt werden. Gewürze lassen sich am besten in kleinen Glasbehältern mit luftdicht schließendem Deckel lagern.

Die Haltbarkeit von getrockneten Gewürzen ist sehr unterschiedlich, ungemahlen und bei guter Lagerung halten sich Gewürznelken, Ingwer, Kardamom, Muskatnuss, Pfeffer, Sternanis und Zimt mehrere Jahre.

Frische Gewürze wie etwa Galgant, Ingwer, Kurkuma und Zitronengras sollten im Gegensatz zu getrockneten Gewürzen immer im Kühlschrank gelagert werden. Jedes Gewürz einzeln verpackt hält mehrere Tage oder bis zu zwei Wochen.

Jetzt Du!

Stell dir vor, du bist ein Händler aus dem tropischen Asien.

Um deine Kundschaft immer bestens über Gewürze informieren zu können, musst du zu jedem Auskunft geben können.

Beginne damit, einen Steckbrief zum Gewürz deiner Wahl anzufertigen (Name, Farbe, Geruch, Geschmack, gesundheitsförderliche Wirkung, Verarbeitungstipps usw.).

Gewürze sachgerecht verarbeiten

Wer die aromatischen Substanzen von Gewürzen optimal nutzen möchte, muss sich mit der Verarbeitung von Gewürzen auskennen.

Frische Gewürze können ähnlich wie Gemüse in Scheiben, Streifen oder Würfel geschnitten werden.

Frische Wurzeln wie Ingwer kannst du auch reiben.

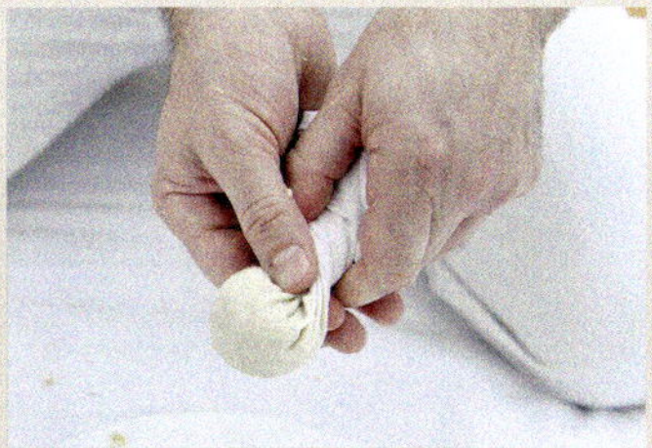

Ingwersaft wird gewonnen, indem der frische Ingwer gerieben und in einem Tuch ausgedrückt wird.

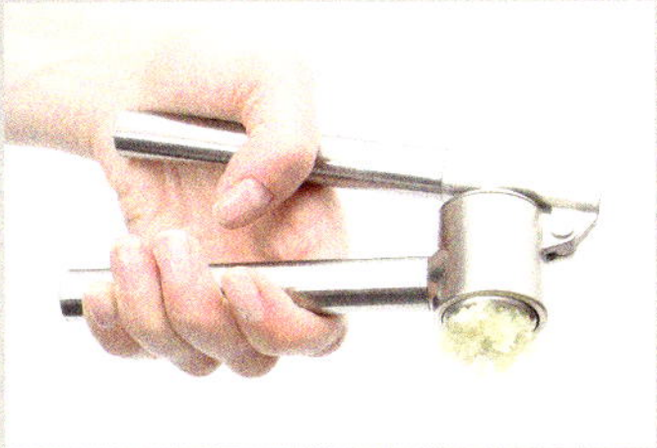

Ingwer und Knoblauch kannst du auch durch eine Knoblauchpresse drücken.

Einige größere, getrocknete Gewürze wie etwa Kurkuma lassen sich auch sehr gut reiben.

Um das Aroma ganzer Gewürze zu intensivieren, werden sie in einer Pfanne ohne Öl unter ständigem Rühren geröstet.

Werden die Gewürze nicht weiter zerkleinert, können sie in etwas Öl angebraten werden, bevor andere Zutaten hinzukommen. Dadurch geht das Aroma in das Öl über.

Ganze Gewürze werden meist in einem Mörser gemahlen oder zerstoßen, um ihr Aroma freizusetzen. Das erfordert Kraft und Durchhaltevermögen.

Die meisten trockenen Gewürze können auch in einer speziell dafür vorgesehenen Mühle gemahlen werden.

+++NEWS TICKER+++ Damit das Aroma erhalten bleibt, werden die meisten Gewürze erst gegen Ende der Garzeit in die Speise gegeben.

Gewürzmischungen – kulinarische Geschmackserlebnisse

Gewürzmischungen sind echte Meisterwerke in Sachen Aroma. Bestimmte Gerichte erhalten erst durch sie ihren typischen Geschmack. Traditionelle Gewürzmischungen gibt es in allen Gegenden der Welt. Für die meisten von ihnen sind keine genauen, unveränderlichen Gewürzzutaten und Mengen bekannt. Die Auswahl an Gewürzen hängt von den damit kombinierten, regionalen Lebensmitteln und vor allem von den Traditionen der betreffenden Region ab. Oft haben Familien ihr eigenes, streng gehütetes Rezept, das von Generation zu Generation weitergereicht wird.

Jetzt Du!

Einige dich mit deiner Gruppe auf eine Gewürzmischung, die ihr herstellen und für eine Gemüsepfanne *verwenden möchtet. Sobald alle Gemüsepfannen mit den verschiedenen Gewürzmischungen fertig sind, kann ein Buffet erstellt werden.*

INFOBOX

Für die Herstellung von Gewürzmischungen sollten am besten ganze Gewürze verwendet werden. Um das Aroma zu verstärken, werden sie häufig erst geröstet und nach dem Abkühlen gemahlen.

→ Rezepte-Finder: Bunte Gemüsepfanne

Fünf-Gewürze-Pulver

3 Sternanis
1 TL Szechuan-Pfeffer
1 TL Fenchelsamen
1 TL gemahlene Nelken
1 TL gemahlener Zimt

Sternanis, Szechuan-Pfeffer und Fenchelsamen zu Pulver mahlen, sieben und mit übrigen Zutaten mischen.

China: Fünf-Gewürze-Pulver

In der chinesischen Esskultur wurde schon immer beabsichtigt, salzig, sauer, bitter, süß und scharf in Einklang zu bringen, so entstand das Fünf-Gewürze-Pulver. Es wird sparsam für das Würzen von Fleischgerichten, besonders Geflügel, sowie für Marinaden und Gemüsegerichte verwendet.

Indien: Curry

Indien ist berühmt für seine Gewürzmischungen, von denen Curry eine der bekanntesten ist. Heute gibt es eine unüberschaubare Vielfalt an Curry-Gewürzmischungen, die auf bestimmte Speisen mit Gemüse, Fleisch, Fisch und Meeresfrüchten abgestimmt werden. Neben den sogenannten Currypulvern werden oft auch Currypasten zubereitet.

Currypulver

1 getrocknete rote Chilischote, ohne Stilansatz und Samen
3 TL Koriandersamen
2 TL Kreuzkümmelsamen
1 TL Senfsamen
½ TL schwarze Pfefferkörner
½ TL Kardamom (nach dem Rösten Schale entfernen)
½ TL gemahlener Ingwer
1 TL gemahlener Kurkuma

Alle Gewürze bis auf Kurkuma und Ingwer auf niedriger Temperatur in einer Pfanne ohne Öl rösten und abkühlen lassen. Gewürze zu Pulver mahlen, sieben und Ingwer sowie Kurkuma untermischen.

Marokko: Ras el Hanout

In Nordafrika, vor allem in der marokkanischen Küche, wird die Gewürzmischung Ras el Hanout verwendet. Für die traditionelle Gewürzmischung gibt es unzählige Varianten aus bis zu 40 verschiedenen Gewürzen. Das hier dargestellte Rezept ist sehr aromatisch, es sollte feinfühlig dosiert werden. Die Gewürzmischung eignet sich vor allem für warme Speisen mit Fleisch, Fisch, Reis, Couscous und Gemüse.

Ras el Hanout

3 TL Koriandersamen
2 TL Kreuzkümmelsamen
2 TL Kardamom (nach dem Rösten Schale entfernen)
1 ½ TL schwarze Pfefferkörner
1 TL gemahlener Kurkuma
1 TL süßes Paprikapulver
1 TL gemahlener Ingwer
½ TL gemahlener Zimt
1 TL gemahlene Nelken
2 getrocknete rote Chilischoten, ohne Stilansatz und Samen

Koriander, Kreuzkümmel, Kardamom, Pfefferkörner und die Chilischoten auf niedriger Temperatur in einer Pfanne ohne Öl rösten und abkühlen lassen. Gewürze zu Pulver mahlen, sieben und mit allen übrigen Zutaten mischen.

Jemen: Hawayij

Hawayij ist eine jemenitische Gewürzmischung, die meist aus den hier dargestellten Gewürzen besteht, wobei es auch Mischungen ohne Safran gibt. Dieses Hawayij passt gut zu Suppen, gegrilltem Fleisch und Gemüsegerichten.

Hawayij

½ TL schwarze Pfefferkörner
½ TL Kümmelsamen
¼ TL grüne Kardamomsamen (Schale entfernen)
¼ TL Safranfäden
½ TL gemahlener Kurkuma

Pfefferkörner, Kümmelsamen und Kardamomsamen zu Pulver vermahlen und sieben. Dann die Safranfäden mahlen und alle Zutaten mischen.

INFOBOX

Diese Gewürzmischungen halten sich im luftdichten Behälter zwei bis drei Monate.

Hähnchen ist in aller Munde – von Hühnerfrikassee und Chickenwings

→ *Rezepte-Finder:*
Fünf-Gewürze-Huhn,
Hühnerfrikassee,
Hühnerbrühe,
Coq au Vin,
Hühnercurry mit Kokosmilch,
Saltimbocca alla Romana,
Geschnetzeltes Züricher Art,
Chickenwings

Hühnerfleisch ist weltweit ein sehr beliebtes Lebensmittel. Abwechslungsreich wird es von einfach bis delikat, herzhaft, exotisch, scharf oder mild zubereitet. Kein Wunder, dass es in allen Küchen der Welt klassische Speisen mit Huhn gibt. Dabei legt jedes Land Wert auf eine Kombination mit regionalen Lebensmitteln und vor allem auf die spezielle Würzung. Durch die Verwendung der ländertypischen Kräuter und Gewürze entstehen unterschiedliche Speisen mit vielfältigen Geschmacksrichtungen.

In China gehört ein Huhn meist zu einem Festtagsessen. Traditionell und sehr beliebt ist das Hainan-Huhn oder auch das *Fünf-Gewürze-Huhn*.

Zu den typischen und beliebten Gerichten in deutschen Küchen gehört das *Hühnerfrikassee*. Das Gericht besteht aus kleinen Fleischstückchen vom Huhn in heller Soße auf der Grundlage von *Hühnerbrühe*. Häufig wird die Sauce mit Spargel und Erbsen zubereitet, es gibt auch Varianten mit anderen Gemüsesorten. Klassisch wird das Gericht mit Zitronensaft und weißem Pfeffer gewürzt.

Die Franzosen haben für das Huhn unzählige geniale Zubereitungen entwickelt, um die sie gerne ein großes Geheimnis machen. Beim Klassiker *Coq au Vin* schmort das mit Kräutern aromatisierte Huhn zur Vollendung. Häufig werden dafür Kräutersträußchen verwendet, wie zum Beispiel aus Thymian, Rosmarin und Salbei.

Das Huhn mit Curry-Gewürzmischung ist ein indisches Nationalgericht. Es ist inzwischen weltweit verbreitet, sodass es zunehmend zum Bestandteil anderer Nationalküchen wird. *Hühnercurry* kommt oft in Kombination mit Kokosmilch und frischem Ingwer vor.

Die meisten Gerichte aus Italien sind einfach und schnell zubereitet. Kennzeichnend für die italienische Küche sind die Verwendung von heimischem Olivenöl sowie die Zugabe von frischem Thymian und Rosmarin z. B. beim Pollo Fino. Mit frischem Salbei wird aus Kalbs- oder Hühnerschnitzeln *Saltimbocca alla Romana*.

Geschnetzeltes Züricher Art ist eine Spezialität aus der Schweiz, wird mit Kalbfleisch oder Hühnchen zubereitet sowie mit Pfeffer und Petersilie mild gewürzt.

Zu den bekanntesten Gerichten aus den USA gehören *Chickenwings* und Southern Fried Chicken. Unverzichtbar für die Chickenwings ist eine aromatische Marinade oder ein Barbecue-Gewürz.

INFOBOX

Ländertypische Gerichte sind inzwischen weltweit verbreitet und werden zunehmend in vielen Variationen zum Bestandteil anderer Landesküchen.

Mehr als nur kochen

Für die Zubereitung von Hühnerfleisch eignen sich verschiedene Garmethoden: im Ganzen kannst du es braten, kochen, grillen und schmoren; die Brust eignet sich hervorragend zum Pochieren oder Dünsten; für ein kräftiges Aroma können die Schenkel und Keulen gebraten oder gegrillt werden; die Flügel lieben viele knusprig gebraten, gegrillt oder frittiert.

Bei allen Garmethoden ist es wichtig, dass das Hühnerfleisch immer vollständig durchgegart wird. Bist du dir nicht sicher, kannst du mit einer Gabel in das Gargut stechen: Ist der dabei austretende Fleischsaft klar, dann ist das Fleisch fertig gegart.

INFOBOX

Wegen der hohen Salmonellengefahr bei Hühnerfleisch sind Hygienemaßnahmen bei der Vor- und Zubereitung besonders wichtig.

Zur Vorbereitung gehört z. B. bei tiefgekühltem Hühnerfleisch, dass es immer im Kühlschrank auftaut und alle Verpackungen sowie das Tauwasser sorgfältig entsorgt werden. Zudem muss das Fleisch vor der Verarbeitung vollständig aufgetaut und am selben Tag zubereitet werden. Aufgetautes Fleisch darf man nicht wieder einfrieren.

Vor der Zubereitung sollte rohes Fleisch unter fließendem, kaltem Wasser abgespült und mit Küchenpapier getrocknet werden. Es sollte immer darauf geachtet werden, dass rohes Fleisch nicht mit Lebensmitteln, welche nicht erhitzt werden – wie etwa Salat –, in Kontakt kommt.

Nach jedem Kontakt mit rohem Fleisch sollten Arbeitsflächen und -geräte wie beispielsweise das Schneidebrett oder Messer gründlich gereinigt werden. Vor allem solltest du die Hände vor und während der Verarbeitung von Hühnerfleisch regelmäßig mit warmem Wasser und Seife waschen.

Du-kannst-Aufgaben

Im Hauswirtschaftsunterricht möchtet ihr gern mehrere Rezepte mit Huhn ausprobieren. Expertenwissen zu den verschiedenen Zubereitungstechniken und Garverfahren sind hierfür gefragt.

1. *Du kannst zu einem Garverfahren deiner Wahl ein Plakat erstellen. Wähle hierzu ein Hühnchenrezept aus und erläutere das Garverfahren an diesem Beispiel.*
2. *Du kannst ein Plakat zu Hygienemaßnahmen im Umgang mit Hühnerfleisch vorbereiten und präsentieren.*
3. *Einige dich mit deiner Gruppe auf ein internationales Gericht mit Huhn, das ihr zubereiten möchtet. Die Rezepte findest du im Rezeptteil ab S. 154.*
4. *Du kannst in Kochbüchern oder Rezeptsammlungen weitere landestypische Gerichte recherchieren. Gemeinsam könnt ihr überlegen, welche Rezepte ihr davon im Hauswirtschaftsunterricht umsetzen möchtet.*

Safran, Vanille und Zimt – die teuersten Gewürze der Welt

Safran – das Gold unter den Gewürzen

Als Safran wird ein spezielles Liliengewächs bezeichnet. Das ebenso genannte Gewürz besteht aus den getrockneten Narben der Blüte, die in unserer Alltagssprache eher als Safranfäden bekannt sind. Für die Gewürzproduktion werden die Blüten von Hand gepflückt und die Narben einzeln abgezwickt. Für ein Kilogramm getrockneten Safran werden etwa 150 000 Blüten benötigt, das entspricht einer Anbaufläche von rund 1 000 Quadratmetern. Zudem beschränkt sich die Blütezeit des Safrans auf insgesamt nur 15 Tage im Jahr. Der hohe Arbeitsaufwand macht Safran heute noch zum teuersten Gewürz der Welt, so kostet ein Kilogramm echter Safran ungefähr 4 000 Euro.

Zimt – das beliebteste Weihnachtsgewürz

Zimt ist die abgelöste und getrocknete Innenrinde des Zimtstrauches oder Zimtbaumes. Ursprünglich stammt Zimt aus Sri Lanka, heute wird er zudem in Indien und in geringen Mengen auch in China, auf Madagaskar und in Indonesien angebaut. Für die Herstellung des Gewürzes werden die jungen Gehölze abgeschnitten und geschält. Es erfordert viel Geschicklichkeit, um die papierdünnen Rindenstücke per Hand vom Gehölz zu lösen. Beim Trocknen rollt sich die feine Rinde zu ungefähr ein Meter langen Stangen.

Vanille – die Königin der Gewürze

Vanille ist die Frucht einer Kletterorchidee. Die Fruchtkapseln, umgangssprachlich auch als Schoten bezeichnet, werden kurz vor der Reife geerntet. Durch das Überbrühen mit heißem Wasser wird der Reifungsprozess gestoppt. Anschließend werden sie tagsüber in der Sonne getrocknet und nachts in speziellen Pflanzensäcken zum Schwitzen gebracht. Dieser Prozess dauert einige Tage, bei dem die Fruchtkapseln schrumpeln und dunkel werden. So bilden sich im Laufe des Prozesses die aromagebenden Substanzen. Anschließend folgt die Trocknungszeit von vier Wochen bis zu drei Monaten.

Sehr lange war Mexiko weltweit der einzige Vanilleproduzent. Im 19. Jahrhundert gelang die Züchtung auf der französischen Insel Bourbon, heute La Réunion. Die Blüten blieben jedoch ohne Früchte, weil spezielle mexikanische Insekten für die Bestäubung fehlten. Seitdem die künstliche Bestäubung jeder einzelnen Blüte per Hand gelungen ist, gibt es den Vanilleanbau auch außerhalb von Mexiko. Vanille ist das zweitteuerste Gewürz der Welt.

Jetzt du!

Versetze dich in die Rolle eines Händlers, bei dem sich ein neuer Kunde über den hohen Preis für die Gewürze beklagt. Wie kannst du ihm erklären, warum die Gewürze so teuer sind?

Vanille ist nicht gleich Vanille

Vanille ist aufgrund ihres speziellen Aromas sehr beliebt. Allerdings enthalten nur wenige hochwertige Schokoladen und Backwaren das Mark der Vanillefrucht. Da es gar nicht genug Vanille gibt, um den weltweiten Bedarf zu decken und die Produktion von Vanille sehr aufwendig sowie teuer ist, wird heute das Vanillearoma hauptsächlich chemisch hergestellt.

Du-kannst-Aufgaben

Deine Klasse plant die Herstellung von Weihnachtsplätzchen für den Adventsbasar. Für die Zubereitung der beliebten Vanillekipferl wollt ihr eine qualitätsorientierte Auswahl der Zutaten treffen. Was wählt ihr aus? Vanillin, Bourbon-Vanillezucker, Vanillemark, selbst gemachten Vanillezucker …?

1. *Du kannst dir in der Lehrküche eine Vanillefrucht und Zucker nehmen und Vermutungen anstellen, wie daraus Vanillezucker hergestellt wird.*
2. *Du kannst selbst hergestellten Vanillezucker mit Bourbon-Vanillezucker und Vanillinzucker vergleichen. Notiere, welche Unterschiede du feststellen kannst.*
3. *Du kannst dich in die Lage eines Süßwarenherstellers versetzen und gemeinsam mit deinem Vertriebschef überlegen, welches Vanilleprodukt ihr einsetzt, um möglichst viele Süßwaren zu verkaufen und einen hohen Gewinn zu erzielen.*
4. *Du kannst einen Warentest zu Vanilleprodukten entwickeln.*

→ Methoden-Trainingsplatz: Vergleichender Warentest (S. 72)

INFOBOX

Die Zutatenliste sagt oft nur wenig darüber aus, woher der Geschmack kommt. Das Wort „Aroma" kann dort vieles bedeuten.

Vanilleextrakt: Es ist das hochwertigste Aroma. Es wird aus der fermentierten Vanilleschote extrahiert.
Bourbon-Vanillearoma: Im Eis darf nur Aroma der *Vanilla planifolia* von den Bourbon-Inseln enthalten sein. Sie hat die höchsten Vanillingehalte, buttrige und balsamische Noten.
Natürliches Vanillearoma: Das Aroma muss hier ausschließlich oder fast ausschließlich (mindestens 90 Prozent) aus der Vanilleschote kommen. Es können Karamell-, Milch- oder Butteraromen zur Abrundung zugemischt sein, aber kein Vanillin aus anderen natürlichen Rohstoffen.
Natürliches Aroma: Paradoxerweise ist bei dieser Zutatenangabe keine Vanille garantiert. Es kann sich auch um biosynthetisches Aroma handeln, erzeugt aus natürlichen Rohstoffen wie Reis. Wird aber mit „Vanille" auf der Packung geworben, muss auch welche drin sein.
Mit Vanillegeschmack: Steht das auf dem Eis, ist synthetisches Vanillin enthalten. Im Zutatenverzeichnis darf nur „Aroma" auftauchen. Erlaubt sind weder gemahlene Schoten im Eis noch Abbildungen von Vanilleblüten oder -schoten.

Aus: Stiftung Warentest test, 6/2009

Würzige Weihnachtszeit

Neben den typischen Weihnachtsliedern, den zahlreichen Symbolen oder traditionellen Bräuchen sind es auch die aromatischen Gerüche und besonderen Geschmackserlebnisse, die uns jedes Jahr aufs Neue in die feierliche Stimmung der Advents- und Weihnachtszeit versetzen. In der Adventszeit wird gern gebacken und der herrliche Duft von Zimt, Anis oder Vanille lockt alle in die Küche oder auch auf den Weihnachtsmarkt.

Es sind die typischen Weihnachtsgewürze, die den besonderen Geruch und Geschmack von Plätzchen, Stollen, Lebkuchen, Spekulatius und Weihnachtspunsch ausmachen. Während Gewürze das ganze Jahr über eher weniger Beachtung finden, werden sie um die Advents- und Weihnachtszeit wieder vermehrt eingesetzt. So fällt vielen Menschen erst dann auf, wie viele Gewürze doch verwendet werden.

→ *Rezepte-Finder: Weihnachtspunsch, Vanillekipferl, Vanillezucker, Vanillepudding*

Der Zimt

Das bekannteste Gewürz zu Weihnachten ist wohl Zimt. In der Advents- und Weihnachtszeit wird gemahlener Zimt für Gebäck verwendet wie z. B. für Zimtsterne. Zimt in Form von Stangen ist hingegen beliebt bei Getränken wie etwa dem *Weihnachtspunsch* oder auch für die Dekoration.

Die Vanille

Insbesondere Vanille darf zur Weihnachtszeit nicht fehlen. Sie verfeinert die leckeren *Vanillekipferl* und auch viele andere Gebäcke. Besonders aromatisch wird es mit selbst hergestelltem *Vanillezucker*, der übrigens das ganze Jahr über schmeckt, z. B. im *Vanillepudding*.

Die Weihnachtsgewürzmischung

Aber auch Lebkuchen oder Spekulatius erhalten ihren typischen Geschmack erst durch traditionelle Gewürzmischungen. Darin sind zahlreiche Gewürze enthalten wie etwa Gewürznelken, Ingwer, Kardamom, Koriander, Muskat, Piment, Sternanis und Zimt.

Alkoholfreier Weihnachtspunsch

Ein Klassiker unter den winterlichen Heißgetränken ist der Punsch, welcher in zahlreichen Varianten mit winterlichen Gewürzen wie beispielsweise Ingwer, Gewürznelken, Sternanis, Vanille und Zimt zubereitet wird. Traditionell besteht Punsch auch aus alkoholischen Getränken, mit der Zeit sind auch viele Varianten ohne Alkohol immer beliebter geworden.

Einen Punsch selbst herzustellen, ist gar nicht so schwer. Es gibt viele Rezepte, aber du kannst auch deinen persönlichen Weihnachtspunsch erfinden. Dafür stehen verschiedene Grundzutaten zur Verfügung:

- **Würzig**: Sternanis, Gewürznelken, Zimt, geriebene Orangenschale, Schwarzer Tee
- **Fruchtig**: Vanille, Orangensaft, Früchtetee
- **Süß**: Zimt, Honig, Kandiszucker, Grenadine, Traubensaft oder Rotbuschtee
- **Exotisch**: Vanille, Ananas- und Maracujasaft
- **Herb**: Ingwer, brauner Zucker, Grapefruitsaft, Schwarzer oder Grüner Tee

Für den Punsch solltest du unbehandelte Zitrusfrüchte verwenden, da häufig geriebene Schale oder ganze Scheiben in den Punsch gegeben werden. Damit das Aroma erhalten bleibt, solltest du beim Erhitzen des Getränks darauf achten, dass es nicht zum Kochen gebracht wird.

INFOBOX

Beliebte Gewürze:

Ingwer
Gewürznelken
Sternanis
Vanille
Zimt

Du-kannst-Aufgaben

Die Vorbereitungen für eure Weihnachtsfeier in der Schule laufen auf Hochtouren. Plätzchen und Punsch sind außerdem beliebte Begleiter in der Winterzeit.

1. *Du kannst kleine Steckbriefe für typische Weihnachtsgewürze oder typische Winterrezepte erstellen.*
2. *Du kannst Rezepte für typisches Weihnachtsgebäck sammeln und ein Rezeptheft erstellen.*
3. *Du kannst Rezepte für einen Weihnachtspunsch recherchieren oder dir einen Punsch nach eigenen Wünschen zusammenstellen.*
4. *Du kannst Gewürzmischungen für einen Winterpunsch herstellen und als Geschenk verpacken.*
5. *Du kannst Rezepte auswählen, Plätzchen backen und als Geschenk verpacken.*

Methoden-Trainingsplatz:
Der vergleichende Warentest

In den meisten Supermärkten findest du ein großes Angebot von Produkten mit Vanille, wie Vanillepudding, Vanillepuddingpulver oder Vanilleeis. Dabei unterscheiden sich die Produkte teilweise sehr in der Qualität, z. B. steckt nicht überall Vanille drin, wo Vanille drauf steht. Bei der Herstellung vieler Produkte wird auf das teure Vanilleextrakt verzichtet und preiswertes künstliches Aroma verwendet.

Die Stiftung Warentest wurde 1964 auf Beschluss des Deutschen Bundestages gegründet, um mithilfe des vergleichenden Tests von Waren und Dienstleistungen die Qualität unterschiedlichster Produkte zu untersuchen. Ziel ist es, durch objektive Tests den Verbraucher und die Verbraucherin in kritischen Konsumentscheidungen zu unterstützen.

So untersuchte die Stiftung Warentest 22 Sorten Vanilleeis und fand im Labor heraus, dass acht Anbieter verfälschte Vanille verwendeten. In weiteren zehn Eis befanden sich nur geringe Mengen Vanille und zwei Produkte waren nur mit künstlichem Aroma hergestellt.

Neun Produkte im Test erhielten die Note „mangelhaft", nur ein Produkt erhielt die Note „gut".

Es lohnt sich als Konsumentin oder Konsument also durchaus, genau hinzuschauen, die Angebote der Stiftung Warentest zu nutzen und das Marktangebot genauer zu untersuchen.

INFOBOX

Schwarze Pünktchen sind nicht unbedingt ein Zeichen für hohe Qualität, also für die Verwendung von kostbarem Vanillemark.

„Die schwarzen Punkte in 17 Produkten sind nachweislich gemahlene Vanilleschoten, bedeuten aber nicht, dass viel Vanillemark im Eis steckt. Denn die Schoten werden zur Aromagewinnung extrahiert, sind ausgelaugt und geschmacklos."

Aus: Stiftung Warentest test, 6/2009 (*www.test.de*)

→ *Web-Tipp*

Du kannst auch selbst mit einem vergleichenden Warentest die Qualität einzelner Produkte auf den Prüfstand stellen und außerdem am Wettbewerb „Jugend testet" teilnehmen (*www.test.de/jugendtestet/* [22.01.2014]).

+++**NEWS TICKER**+++ Insgesamt 691 Tests wurden 2013 beim Wettbewerb "Jugend testet" eingereicht; der Großteil davon Warentests zu Tiefkühlpizza, Schokolade, Kaugummi, Nagellack, usw.
In der zweiten Kategorie reichten Schülerinnen und Schüler Dienstleistungstests zu Online-Routenplanern oder Online-Tanzstunden ein. Die drei besten Arbeiten jeder Kategorie wurden mit insgesamt 9000 Euro belohnt.

(Nach: www.jugend-testet.de [07.05.2014])

Getestet wird Qualität – aber was ist eigentlich Qualität?

Bei der Produktqualität geht es um die Beschaffenheit, die Eigenschaften des Produkts selbst. Es wird z. B. unterschieden in:

- **Genusswert**: Wie sieht etwas aus, wie schmeckt es, wie riecht es?
- **Eignungswert**: Von welcher Güte sind z. B. die Papiertaschentücher? Welche Saugfähigkeit, welche Reißfähigkeit haben diese? Wie viele Pixel hat die Handykamera?
- **Gesundheitswert**: Hier ist z. B. die Zusammensetzung von Lebensmitteln auf dem Prüfstand. Welche Öle und Fette werden verwendet, welche Zusatzstoffe kommen im Lebensmittel vor? Welche Form der Vanille ist im Eis enthalten? Aber auch Rückstände von Chemikalien in Kleidung oder Spielzeug.
- **Informationswert**: Welche Informationen sind auf der Verpackung enthalten? Ist die Zubereitungsempfehlung leicht verständlich? Welche Auskunft über die Inhaltsstoffe erhalte ich?
- **Ökologischer Wert**: Wie ist das Produkt verpackt? Ist der Vanillejoghurt in einem Plastikbecher oder in einem Mehrwegglas? Ist die verwendete Milch aus ökologischer Landwirtschaft?

Aber auch die Bedingungen bei der Herstellung eines Produkts werden geprüft. Dies bezeichnet man als **Prozessqualität**:

- Wo wurde das Produkt hergestellt? Was erfahre ich über die Arbeitsbedingungen im Produktionsprozess? Stammen Vanille, Kakao und Kaffee aus fairem Handel? Fleisch aus artgerechter Tierhaltung? Kleidung aus Bangladesch?
- Wie wurde das Produkt transportiert? Welchen Weg hat der Vanillepudding oder die Jeans zurückgelegt?

Durchführung eines vergleichenden Warentests

1. Themenwahl/Zielsetzung: Was soll worüber herausgefunden werden?

Zunächst überlegst du dir mit deiner Gruppe, welches Produkt Ihr testen möchtet. Ihr könnt Lebensmittel, Schreibgeräte, Smartphones und vieles mehr testen. Denkt aber daran, dass ihr die Produkte entweder schon besitzen oder noch kaufen müsst.

Wenn ihr z. B. Vanillepudding testen möchtet, müsst ihr auch festlegen, was ihr überhaupt über die Produkte verschiedener Hersteller herausfinden wollt.

Ziel ist es nicht, den „leckersten" Vanillepudding zu finden, sondern Aussagen über die Qualität der verschiedenen Puddings treffen zu können.

2. Recherche/Informationsbeschaffung

Als Nächstes gilt es, möglichst viele Informationen über das Produkt und die von euch festgelegten Fragestellungen zu sammeln: Du kannst im Internet recherchieren, eine Markterkundung oder eine Expertenbefragung durchführen. Mithilfe von Interviews kannst du herausfinden, welche Erwartungen andere an das Produkt stellen.
Ziel ist es, zur Expertin und zum Experten für das Produkt zu werden.

3. Auswahl der Testprodukte

Da du nicht alle am Markt verfügbaren Smartphones, Tintenkiller oder Vanillepuddings testen kannst, musst du hier eine Auswahl treffen. Hierbei berücksichtigst du unterschiedliche Gründe: meistgekaufte Produkte, in der Klasse beliebte Produkte, usw. Berücksichtige hierbei unterschiedliche Hersteller, aber wirklich typgleiche Produkte – also bitte nicht Vanillequark mit Vanillepudding vergleichen.

Beschränke dich auf eine sinnvolle, bezahlbare und überschaubare Auswahl.

4. Beurteilungskriterien und Gewichtung festlegen

Jetzt gilt es zu überlegen, welche Kriterien im Test geprüft werden sollen. Das bislang erarbeitete Wissen hilft dir dabei, welche Qualitätsmerkmale unter die Lupe genommen werden sollen: Genusswert, Nutzwert, ökologischer Wert, Deklaration, usw.

Wenn du im Test Noten von „sehr gut" bis „mangelhaft" vergibst, musst du auch festlegen, welche Merkmale für ein „sehr gut" oder ein „mangelhaft" erfüllt sein müssen. Am besten legst du eine Tabelle an:

Qualitätskriterium: Vanillegehalt/Aromaqualität

Vanilleextrakt oder Bourbon-Aroma enthalten	= sehr gut
Natürliches Aroma enthalten	= gut

Nicht alle Kriterien sind für dein Qualitätsurteil gleich wichtig, z. B. ist bei einem Pudding wahrscheinlich der Geschmack wichtiger als die Verpackung. Du kannst einzelne Kriterien stärker gewichten, indem du sie mit einem Faktor x multiplizierst. Bei der Auswertung zählen diese dann doppelt oder mehrfach.

5. Entwicklung der Testmethoden und Durchführung des Tests

Bevor du nun endlich den Warentest durchführst, sind noch einige Vorbereitungen notwendig. Überlege genau, wie du die einzelnen Kriterien überprüfen kannst. Wie willst du z. B. den Geschmack testen? Planst du eine Blindverkostung? Hast du einen Beobachtungs- oder Fragebogen für die Tester oder Testpersonen vorbereitet? Wenn alles fertig ist, führst du nun den vergleichenden Warentest durch. Vergiss nicht, alles schriftlich festzuhalten.

6. Testauswertung und Präsentation

Nach der Durchführung wertest du alle Testergebnisse aus, d. h. Einzelergebnisse werden zu einem Gesamturteil zusammengefasst und Empfehlungen für Konsumentinnen und Konsumenten formuliert. Berichte auch von Schwierigkeiten während des Tests, die vielleicht die Aussagekraft beeinflussen.

Für die Veröffentlichung der Testergebnisse kannst du eine Präsentation, einen Beitrag für die Schülerzeitung oder für den Wettbewerb „Jugend testet" vorbereiten.

4 Alle reden von Nachhaltigkeit – hat das auch etwas mit meiner Ernährung zu tun?

Bei allem, was man tut, das Ende zu bedenken, das ist Nachhaltigkeit.

Eric Schweitzer (*1965), ALBA-Chef
Aus: http://www.tagesspiegel.de [09.04.2014]

Zeit des Neuanfangs?!

Das Öl geht zur Neige, der Planet wird immer wärmer, der Meeresspiegel steigt – die Menschheit kann nicht so weitermachen wie bisher. Welche Ideen gibt es, wie über sieben Milliarden Menschen auf der Erde leben können, ohne den Planeten zu zerstören?

Was heißt überhaupt Nachhaltigkeit?

... kommt von „nachhalten“

... noch lange Zeit bestehen, nachdem es begann

... längere Zeit andauern

... für die Zukunft fitmachen

verantwortungsvoller Umgang mit unseren Ressourcen, damit auch künftige Generationen ihre Bedürfnisse befriedigen können

Nachhaltigkeit in der Ernährung – wie kann das bei Lebensmitteln aussehen?
sozial: fair gehandelt
ökologisch: umweltschonend angebaut
ökonomisch: wirtschaftlich hergestellt
gesund: qualitativ hochwertig

?

Muss es den Sommer auch im Winter geben – regional, saisonal, egal?
Was macht Bio zu einer besonderen Qualität?
Was hat Essen mit dem Klima zu tun?
Was bedeutet fairer Handel mit Ware?
Wie kann unnötiger Lebensmittelmüll vermieden werden?
Wie können uns Verpackungsaufschriften helfen?
Wie können Speisereste weiterverwertet werden?

Muss es den Sommer auch im Winter geben – regional, saisonal, egal, oder was?

→ *Plan L.-Glossar*

Obst und Gemüse reisen um die Welt!

Der *globale Handel* macht's möglich! Wir können Erdbeeren, Aprikosen, Tomaten oder Bohnen, z. B. aus Übersee, China oder Afrika, auch im Winter kaufen. Bevor diese Lebensmittel jedoch bei uns im Einkaufskorb landen, haben ihre Lagerung und ihr Transport unsere Luft mal mehr, mal weniger mit klimaschädlichen Gasen belastet. Außerdem wird in trockenen Anbaugebieten, wie z. B. in einigen Regionen Afrikas, übermäßig viel Wasser verbraucht, damit das Obst und Gemüse wachsen kann. Immer häufiger hört man zudem von Lebensmittelskandalen, die mit dem enorm hohen Anbau von Obst und Gemüse in fernen Ländern zusammenhängen. Der Verbraucher von heute möchte mehr denn je wissen, woher die Lebensmittel kommen, und wie sie produziert werden.

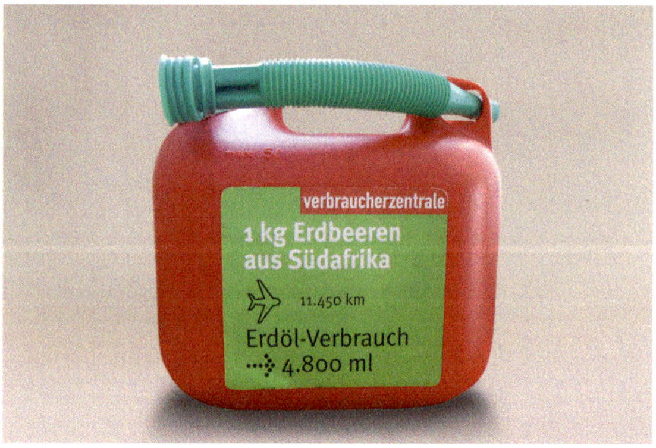

+++NEWS TICKER+++ Rosenkohl ist neben Lauch und Grünkohl ein typisches Wintergemüse. Diese werden im Spätherbst und Winter geerntet. Spinat und Brokkoli haben dagegen von April bis November Saison.

Wann welches Gemüse in Deutschland Erntezeit hat, kannst du in einem Saisonkalender nachschauen.

Saisonale Rezepte findest du unter *www.regional-saisonal.de*.

→ *Web-Tipp*

INFOBOX

Vorfahrt für saisonale Produkte aus der Region!

Am besten ist es, Obst und Gemüse zu verarbeiten und zu essen, das zurzeit bei uns wächst! Das klingt zunächst wie eine Einschränkung. Lassen wir uns darauf ein, können wir entdecken, welche Vielfalt die Natur zu jeder Jahreszeit bietet. Saisonale Produkte aus der Region haben viele Vorteile:

- Sie können vor Ort ausreifen, schmecken deshalb aromatischer und haben oft mehr gesunde Inhaltsstoffe.
- Sie haben kurze Lieferwege hinter sich und schonen dadurch die Umwelt; außerdem sind sie deshalb auch frischer.
- Sie müssen nicht lange gelagert werden; dadurch wird Energie gespart und weniger *Treibhausgase* verursacht.
- Sie ermöglichen einen direkten Kontakt zum Erzeuger; so gewinnt der Kunde Vertrauen in Lebensmittelqualität und Lebensmittelsicherheit.

Tipp: Schau auf das Etikett der Ware, aus welchem Herkunftsland sie stammt. So kannst du vermeiden, weit gereiste Ware zu kaufen.

→ Plan L.-Glossar

Du-kannst-Aufgaben

Es ist so weit – deine Freundin/dein Freund vom Schüleraustausch kommt dich besuchen. Du möchtest ihr/ihm zum Mittagessen ein typisches Gericht aus deiner Region anbieten und dabei regionales Obst und Gemüse der Saison verarbeiten.
Was musst du bei der Auswahl des Gerichts und beim Einkauf der Zutaten beachten? Du sollst deine Auswahl begründen.

1. *Du kannst in einem Saisonkalender nachschauen, welches Obst und Gemüse zurzeit Saison hat.*
2. *Du kannst dich informieren und notieren, welches Obst und Gemüse in deiner Region angeboten wird.*
3. *Du kannst Rezeptideen zu saisonalen und regionalen Obst- und Gemüsesorten recherchieren und ein Gericht auswählen.*
4. *Du kannst dich über Einkaufsmöglichkeiten für regionale Lebensmittel informieren und deine Ergebnisse in einer Tabelle festhalten. Berücksichtige dabei Angebot, Preis, Frische und Verpackung.*
5. *Du kannst recherchieren, ob das regionale Obst und Gemüse aus dem Freiland oder aus dem Gewächshaus stammt. Frage dazu auch das Verkaufspersonal.*
6. *Du kannst überlegen, was dich mit der Region verbindet, in der du lebst, und darüber berichten.*

Bio ist angesagt – was macht Bio zu einer besonderen Qualität?

Bio startet durch!

Bei vielen Menschen landen immer mehr Bioprodukte im Einkaufskorb. Sie meinen sich damit automatisch gesund und schadstofffrei zu ernähren und dadurch verantwortungsbewusst gegenüber unserer Umwelt zu handeln. Der Umstieg auf Bio wird einem leicht gemacht, denn Bio wird nicht nur im Bioladen, sondern im Supermarkt oder Discounter angeboten und das auch noch zu erschwinglichen Preisen. In den Medien wird jedoch auch von Skandalen aus der Biobranche berichtet. Verunsichert stellen sich Verbraucher nun die Frage:
Ist Bio wirklich besser?

+++NEWS TICKER+++
Ist „Bio" gleich „Bio"?

Ein Bioapfel aus Neuseeland reist um die halbe Welt!

Die Biotomate im Winter stammt aus einem spanischen Gewächshaus!

Sechs Biohühner teilen sich einen Quadratmeter!

Du-kannst-Aufgaben

Ihr wollt mit eurer Gruppe Frittata mit Gemüse zubereiten und dafür auch Biolebensmittel einkaufen. Du besprichst mit deiner Gruppe, nach welchen Gesichtspunkten ihr die Zutaten auswählt. Die Kaufentscheidung soll begründet und präsentiert werden.

1. *Du kannst dich anhand von Büchern oder im Internet über verschiedene Möglichkeiten von Frittatas mit Gemüse informieren und mit deiner Gruppe absprechen, welche Frittata ihr zubereiten möchtet.*
2. *Du kannst recherchieren, worin die Unterschiede zwischen verschiedenen Biosiegeln bestehen (www.bio-siegel.de, www.oekolandbau.de).*
3. *Du kannst dir Gründe überlegen, warum ein Großteil der Biolebensmittel aus dem Ausland eingeführt wird.*
4. *Du kannst dich über verschiedene Angebote von Eiern informieren und eine Rangliste für Eier von „glücklichen" Hühnern aufstellen.*
5. *Du kannst herausfinden, welcher Zusammenhang zwischen regional, saisonal und Bio besteht und begründen, warum das wichtig für deine Kaufentscheidung ist.*

→ *Rezepte-Finder: Frittata mit Zucchini* oder *mit Schinkenspeck*

→ *Web-Tipp*

INFOBOX

Im Biodschungel

Mit dem Begriff Bio sind alle Lebensmittel gemeint, die ohne künstliche Düngung oder Pflanzenschutzmittel angebaut und weiterverarbeitet werden. Deshalb Augen auf beim Kauf! „Biologisch" und „ökologisch" oder einfach nur „Bio" oder „Öko" bedeuten das Gleiche. Dies gilt auch für Formulierungen wie „aus kontrolliert biologischem Anbau" oder aus „ökologischem Landbau". Biolebensmittel enthalten erheblich weniger Rückstände an Pflanzenschutzmitteln. Auch die Qualität des Bodens bleibt durch diesen sorgsamen Umgang erhalten. Außerdem schonen Biolebensmittel das Klima, da die Herstellung der künstlichen Dünge- und Pflanzenschutzmittel sehr energieaufwendig ist. Im Handel sind Bioprodukte an verschiedenen Zeichen und Siegeln zu erkennen (siehe Abbildungen rechts).

Vorsicht bei Kennzeichnungen wie „integrierter Landbau", „aus kontrolliertem Vertragsanbau", „umweltschonend", „naturnah", „unbehandelt" oder „kontrolliert". Diese Begriffe lassen Bio vermuten, weisen aber nicht auf einen Anbau oder eine Weiterverarbeitung im Sinne des ökologischen Landbaus hin.

Auch bei der Tierhaltung wird auf Bio gesetzt. In der Biolandwirtschaft bekommen die Tiere im Freien viel Auslauf und in den Ställen mehr Platz. Biolandwirte mischen dem Futter keine Hormone und Wachstumsförderer zu.

Gütesiegel für ökologischen Landbau sind z. B.

→ *Plan L.-Glossar*

Essen für's Klima – was hat unsere Ernährung mit dem Klimaschutz zu tun?

Wie kommt der CO_2-Ausstoß zustande?

Ernährung und Klima stehen in einem engen Wechselverhältnis. Von der Erzeugung bis zum Verbraucher sind viele Produktionsschritte notwendig. Ein Beispiel: Tomaten werden gesät, gedüngt und geerntet. Anschließend werden sie zum Großhändler und von dort aus weiter in die Supermärkte transportiert. Dazwischen werden Unkraut und Schädlinge meistens mit Chemikalien bekämpft. Jeder Schritt verbraucht Energie und verursacht CO_2. Dazu kommen die klimaschädlichen Treibhausgase Methan und Lachgas. Je nachdem, zu welcher Jahreszeit wir Tomaten kaufen und woher sie stammen, kann der CO_2-Ausstoß hoch oder niedrig ausfallen.

INFOBOX

Der Bereich Ernährung beansprucht etwa 20 % der in Deutschland verbrauchten Energie. Somit ist die Ernährung enorm am Ausstoß klimabelastender Treibhausgase beteiligt.

Die Folgen:

Treibhauseffekt	Die Lufttemperatur ist seit 1900 um 0,4 – 0,8 °C gestiegen.
Klimaveränderungen	Schmelzen von Gletschern, Überflutungen, Stürme, Dürren ...
Ozonloch	Die von der Sonne ausgestrahlten UV-Strahlen kommen ungefiltert auf die Erde und schädigen Mensch, Tiere und Pflanzen.

ABC

→ *Plan L.-Glossar*

+++NEWS TICKER+++

Würde ganz Deutschland einmal in der Woche *vegetarisch* essen, könnten die Klimagase von rund sechs Millionen Autos im Jahr eingespart werden.

Die Klimasünder

Wie klimafreundlich oder klimaschädlich etwas ist, kannst du über die Klimabilanz erfahren. Sie gibt Auskunft, wie viele Treibhausgase ausgestoßen werden. Der Schutz des Klimas ist eines der herausragendsten Ziele unserer Zeit. Deshalb werden heutzutage weltweit Klimabilanzen erstellt, z. B. für Lebensmittel, Produkte oder einzelne Personen.

Tierische Lebensmittel, wie Rindfleisch und fette Milchprodukte (vor allem Butter und Käse), haben eine schlechte Klimabilanz. Rinder brauchen viel Futter und der Anbau von Futterpflanzen für Tiere verbraucht viel Energie. Außerdem werden viele Wälder abgeholzt, um Weideland zu erhalten. Hinzu kommt, dass bei Kühen während der Verdauung das klimaschädliche Treibhausgas Methan entsteht, das die Tiere dann ausstoßen. Kommt das Fleisch von weit her, fallen weitere Belastungen durch Transportwege und Tiefkühlung an.

Obst, Gemüse und Getreideprodukte haben eine bessere Klimabilanz. Dies gilt jedoch nicht grundsätzlich. Immer häufiger kommt unser Obst und Gemüse aus China. 40 % der Apfelernte in China werden auf dem Weltmarkt verkauft. Damit die Äpfel groß, prall und leuchtend aussehen, werden künstliche Dünger und Pestizide eingesetzt. Die meisten der Äpfel werden in China verarbeitet, z. B. zu Apfelsaftkonzentrat. Aus diesem Apfelsaftkonzentrat wird dann in Deutschland Apfelschorle hergestellt, ohne jedoch das Herkunftsland zu nennen. Wir merken also gar nicht, dass das Konzentrat aus China kommen könnte. Beim Anbau von Tomaten und deren Weiterverarbeitung zu Ketchup, Soßen und Tomatenpüree ist es ähnlich. Die Hersteller müssen bei verarbeiteten Lebensmitteln nicht angeben, woher die Zutaten kommen.

Deshalb gilt es, beim Einkauf auf regionale und unverarbeitete Produkte zu achten, die ökologisch angebaut werden. Bei diesen Produkten werden keine energieaufwendigen Stickstoffdünger eingesetzt.

Verzichten sollten wir weitgehend auf Ware, die mit dem Flugzeug transportiert wurde. Flugtransporte verursachen extrem viel CO_2.

Du-kannst-Aufgaben

Jeder kann durch seine Lebensweise aktiv am Klimaschutz mitwirken. Was kannst du dazu beitragen?

1 *Du kannst überprüfen, welche Zukunft deine Lebensweise hat.*
→ *Teste dazu deine persönliche Klimabilanz.*
Einfache Möglichkeiten findest zu unter:
www.ecogood.de/l/klimabilanz [10.01.2014]
www.footprint-deutschland.de
www.mein-fussabdruck.at
→ *Finde heraus, wie du deine persönliche Klimabilanz verbessern kannst, und formuliere für dich wichtige Konsequenzen.*

@ → *Web-Tipp*

2 *Du kannst anhand einiger schmackhafter Gerichte aufzeigen, wie du satt wirst, ohne dass das Klima leidet.*
→ *Informiere dich dazu über geeignete Produkte.*
→ *Sammle Beispiele für Rezepte.*

3 *Du kannst die Gültigkeit der Formel anhand deines Frühstücks überprüfen:*
→ *ökologisch + regional + saisonal = klimafreundlich*

Fair Trade –
was bedeutet fairer Handel mit Waren?

Was bedeutet eigentlich fair?

fair

- *Gleichbehandlung*
- *ehrlich*
- *gerecht*
- *anständig*
- *nicht nur an sich selbst denken*

Warum ist fairer Handel notwendig?

Die Erzeuger erhalten faire Preise für ihre Produkte. Das klingt sehr einfach, ist es aber nicht. Häufig sieht es anders aus. Kleinbauern und Produzenten in Lateinamerika, Afrika und Asien bekommen für ihre Waren oft sehr wenig bezahlt. So sind z. B. die Lebens- und Arbeitsbedingungen von Kakaobauern so schlecht, dass ihre Familien kaum davon leben können. Viele Kleinbauern wissen gar nicht, was ihre Kakaobohnen wert sind, und verkaufen sie unter dem Marktpreis. Hinzu kommen ausbeuterische Zwischenhändler. Dies gilt auch für zahlreiche andere Produkte, wie Kaffee, Tee, Reis, Zucker, Bananen, Baumwolle, Blumen ...

INFOBOX

Durch einen Handel unter fairen Bedingungen kommt ein Teil des Gewinns auch bei den Bauern und Produzenten an. Bessere Lebensbedingungen und ein positiver Blick der Menschen in die Zukunft sind möglich.

Was macht ein Produkt zu einem fairen Produkt?

Unser täglicher Einkauf hat große Auswirkungen auf die Produzenten in den betroffenen Ländern. Entscheiden wir uns für fair gehandelte Produkte, die mit dem Siegel des fairen Handels (Fairtrade) ausgezeichnet sind, können die Kleinbauern ihre Zukunft selbst in die Hand nehmen. Sie erhalten garantierte Mindestpreise für ihre Produkte und können sich auf langfristige Handelsbeziehungen verlassen. Arbeiter von Plantagen profitieren von menschenwürdigen Arbeitsbedingungen. Mehrgewinne aus dem fairen Handel kommen Gemeinschaftsprojekten zugute, wie z. B. sauberes Wasser für alle, Schulbildung für Kinder, medizinische Versorgung. Außerdem wird die Natur und die Lebensumwelt der Menschen in diesen Ländern geschützt, da der faire Handel strenge Umweltkriterien fordert. Auf künstliche Pflanzenschutzmittel wird verzichtet und auf Bio umgestellt. Immer mehr Produkte, die das Siegel des fairen Handels tragen, sind Bio. Zum Beispiel ist jede faire Banane heute schon Bio. Diese hohe Qualität der Produkte garantiert wiederum eine zuverlässige Warenabnahme.

Produkte mit dem Fairtrade-Siegel sind in Supermärkten, Bioläden, Drogeriemärkten und Weltläden erhältlich.

Du-kannst-Aufgaben

Deine Großeltern haben ihren Besuch angekündigt. Du möchtest sie am Nachmittag mit Schoko-Gebäck und heißer Schokolade überraschen. Welche Entscheidungen triffst du beim Schokoladeneinkauf?

1. *Du kannst dich über das Angebot von Schokolade informieren.*
2. *Du kannst Kriterien für den Schokoladeneinkauf formulieren.*
3. *Du kannst abwägen, was dir für die Auswahl der Schokolade wichtig ist, und deine Entscheidung begründen.*
4. *Du kannst Argumente für den Kauf von Fairtrade-Schokolade sammeln und diese anderen vorbringen. Infos findest du auch unter www.fairtrade-deutschland.de.*

→ Rezepte-Finder: Schokogebäck (Kirsch-Schoko-Kuchen, Walnut-Chocolate-Cookies, Schokomuffins, Schoko-Cantuccini), Heiße Schokolade

→ Web-Tipp

+++ NEWS TICKER +++ 90 % des in Deutschland verbrauchten Kakaos kommt aus Westafrika. Hier ist die Kakaoproduktion Haupteinnahmequelle von vielen Familien. An der Elfenbeinküste und in Ghana sind 90 % der Bauernfamilien von der Kakaoproduktion abhängig. Hinzu kommt ein hoher Anteil an Kinder- und Sklavenarbeit.

Aus: http://*www.fairtrade-deutschland.de* [10.01.2013]

Lebensmittel sollen nicht verderben – wie kann unnötiger Lebensmittelmüll vermieden werden?

Jedes achte Lebensmittel, das wir kaufen, werfen wir weg.
Du kannst das ändern. © BMEL

Frisch auf den Müll!

„Die meisten von uns haben nicht das Gefühl, viele Lebensmittel wegzuwerfen. Doch ein Blick auf die Zahlen zeigt: Dieses Gefühl täuscht. Jedes achte Lebensmittel, das wir einkaufen, landet in der Tonne."* Jeder Deutsche wirft pro Jahr ca. 82 Kilogramm Lebensmittel weg. Diese Menge passt in ca. zwei vollgepackte Einkaufswagen. Das sind umgerechnet ungefähr 235 Euro, die in der Mülltonne landen.

Die Hälfte der weggeworfenen Lebensmittel ist nicht verdorben. Wir werfen sie weg, weil sie uns nicht mehr frisch und appetitlich genug erscheinen oder weil das *Mindesthaltbarkeitsdatum* überschritten ist.

*Aus: https://www.zugutfuerdietonne.de/warum-werfen-wir-lebensmittel-weg/wie-viel-werfen-wir-weg/ [07.01.2014]

ABC

→ *Plan L.-Glossar*

Wenn sich jemand mehr Nahrungsmittel aneignet als er brauchte, und diese dann verderben ließ, so nahm er mehr als seinen Teil und beraubte andere.

John Locke, politischer Philosoph (1632 – 1702)

Ist Locke heute noch aktuell?

INFOBOX

Was werfen wir weg?

44 % Gemüse und Obst
20 % Back- und Teigwaren
12 % Speisereste
8 % Milchprodukte
7 % Getränke
6 % Fleisch und Fisch
3 % Sonstiges wie Süßigkeiten

+++ NEWS TICKER +++ Jährlich werden in Deutschland 500 000 Tonnen Brot weggeworfen. Der Grund: Brot wird im Überschuss gebacken, damit bis Ladenschluss ein möglichst großes Sortiment angeboten werden kann.

Die Hälfte der weggeworfenen Lebensmittel ist nicht verdorben! Wie kommt es dazu?

Wir leben im Überfluss, da wir alles immer, überall und in Übermengen zur Verfügung haben. Lebensmittel sind heute Massenware. Haben wir Lust auf exotische Früchte, holen wir sie uns aus dem Discounter und das zu enorm günstigen Preisen. Im Supermarkt steht uns eine Vielzahl an Joghurtsorten zur Verfügung. Eine überaus große Auswahl, die dann im Kühlschrank oft verdirbt. Können wir den Wert der Lebensmittel nicht mehr erkennen? Das mag daran liegen, dass Lebensmittel immer billiger werden und das Überangebot uns verführt, mehr zu kaufen.

Weil es öfter schnell gehen muss, kaufen wir zwischendurch und ohne Einkaufsplan ein. Wir greifen dann zu dem, was uns im Moment gerade anmacht, zu Fertigprodukten, die eine kurze Haltbarkeit haben. Das, was wir brauchen, landet oftmals nicht im Einkaufskorb. Auch bei Großeinkäufen lauert Gefahr. Bei solchen Käufen greifen wir oft zu Sonderangeboten, Familienpackungen und Rabattaktionen wie „drei für zwei". Was wir mit diesen Waren machen, bedenken wir in diesem Augenblick nicht.

Sind wir dann zu Hause, verstauen wir die Lebensmittel z. B. im Kühlschrank, im Keller oder im Vorratsregal. Oft passiert es beim Einräumen, dass die bereits vorhandenen Lebensmittel nach hinten geschoben und so dann leicht vergessen werden.

Viele Lebensmittel werden weggeworfen, weil ihr Mindesthaltbarkeitsdatum abgelaufen ist. Die meisten wären noch genießbar, doch wir trauen uns nicht mehr, diese zu essen. Eine einfache Prüfung lohnt sich: schauen, riechen, schmecken. Bei Fleisch, Fisch und Eiern ist aus hygienischen Gründen besonders auf das Mindesthaltbarkeitsdatum zu achten.

Eine weitere Wegwerffalle wartet nach dem Essen. Es bleiben Reste übrig. Viele Essensreste wandern in die Tonne, weil wir „maßlos" kochen. Oft fehlt uns eine Idee, was wir mit den Resten anfangen könnten.

Du-kannst-Aufgaben

*Die Lebensmittelverschwendung hat Auswirkungen auf die Welternährung, die Umwelt und das Klima.
Wie kannst du durch deinen Konsum dem entgegenwirken? Formuliere für dich und deine Familie Tipps, wie ihr Lebensmittelmüll vermeiden könnt.*

1. *Du kannst nachforschen, welche Lebensmittel bei dir zu Hause vorwiegend im Müll landen, welche dagegen fast nie.*
2. *Du kannst im Zeitraum von einer Woche notieren, was und wie viel bei dir weggeworfen wird.*
3. *Du kannst dein/euer Einkaufsverhalten überprüfen. Kriterien können sein: Menge, mit Einkaufszettel, Spontaneinkäufe, …*
4. *Du kannst überprüfen, wie die Lebensmittel bei euch zu Hause gelagert werden.*
5. *Du kannst recherchieren und notieren, welche Folgen es hat, wenn so viele Lebensmittel weggeworfen werden.*
6. *Du kannst dich über den Begriff „Mülltaucher" informieren und mit deinen Gruppenmitgliedern darüber diskutieren.*

Lebensmittelverschwendung muss nicht sein – wie können Verpackungsaufschriften helfen?

Genießen oder Tonne?

Pro Person landen jährlich in Deutschland Lebensmittel im Wert von ca. 235 Euro in der Tonne, obwohl sie noch genießbar wären. Ein wesentlicher Grund dafür ist, dass Verpackungsaufschriften auf Lebensmitteln nicht richtig gelesen und verstanden werden. Vor allem die Angaben zu „mindestens haltbar bis" und „verbrauchen bis" werden häufig nicht richtig interpretiert. Es gilt also genau hinzuschauen, um die Bedeutung der Aufschriften zu entschlüsseln.

INFOBOX

Durch richtiges Lesen und Verstehen unnötigen Lebensmittelmüll vermeiden:

„mindestens haltbar bis" = Mindesthaltbarkeitsdatum (MHD)	„verbrauchen bis" = Verbrauchsdatum
steht auf allen verpackten Lebensmitteln.	steht auf leicht verderblichen Lebensmitteln wie frischem Hackfleisch, Geflügel, Fisch.
gibt an, bis wann das Lebensmittel ungeöffnet und bei richtiger Lagerung seine Eigenschaften, wie z. B. Geschmack, Geruch, Farbe, Form, Konsistenz mindestens behält (= „Qualitätszusage").	gibt an, bis wann das Lebensmittel verzehrt werden muss bzw. ab wann es verdirbt oder krank machen kann. Zudem müssen die Aufbewahrungsbedingungen beschrieben sein, z. B. bei + 2 °C.
ist kein Wegwerfdatum. Bereits abgelaufene Lebensmittel dürfen als Sonderangebote verkauft werden, da das Lebensmittel nicht automatisch verdorben ist.	ist strikt zu beachten: Lebensmittel dürfen nach Ablauf nicht mehr verkauft und verzehrt werden.
Was tun, wenn das Datum überschritten ist? Mit den eigenen Sinnen prüfen: sehen, riechen, probieren. Die meisten Lebensmittel sind nach Ablauf des Mindesthaltbarkeitsdatums noch mehrere Tage oder Wochen genießbar.	Was tun, wenn das Datum überschritten ist? Auf keinen Fall verzehren, da unmittelbare Gefahr für die menschliche Gesundheit entstehen würde.

Das Mindesthaltbarkeitsdatum ist nicht das Verbrauchsdatum.
Beides zu unterscheiden ist für den sinnvollen Umgang mit Lebensmitteln sehr wichtig.

Essen, auch wenn das Mindesthaltbarkeitsdatum abgelaufen ist? – Ja, nach sorgfältiger Prüfung

Vieles ist länger haltbar: Getreide, Müsli, Nudeln, Reis, Mehl, Gewürze, Saft, Mineralwasser, Konserven, Kaffee- oder Kakaopulver, Fertiglebensmittel wie z. B. Tütensuppen, Tiefkühlkost sind auch nach Ablauf des Mindesthaltbarkeitsdatums essbar. Aber auch Milch und Milchprodukte wie z. B. Joghurt, Quark, Käse können noch einige Tage nach Ablauf des Mindesthaltbarkeitsdatums verzehrt werden. Abgepacktes Brot, Brötchen, Toastbrotscheiben können aus der Verpackung genommen, getrocknet und zu leckeren Gerichten weiterverarbeitet werden. Aus fast allem, was noch gut ist, kann man appetitliche Speisen zubereiten, z. B.:

- Milchprodukte, wie z. B. Quark zu *Apfeltaler aus Quark-Öl-Teig*
- Brötchen, Toastbrotscheiben zu *Ofenschlupfer* oder *Arme Ritter*

→ *Rezepte-Finder: Arme Ritter, Apfeltaler, Ofenschlupfer*

Teste selbst: Prüfe abgelaufene Lebensmittel mit deinen Sinnen!
Sind das Aussehen und der Geschmack des Lebensmittels unverändert und riecht es frisch, dann kannst du es unbedenklich verzehren. Hat sich das Aussehen verfärbt, haben sich Schimmel oder Gase gebildet, riecht es komisch oder schmeckt es ungewöhnlich, z. B. bitter, säuerlich, dann sei achtsam und wirf es lieber weg.

FAZIT: Alles was noch gut aussieht, gut riecht und gut schmeckt, ist noch gut!

Du-kannst-Aufgaben

„Wir retten Lebensmittel" ist eine Kampagne des Bundesministeriums für Ernährung und Landwirtschaft. Diese Kampagne soll helfen, die große Lebensmittelverschwendung einzudämmen. Ein Anliegen der Kampagne ist, den Unterschied zwischen Mindesthaltbarkeitsdatum und Verbrauchsdatum klarzumachen. Du möchtest diese Kampagne unterstützen und Flugblätter verteilen, um deine Mitschüler, Freunde und Eltern zu informieren.

1. *Du kannst eine Umfrage zum Mindesthaltbarkeitsdatum und Verbrauchsdatum durchführen und das Ergebnis präsentieren.*
2. *Du kannst erklären, warum das Mindesthaltbarkeitsdatum kein Wegwerfdatum ist.*
3. *Du kannst nach Lebensmitteln suchen, bei denen das Mindesthaltbarkeitsdatum abgelaufen ist und*
   → Tipps für den Umgang mit diesen aufstellen,
   → Rezeptvorschläge für Speisen anbieten.
4. *Du kannst Tipps formulieren, wie Lebensmittel richtig gelagert und vor Schädlingsbefall bewahrt werden, damit sie nicht verderben (www.zugutfuerdietonne.de).*

+++NEWS TICKER+++
Lebensmittel, bei denen das Mindesthaltbarkeitsdatum abgelaufen ist, gehen auch an soziale Einrichtungen, wie z. B. die Tafeln, die Lebensmittel an Bedürftige verteilen.

→ *Web-Tipp*

Rest(los) genießen – wie können Speisereste weiterverwertet werden?

Wie entstehen Speisereste?

Hauptsächlich beim Kochen. Nicht immer wird für das Rezept der gesamte Inhalt der Packung benötigt, z. B. bei Nudeln, Reis, Mehl, Gries. Jetzt kommt es darauf an, den Rest der Packung so zu lagern, damit er nicht verdirbt und vor Schädlingen sicher ist.

Auch nach dem Kochen gibt es häufig Speisereste. Es wird von einer Mahlzeit nicht alles aufgegessen, weil z. B. zu viel gekocht wurde. Wärmt man den Rest auf, kann er eine zweite Mahlzeit sein. Ist der Rest jedoch für eine zweite Mahlzeit zu klein oder möchte man Abwechslung, dann ist Fantasie in der Resteküche gefragt.

+++NEWS TICKER+++
Omas Küchenregel, dass beim Aufwärmen von Pilzen und Spinat gesundheitsschädliche Stoffe entstehen, ist überholt. Hält man sich an die Regeln zum Aufwärmen (Mindesttemperatur von 70 °C, damit eventuelle Keime abgetötet werden), besteht keine gesundheitliche Gefahr.

Ein Blick auf die übliche Portionsmenge einer Person hilft uns auszurechnen, welche Mengen wir für die Zubereitung der Mahlzeiten benötigen. Mithilfe dieser Portionsmengen können wir auch einschätzen, wofür der Rest geeignet ist, z. B. für einen Snack, für ein Hauptgericht und für wie viele Personen überhaupt.

INFOBOX

Portionsmenge pro Person:

Rohkost/Salat	70 – 125 g
Salatsoße	1,5 EL
Fleisch ohne Knochen	125 g
Gemüse als Beilage	150 – 200 g
Gemüse als Hauptgericht	300 – 500 g
Nudeln/Reis als Beilage gekocht	50 g roh = 150 g

Wie können wir mit Speiseresten sinnvoll umgehen?

Das beginnt schon, indem wir beim Einkauf, bei der Lagerung und bei der Zubereitung an das Vermeiden oder Verarbeiten möglicher Reste denken. Dies gelingt uns am einfachsten, indem wir uns einen Wochenspeiseplan aufstellen. Bevor wir uns für Gerichte entscheiden, ist es ratsam nachzuschauen, welche Reste und Lebensmittel vorhanden sind und in den nächsten Tagen verbraucht werden müssen. Damit vorhandene Vorräte im Keller oder Tiefkühlgerät nicht in Vergessenheit geraten, sollten wir jede Woche einige Lebensmittel daraus auf den Speiseplan setzen. Suchen wir uns für die Woche mehrere Rezepte mit gleichen Zutaten aus, können Reste von bereits Gekochtem schnell und sinnvoll verbraucht werden. Zum Beispiel Spaghetti mit Tomatensoße am Montag, den Rest *Tomatensoße* gibt es als *Tomatendip* zu *Gemüsepommes* am Dienstag und die Spaghetti am Mittwoch als *Nudelpfanne*.

→ Rezepte-Finder: Tomatensoße, Gemüsepommes mit Tomatendip, Nudelpfanne

Wichtig ist es, dass diese Reste bis zur Weiterverarbeitung richtig gelagert werden. Sie sollen unbedingt luftdicht verschlossen werden. Werden die Reste innerhalb der nächsten ein bis zwei Tage verbraucht, können sie im Kühlschrank gelagert werden. Wenn nicht, sollten sie eingefroren werden. Das Tiefgefrieren kann auch ganz gezielt genutzt werden: Es wird einmal in großer Menge gekocht, die Reste portionsweise verpackt und tiefgefroren.

Du-kannst-Aufgaben

"Jedes achte Lebensmittel, das wir kaufen, werfen wir weg. Du kannst das ändern."

(Aus der Kampagne des Bundesministerium für Ernährung und Landwirtschaft)

Zeige deine Möglichkeiten auf.

1. *Du kannst eine "negative Hitliste" für die Lebensmittel aufstellen, die am häufigsten bei euch zu Hause weggeworfen werden. Überlege, wie du diese verwerten kannst und notiere deine Vorschläge, z. B.*

Lebensmittel	Vorschlag zur Verwertung
trockenes Brot/Brötchen	Paniermehl
offener Frischkäse	...
...	...

→ Web-Tipp

2. *Du kannst einen Wochenspeiseplan erstellen und passende Rezepte suchen.*
3. *Du kannst den Bedarf für eine Mittagsmahlzeit (bestehend aus Fleisch, Kartoffeln und Gemüse) für deine Familie oder für vier Personen berechnen.*
4. *Du kannst dich über einfache und kreative Kochideen für Übriggebliebenes informieren.*
5. *Du kannst anderen ein leckeres Rezept für Reste vorschlagen (auch im Internet unter www.zugutfürdietonne.de).*

Methoden-Trainingsplatz: Leittextmethode

Leittextmethode

Als Aufgabe bekommt ihr einen **Leittext**.

- Am Anfang steht eine kleine Geschichte. Wenn ihr sie lest, merkt ihr schon, dass es um euch geht und Aufgaben auf euch zukommen, die ihr gemeinsam bearbeiten sollt.
- Nach der Geschichte kommen die Aufgaben. Wie ihr vorgehen könnt, seht ihr hier. Ihr durchlauft mit eurer Gruppe drei Phasen:

1. Vorbereitungsphase

In dieser Phase lest ihr den Leittext und macht euch klar, um was es geht. Danach sammelt ihr Informationen und verteilt die Aufgaben an die einzelnen Gruppenmitglieder.

Tipp:
Erstellt in dieser Phase wichtige Inhalte für eure Mappe, z. B. einen Organisationsplan als Hilfe für den Arbeitsablauf.

↓

2. Durchführungsphase

In dieser Phase stellt ihr eure Produkte her.

Du kannst zeigen, was du kannst:
- in fachlicher Hinsicht, z. B. korrekter Gebrauch von Geräten
- im Hinblick auf dein Verhalten in der Gruppe, z. B. durch Übernahme von Verantwortung

↓

3. Nachbereitungsphase

Im Anschluss an die Herstellung stellt ihr eure Ergebnisse und Produkte vor. Danach könnt ihr über euren Arbeitsprozess und euer Ergebnis reflektieren. In eurer Mappe könnt ihr eure Leistungen nachweisen.

Mach den Test und stell dein Können unter Beweis

Rest(los) genießen

Endlich Wochenende – ihr habt von euren Eltern die Erlaubnis, Freunde zum Essen einzuladen. Von eurem Taschengeld ist nicht mehr viel übrig. Beim Blick in den Kühlschrank stellt ihr fest, dass einige Lebensmittel und Speisereste da sind. Ihr möchtet für 6 Personen eine Mahlzeit zubereiten und dabei auch nachhaltige Lebensmittel verarbeiten.

Ihr könnt pro Person noch 1 € ausgeben.

Das müsst ihr tun

1. *Zuerst besprecht ihr in der Gruppe, welche Aufgaben zu lösen sind.*
2. *Dann informiert sich jeder über vorhandene Speisereste und über Rezepte, bei denen die Speisereste verwertet werden können. Notiert eure Vorschläge.*
3. *Nun vergleicht ihr eure Notizen und entscheidet euch, welche Mahlzeit ihr zubereiten wollt.*
4. *Danach legt ihr fest, wer welche Aufgaben zur Nahrungszubereitung und zur Tischgestaltung übernimmt. Erstellt dazu einen Organisationsplan.*
5. *Anschließend kauft ihr die restlichen Zutaten ein.*
6. *Jetzt übernimmt jedes Gruppenmitglied nach Plan die Zubereitungsaufgaben und die Aufgaben zur Tischgestaltung.*
7. *Zum Schluss überprüft ihr, inwieweit das vorgegebene Budget eingehalten wurde, und beurteilt eure Ergebnisse hinsichtlich des Stichworts Nachhaltigkeit.*
8. *Beim gemeinsamen Essen unterhaltet ihr euch darüber, wie Essen nachhaltig zubereitet werden kann.*

Jedes Gruppenmitglied erstellt eine Mappe mit folgendem Inhalt:

- Deckblatt
- Ideensammlung zu Gerichten und Getränken
- Rezepte und Fotos von Gerichten und Getränken
- Organisationsplan
- Überlegungen zum nachhaltigen Einkauf der Zutaten
- Reflexion der eigenen Arbeit und der Arbeit in der Gruppe
- ggf. Recherchenachweis, Quellenangaben

5

Nachhaltig konsumieren für die Zukunft der Erde – aber wie?

„Es gibt keine Passagiere auf dem Raumschiff Erde. Jeder gehört zur Besatzung."

Marshall McLuhan, Philosoph & Medientheoretiker aus Kanada, 1911 – 1980

+++NEWS TICKER+++

KORREKTE KLAMOTTEN

Fahrrad statt Auto

Unser Land soll grüner werden

Hunderte Tote bei Fabrikbrand in Bangladesch

WIR WACHSEN UNS KAPUTT

Öko-Mode auf dem Laufsteg

Markenschuhe auf Kosten von Entwicklungsländern

VIRTUELLES WASSER: 25 BADEWANNEN TÄGLICH

Wie groß ist der ökologische Fußabdruck der Deutschen?

Schulen sprechen über faire Zukunft

DIY – Do it yourself!

?

Warum reden wir gerade jetzt über Nachhaltigkeit?

Was hat Konsum mit Nachhaltigkeit zu tun?

Welche Spuren hinterlasse ich auf der Erde?

Wie passen 13 l Wasser in eine Tomate?

Welche Reise unternimmt meine Jeans, bevor sie im Laden liegt?

Geiz ist geil?! Wer zahlt wirklich für mein Schnäppchen?

Gibt es für meine Klamotten ein Leben nach dem Trend?

Was kann ich tun, um die Welt zu retten?

Nachhaltiger Konsum – was verstehe ich darunter?

Definition: Nachhaltige Entwicklung

Der Begriff klingt erst einmal sehr kompliziert, ist es aber gar nicht. Bestimmt handelst du auch schon nachhaltig, ohne es so zu nennen. Trennt ihr zu Hause den Müll? Benutzt ihr Energiesparlampen? Oder fährst du mit dem Fahrrad zur Schule, anstatt dich mit dem Auto bringen zu lassen? Aber dahinter steckt noch viel mehr.
Die Begriffe Nachhaltigkeit oder nachhaltige Entwicklung sind zurzeit in aller Munde, obwohl diese schon über 300 Jahre alt sind. Früher bezog sich der Ausdruck ausschließlich auf die Nutzung von Wäldern. Nachhaltigkeit bedeutete, dass nur so viele Bäume gefällt werden dürfen, wie auch wieder nachwachsen können. Heute lässt sich der Begriff in allen Lebensbereichen finden, die Idee ist aber immer noch die gleiche.

Wie können wir uns immer weiter entwickeln und trotzdem die Erde schützen? Im Brundtland-Bericht der Vereinten Nationen, benannt nach der damaligen norwegischen Ministerpräsidentin Gro Harlem Brundtland, wurde 1987 Folgendes festgelegt:
Nachhaltig ist eine Entwicklung, „die den *Bedürfnissen* der heutigen Generation entspricht, ohne die Möglichkeiten künftiger Generationen zu gefährden, ihre eigenen Bedürfnisse zu befriedigen und ihren *Lebensstil* zu wählen."*

→ Plan L.-Glossar

*Zitat aus: http://www.nachhaltigkeit.info/artikel/brundtland_report_1987_728.htm [15.01.2014]

INFOBOX

Die drei Dimensionen der Nachhaltigkeit

Nachhaltig zu handeln bedeutet die Achtung der

Wirtschaft	Umwelt	sozialen Gerechtigkeit

Oftmals triffst du auch auf die Begriffe Ökonomie, Ökologie und Soziales. Diese bedeuten das gleiche, sind nur etwas schwieriger formuliert.
Eine nachhaltige Entwicklung sollte also wirtschaftlich sein, die Umwelt schonen und alle Lebewesen dieser Welt in ihren Rechten und ihrem Wohlergehen schützen.

Nachhaltiger Konsum

Möglicherweise fragst du dich, warum das Thema auf einmal auf allen Kanälen läuft. Auf der ganzen Welt konsumieren wir Menschen täglich auf unterschiedliche Weise. Schöne Schaufenster beim Einkaufsbummel, eine klasse Werbung im Fernsehen oder die täglichen Updates unserer Lieblingsläden per E-Mail locken zum Kaufen. Ab und zu gibt es mal etwas Besonderes, aber täglich wohnen und essen wir und tragen Kleidung – wir verbrauchen also Produkte und Dienstleistungen.

Wir haben schon immer konsumiert, jedoch hat sich unser Konsum stark verändert. Zu Zeiten deiner Großeltern wurde oftmals das Gemüse aus dem Garten gegessen, beim Metzger um die Ecke das Fleisch gekauft und bei einem Warenhandel vor Ort auch Kleidung ausgesucht. Durch die zunehmende *Globalisierung* wurden uns neue Türen geöffnet. So kannst du rund um die Uhr im Internet shoppen, in Shoppingzentren nach den neuesten Schnäppchen suchen und in riesigen Supermärkten Produkte und Lebensmittel aus der ganzen Welt kaufen. Die Globalisierung hat viele positive Entwicklungen mit sich gebracht, jedoch gibt es auch Schattenseiten des 24-Stunden-Konsums. Hier kommt der Begriff Nachhaltigkeit ins Spiel. Wir verbrauchen Rohstoffe und Energie und erzeugen gleichzeitig Müllberge, Schadstoffe und große Mengen an *CO_2*. Vieles, was wir verbrauchen, kann gar nicht so schnell nachwachsen, wie es verschwindet.

Heute können wir gar nicht mehr in allen Lebensbereichen zu Selbstversorgern werden. Vielmehr können wir einen Blick auf nachhaltigen Konsum in den drei Dimensionen Wirtschaft, Umwelt und soziale Gerechtigkeit werfen und unser Kaufverhalten kritisch hinterfragen.

Was dies im Einzelnen bedeutet, wirst du noch auf den nächsten Seiten entdecken.

+++NEWS TICKER+++
Unzählige Stars und Sternchen setzen sich für nachhaltigen Konsum ein und nutzen ihren Platz im Rampenlicht. So singt z. B. der Ex-Beatle Paul McCartney über den „Meat free Monday" und setzt sich für einen fleischfreien Montag in der Woche ein, um die Erde zu schützen. Du kannst deine Eltern oder Lehrer fragen, wer Paul McCartney ist.

Kennst du noch mehr Prominente, die sich für das Thema stark machen?

→ *Plan L.-Glossar*

„Wir gehen mit dieser Welt um, als hätten wir noch eine zweite im Kofferraum."

Jane Fonda, *1934,
US-amerikanische Schauspielerin
(z. B. „Das Schwiegermonster")

Du-kannst-Aufgaben

Die vierte Klasse einer nahe liegenden Grundschule kommt zu Besuch, um für einen Tag bei euch „Großen" reinzuschnuppern. Ausgerechnet jetzt beschäftigst du dich mit dem Thema Nachhaltigkeit. Wie kannst du das den Grundschulkindern erklären?

1. *Du kannst mit deiner Familie, Nachbarn oder Freunden ein kurzes Interview führen, was sie mit dem Begriff verbinden.*
2. *Du kannst Beispiele für nachhaltigen Konsum in deinem eigenen Leben finden und präsentieren.*
3. *Du kannst die drei Dimensionen der Nachhaltigkeit mithilfe einer Pantomime oder eines Rollenspiels darstellen.*
4. *Du kannst unter www.youtube.com/user/explainity [07.01.2014] nach Clips suchen, in denen die drei Dimensionen der Nachhaltigkeit noch einmal einfach erklärt werden.*
5. *Du kannst selbst ein kleines Video drehen, um das Thema anschaulich zu erklären. Fast jedes Smartphone kann mittlerweile Videos drehen.*
6. *Du kannst dir eigene Wege überlegen, die zur Lösung der Aufgabe führen.*

→ *Web-Tipp*

Wir hinterlassen Spuren – passt dein Fuß auf die Erde?

Der ökologische Fußabdruck

Anfang der 1990er Jahre begaben sich die zwei Wissenschaftler, Mathis Wackernagel und William Rees, auf Spurensuche. Sie wollten herausfinden, ob unsere Erde überhaupt ausreicht, um unsere Bedürfnisse auch in Zukunft zu befriedigen. Die Art, wie wir leben, hinterlässt Spuren auf unserem Planeten wie deine Füße im Sand bei einem Strandspaziergang. Um zu ermitteln, wie groß oder klein diese Spur ist, haben die beiden Wissenschaftler den ökologischen Fußabdruck erfunden. Dieser „verräumlicht" unsere Lebensweise, zeigt uns also, wie viel Bodenfläche und Wasser (= *Ressourcen*) der Erde wir verbrauchen, um Tag für Tag zu leben. Diese Ressourcen sind aber nicht unendlich verfügbar.

→ *Plan L.-Glossar*

Klingt erst einmal logisch, die Berechnung des Fußabdrucks ist aber alles andere als ein Strandspaziergang. Um uns diese Aufgabe abzunehmen, gibt es im Internet zahlreiche Rechner, mit denen wir unseren persönlichen Fußabdruck ermitteln können.
Dort beantwortest du verschiedene Fragen zu deinem Leben und dem damit verbundenen Konsum.

+++NEWS TICKER+++ Für die Mathematikerinnen und Mathematiker unter euch: Der ökologische Fußabdruck wird in der wissenschaftlichen Einheit „globaler Hektar (gha)" gemessen. 1 gha entspricht einer Fläche von 10 000 Quadratmetern.

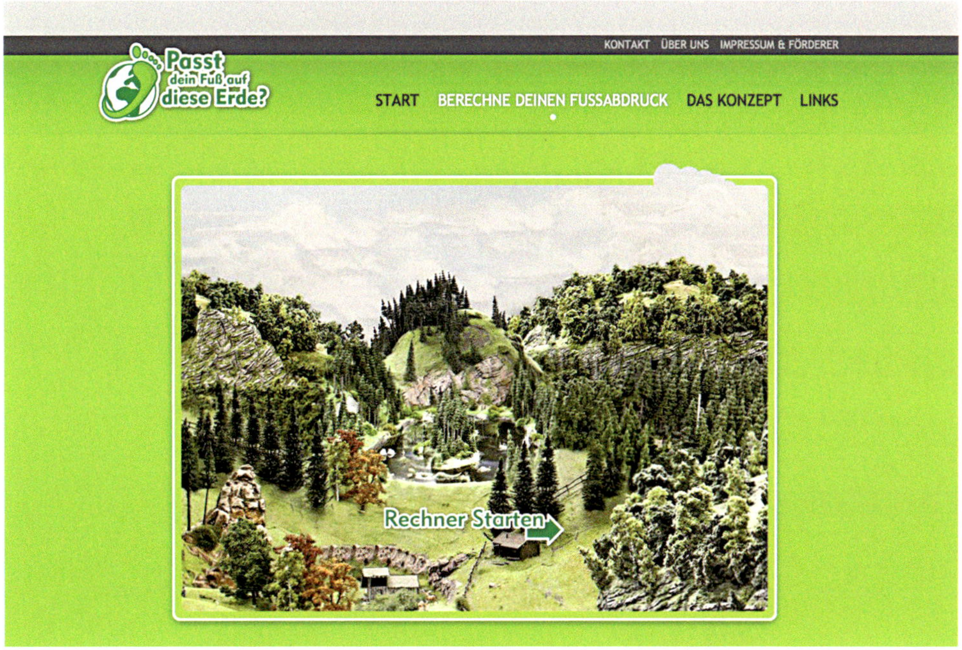

Rechner der BUNDjugend (Jugend im Bund für Umwelt und Naturschutz Deutschland e. V.)

INFOBOX

Die Berechnung deines ökologischen Fußabdrucks

Nun fragst du dich vielleicht, wie viele globale Hektar dein Fußabdruck in Anspruch nimmt. Mit ein paar Informationen kannst du diesen ganz leicht im Internet ausrechnen, z. B. unter *www.latschlatsch.de*. Bevor es losgeht, solltest du dir zu Hause ein paar Infos besorgen, denn nicht alles, was auf das Konto deines ökologischen Fußabdrucks geht, hängt von dir allein ab.
Welche Wohnfläche hat euer Haus/eure Wohnung? Wann war das Baujahr?
Wie wird bei euch geheizt? Bezieht ihr Ökostrom? Welche durchschnittliche Raumtemperatur habt ihr im Winter zu Hause?
Der Rechner stellt Fragen zu vier verschiedenen Bereichen deines Lebens:

- Wohnen und Energie
- Konsum
- Ernährung
- Mobilität

Am Ende der Berechnung wird dein persönlicher Fußabdruck angezeigt. Außerdem wird dir aufgezeigt, wie viele Erden für deinen Lebensstil nötig wären. Zu guter Letzt gibt es noch nützliche Tipps, wie du deinen ökologischen Fußabdruck verkleinern könntest. Manches kannst du vielleicht noch gar nicht verändern, da du z. B. noch zu Hause wohnst. Aber vielleicht ist ja ein guter Tipp für dich dabei?! Probiere es aus.

@

→ *Web-Tipp*

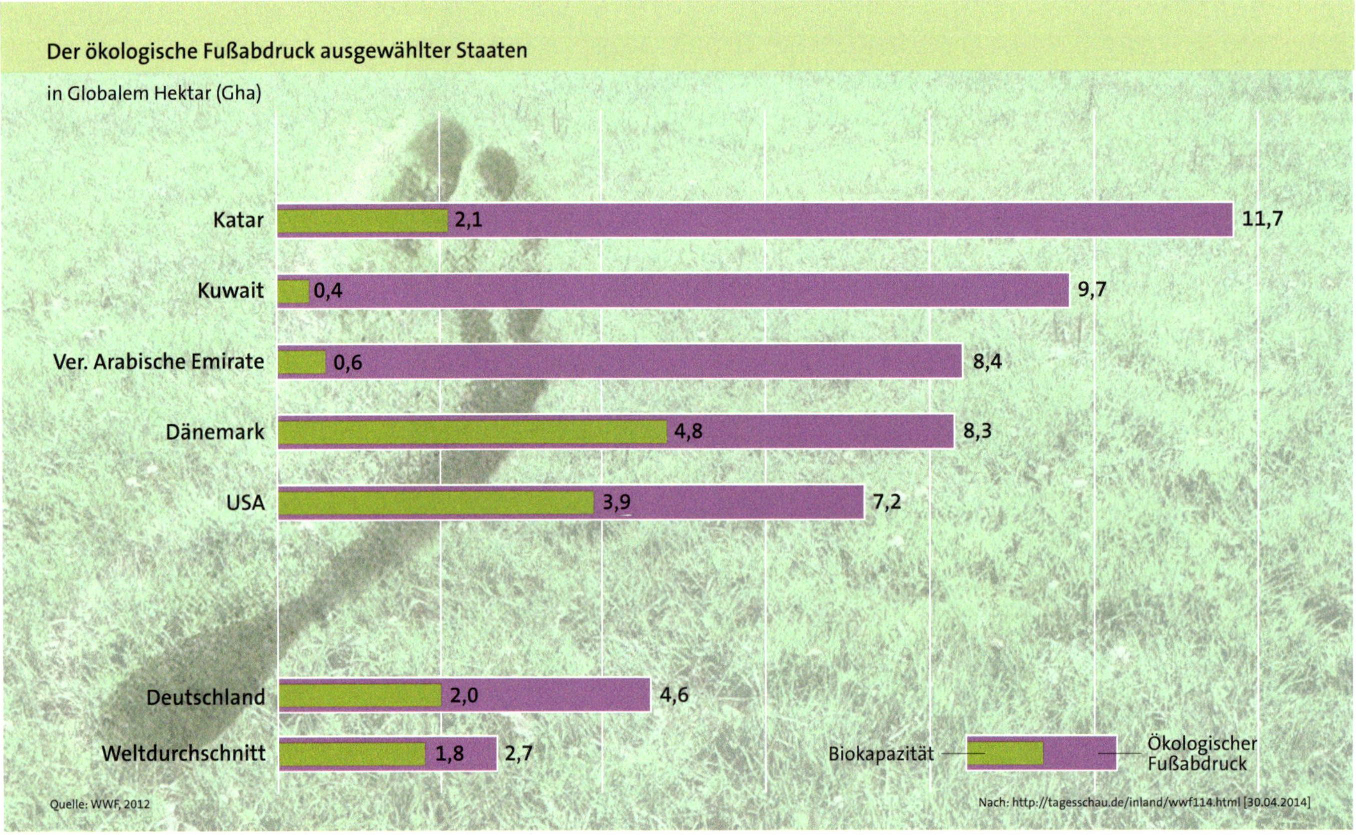

INFOBOX

Life Planet Report

Alle zwei Jahre veröffentlicht der *WWF* den „Life Planet Report", der unter anderem den ökologischen Fußabdruck aller Nationen aufdeckt. Das Ergebnis des Berichts von 2012 für Deutschland: Nehmen wir den durchschnittlichen Lebensstil der Deutschen zusammen, dann verbrauchen wir eine Fläche von 4,6 Hektar. Noch besser lässt sich unser Verbrauch in Fußballfeldern ausdrücken: Das wären mehr als sechs FIFA-Fußballfelder! Im Vergleich dazu verbraucht ein Mensch in Bangladesch im Durchschnitt weniger als ein Fußballfeld (0,7 gha). Der weltweite Durchschnitt des ökologischen Fußabdrucks lag 2008 bei 2,7 gha und steigt ständig. Leider hatte die Erde zu diesem Zeitpunkt nur durchschnittlich 1,8 gha pro Person zur Verfügung. Was fällt dir auf?

→ *Plan L.-Glossar*

+++NEWS TICKER+++ Wenn alle Menschen auf der Erde so leben würden wie wir, wären 2,5 Planeten nötig!

Nach: Willi Linder: Nachhaltige Ernährung – wie durchbrechen wir die gläserne Decke? In: Ernte und Aussaat. Hg. v. Gabriele Hösch-Schagar u. a., Lit, Wien, Berlin, Münster 2011, S. 111

INFOBOX

Was können wir alles auf das Konto eines großen ökologischen Fußabdrucks verbuchen?

Die Fußabdrücke von Ländern wie Katar, USA, Dänemark oder auch Deutschland passen eigentlich nicht mehr auf diese Erde. Was machen diese Länder denn anders als jene mit kleineren Fußabdrücken?

Du hast ja schon erfahren, dass der Verbrauch an Ressourcen von der jeweiligen Lebensweise abhängig ist. Aber innerhalb eines Landes haben nicht alle Menschen die gleiche Lebensweise. Diese hängt z. B. davon ab, ob wir Vegetarier sind oder viel Fleisch essen, unseren Müll trennen oder nicht und mit dem Fahrrad oder mit dem Auto fahren. Der Vergleich von Land zu Land variiert noch stärker. Einige Menschen haben gar keine Wahl, wie sie sich ernähren können oder wie sie wohnen, und ein Auto fahren sie schon gar nicht.

Du-kannst-Aufgaben

Der Tag der offenen Tür steht mal wieder an. Ihr möchtet mit eurer Lerngruppe allen Interessierten im Rahmen einer kleinen Ausstellung zeigen, was ihr über das Thema Nachhaltigkeit und den ökologischen Fußabdruck gelernt habt. Was benötigst du, um das Thema anschaulich darzustellen?

1. *Du kannst formulieren, was nachhaltiger Konsum mit dir und deiner Klasse zu tun hat.*
2. *Du kannst im Internet deinen persönlichen Fußabdruck ausrechnen (z. B. unter www.latschlatsch.de).* @ → *Web-Tipp*
3. *Du kannst deinen persönlichen Fußabdruck mit deinen Mitschülerinnen und Mitschülern vergleichen.*
4. *Du kannst Vergleiche zu den durchschnittlichen Fußabdrücken verschiedener Länder anstellen.*
5. *Du kannst die Berechnung des Fußabdrucks analysieren, um die wichtigsten Konsumfelder herauszustellen.*
6. *Du kannst kreativ werden und dir Möglichkeiten überlegen, den ökologischen Fußabdruck so interessant wie möglich darzustellen.*
7. *Du kannst einen Handzettel zum Thema gestalten.*
8. *Du kannst Interviews auf dem Schulhof zum Thema führen und diese präsentieren.*
9. *Du kannst einen Artikel für die Schülerzeitung verfassen, in dem du über die Ergebnisse der Klasse berichtest.*
10. *Du kannst Ideen sammeln, wie du deinen ökologischen Fußabdruck kleiner halten kannst. Ideen findest du z. B. auf Internetseiten, die den Fußabdruck für dich berechnen.*

Unser tägliches Wasser – wie viel Wasser verbraucht dein Konsum?

+++NEWS TICKER+++
Der Erfinder des Begriffs „Virtuelles Wasser", Anthony Allan, fand heraus: „Mit einer fleischlosen Ernährungsweise könnten wir den Wasserverbrauch in der Welt halbieren!" Prompt ist er nach seinen Recherchen zum Thema selbst Vegetarier geworden.

Nach: DIE ZEIT, Nr. 30/2009

Du kannst das Interview mit Anthony Allan unter *http://www.zeit.de/2009/30/Wasser-virtuell* [07.01.2014] nachlesen.

@

→ *Web-Tipp*

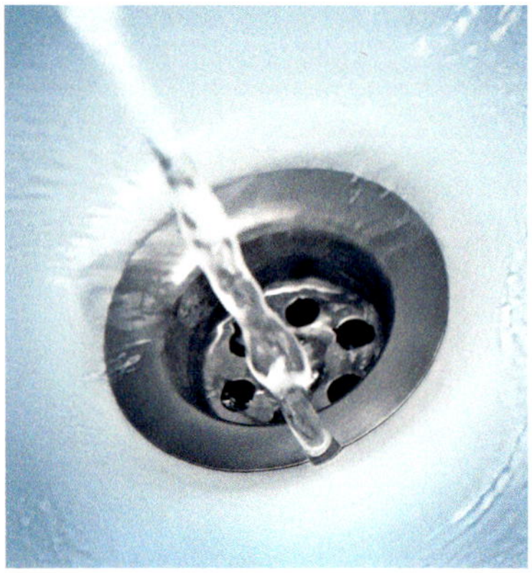

Virtuelles Wasser

Durchschnittlich verbrauchte 2009 jede Person in einem deutschen Haushalt pro Tag 125 Liter Wasser für Trinken, Duschen, Toilettenspülung, Putzen usw. Dazu kommen aber noch stolze 4200 Liter virtuelles Wasser. Virtuell? Nein, das hat nichts mit dem Internet zu tun. Vielmehr wird dieses Wasser als virtuell bezeichnet, weil du es nicht mit bloßem Auge sehen kannst. Viel größere Mengen verschlingt die Herstellung von Produkten, die über die Ladentheke gehen. In denen steckt virtuelles Wasser – und das wird oft in Ländern, in denen Wassermangel herrscht, für uns verbraucht. In Europa sind wir durch regelmäßigen Regen mit ausreichend Wasser versorgt. Dürreregionen der Welt, wie z. B. Afrika, leiden hingegen unter der Trockenheit. Dort fehlt lebenswichtiges Trinkwasser, das wir in Deutschland auch nicht durch hohe Wassersparmaßnahmen spenden könnten. Wo Wasser fehlt, nehmen Armut, Hunger und Krankheiten zu. Durch eine zunehmende Globalisierung werden Nahrungsmittel und andere Produkte in Entwicklungsländern produziert, stehen den Einheimischen aber dann nicht zur Verfügung, sondern werden ins Ausland, z. B. zu uns, verkauft. Das verdiente Geld kommt dann aber meist nicht den armen Menschen zugute.

INFOBOX

So wird virtuelles Wasser am Beispiel der Baumwolle berechnet

1 Natürliche Bewässerung

Baumwolle stammt häufig aus Ländern wie Indien und Usbekistan, in denen Wassermangel herrscht. **41 Prozent** der 11 000 Liter Wasser, die eine Jeans braucht, sind Regenwasser.

2 Künstliche Bewässerung

42 Prozent des »Wasser-Fußabdrucks« werden dadurch verursacht, dass die Baumwolle künstlich bewässert wird. Das trägt dazu bei, dass Gewässer wie der Aralsee austrocknen.

3 Abwässer

Die **Düngung der Felder** sowie das **Bleichen und Färben** der Baumwolle erzeugen **Abwässer**, die mit frischem Wasser verdünnt werden müssen. Der Anteil an der Jeans: **14 Prozent**.

+++ **NEWS TICKER** +++ Jährlich am 22. März findet seit 1993 der sogenannte „Tag des Wassers" statt. Der Weltwassertag ist ein Ergebnis der UN-Weltkonferenz über Umwelt und Entwicklung 1992 in Rio de Janeiro. Jedes Jahr steht der Tag unter einem neuen Motto, z. B. 2013 unter „Wasser und Zusammenarbeit". Mehr Infos gibt es für dich unter: *www.unesco.de*

→ *Web-Tipp*

INFOBOX

So viel virtuelles Wasser steckt in ...

1 DIN-A4-Blatt → 10 Liter

1 Jeans → 11 000 Liter

1 Computer → 20 000 Liter

1 Auto (ca. 1 500 kg) → 400 000 Liter

1 Tomate → 13 Liter

1 Apfel → 70 Liter

1 Tasse Kaffee → 140 Liter

1 Glas Apfelsaft → 190 Liter

1 Ei → 200 Liter

200 g Hähnchenfleisch → 780 Liter

200 g Schweinefleisch → 960 Liter

200 g Rindfleisch → 3 091 Liter

100 g Käse → 500 Liter

Das für ein Auto benötigte Wasser würde also knapp 2860 Badewannen mit Wasser füllen!

Kannst du dir das vorstellen?

Du-kannst-Aufgaben

Es ist der 22. März, offizieller „Tag des Wassers". Zu diesem besonderen Anlass möchtest du möglicherweise deinen Verbrauch an virtuellem Wasser unter die Lupe nehmen. Auch ein Rezept für die Schulküche, mit dem du am nachhaltigsten virtuelles Wasser sparst, könnte eine gute Idee sein. Für welches Rezept entscheidest du dich?

1. *Du kannst dich nach Produkten erkundigen, für die möglichst wenig virtuelles Wasser verschlungen wurde.*
2. *Du kannst recherchieren, welche Produkte einen besonders hohen und besonders niedrigen Verbrauch an virtuellem Wasser haben und Vermutungen anstellen, warum das so sein könnte.*
3. *Du kannst Gründe für Anthony Allans Aussage (siehe NEWSTICKER S. 102) finden und überlegen, ob dies Auswirkungen auf die Rezeptauswahl haben könnte.*
4. *Du kannst ein Buddy Book mit den auffälligsten Wasserverschwendern anlegen und es als Hilfe für die Rezeptwahl nutzen.*
5. *Du kannst die folgenden Rezepte zubereiten und recherchieren, wie viel virtuelles Wasser enthalten ist: Spaghetti alla „Tofu-Carbonara", Bruschetta, Erdbeer-Spargel-Salat.*
6. *Du kannst im Internet oder in Kochbüchern nach sinnvollen Rezepten suchen (z. B. unter www.klimateller.de).*

→ Methoden-Trainingsplatz: Buddy Book (S. 118)

→ Rezepte-Finder: Spaghetti alla „Tofu-Carbonara", Bruschetta, Erdbeer-Spargel-Salat

→ Web-Tipp

Ein Kleidungsstück auf Weltreise – wie kommt deine Jeans zu dir?

Eine Produktlinienanalyse der Jeans

Vielleicht fragst du dich, warum die Jeans eine Weltreise unternimmt. Das lässt sich mit einem Wort beschreiben: Globalisierung! In dem Wort Globalisierung steckt global, das bedeutet, dass etwas die Erde umfasst. Diesen Begriff gibt es auch in der Wirtschaft. Dort gibt es sogenannte „global players“. Das sind Unternehmen, die jeder kennt und deren Produkte, wie z. B. Turnschuhe, Jeans oder Hamburger, weltbekannt sind. Vielleicht hast du sogar direkt ein Produkt vor Augen?

Viele Produkte unternehmen eine Weltreise. Wir wollen aber einen besonderen Blick auf die beliebte Jeans werfen und eine sogenannte *Produktlinienanalyse* vornehmen, also den Weg der Jeans bis in den Laden verfolgen. So kann die Reise z. B. in Indien starten. Baumwolle wächst vor allem in Ländern, in denen es warm und die Luft feucht ist. Von da aus kann die Baumwolle nach China geschickt und dort zu Garn versponnen werden. Beim nächsten Halt in Taiwan wird das Baumwollgarn mit der typischen tiefblauen Jeansfarbe Indigo gefärbt. Weiter geht es nach Polen. Das blaue Garn wird dort zu Jeansstoff verarbeitet. Zu diesem Zeitpunkt hat sich der Designer einer Marke überlegt, wie die Jeans am Ende aussehen soll. Die Schnittmuster werden auf die Philippinen geschickt und dort verarbeiten Näherinnen und Näher den Stoff zu einer Jeans. Jetzt fehlt nur noch das Etikett mit den Textilpflegesymbolen, das eingenäht wird. Damit die Jeans eine trendige Waschung erhält, fliegt sie weiter nach Griechenland und wird dort mit rauen Bimssteinen bearbeitet, um einen ausgewaschenen Look zu erhalten. Nun wird die Jeans in alle Welt verschickt und kann von uns im Laden gekauft werden.

→ *Plan L.-Glossar*

Wenn du die Jeans im Laden anprobierst, hat sie also schon viele Kilometer auf dem Buckel. Sie weist durch lange Transporte mit dem LKW und Flugzeug eine schlechte Energiebilanz auf. Außerdem werden große Mengen an virtuellem Wasser für die Herstellung einer Jeans verbraucht.

Nicht alle Reisen starten in Indien. Es gibt einige Länder, in denen Baumwolle angebaut wird. Auch werden unterschiedliche Arbeitsstätten für die Jeans genutzt. Bei *www.youtube.com* findest du kurze Filme, die andere mögliche Reisen beschreiben (z. B. „Eine Jeans geht auf die Reise“).

→ *Web-Tipp*

Aber warum werden diese Umstände auf Kosten der Umwelt in Kauf genommen? Ganz einfach: Im Ausland, in sogenannten „Billiglohnländern“, verdienen die Arbeiterinnen und Arbeiter nur wenige Cent. So machen Modeketten auch dann noch einen Gewinn, wenn die Jeans nur 30 Euro kostet.

INFOBOX

Made in China!?

In deiner Jeans steht meistens auf dem Textilpflegeetikett, wo diese gefertigt wurde. Aber kann das so richtig sein? Eigentlich müsste das Textilpflegeetikett viel länger sein, um all die Orte zu nennen, an denen die Jeans zu Besuch war. Du kannst nie ganz sicher sein, welche Wege deine Jeans tatsächlich hinter sich gebracht hat, da diese im Gegensatz zum Menschen keinen Reisepass mit sich tragen kann.

Es gibt mittlerweile Marken, die dir mehr Informationen über die „inneren Werte“ deiner Jeans geben möchten. Doch richtig gute Beispiele sind noch Mangelware.

Jetzt du!

Lies dir den Text „Eine Produktlinienanalyse der Jeans" aufmerksam durch.

- *Was verstehst du unter einer Produktlinienanalyse?*
- *Welche Folgen hat die Weltreise der Jeans für die Menschen in Billiglohnländern?*
- *Wie kommt die schlechte Energiebilanz der Jeans zustande?*

INFOBOX

Die begehrte Baumwolle

Schaust du in deinen Kleiderschrank, wirst du auf den Textilpflegeetiketten womöglich lesen, dass viele deiner Kleidungsstücke aus Baumwolle bestehen. Baumwollpflanzen werden zumeist in China, Indien und auch den USA angebaut. Sie wird oft als Naturprodukt präsentiert, jedoch hat ihr Anbau erhebliche Folgen für Menschen und Umwelt. Ein hoher Einsatz von *Pestiziden* vergiftet nicht nur die Umwelt, sondern schädigt auch die Gesundheit der Menschen, die in diesen Regionen leben und auf den Feldern arbeiten.

Ein besonders anschauliches Beispiel bietet der Aralsee in Zentralasien. Noch 1989 war dieser als See erkennbar, doch bis 2008 schrumpfte er enorm und bietet heute kaum noch Wasser (siehe Abbildung unten). Für Baumwollfelder in der Gegend wurde viel Wasser aus dem Aralsee genutzt, keine andere Pflanze ist so durstig wie die Baumwollpflanze. Aber auch der zunehmende Einsatz von Pestiziden führte zu dieser Naturkatastrophe.

Der See gleicht heutzutage einer Salzwüste, die Menschen und Umwelt belastet.

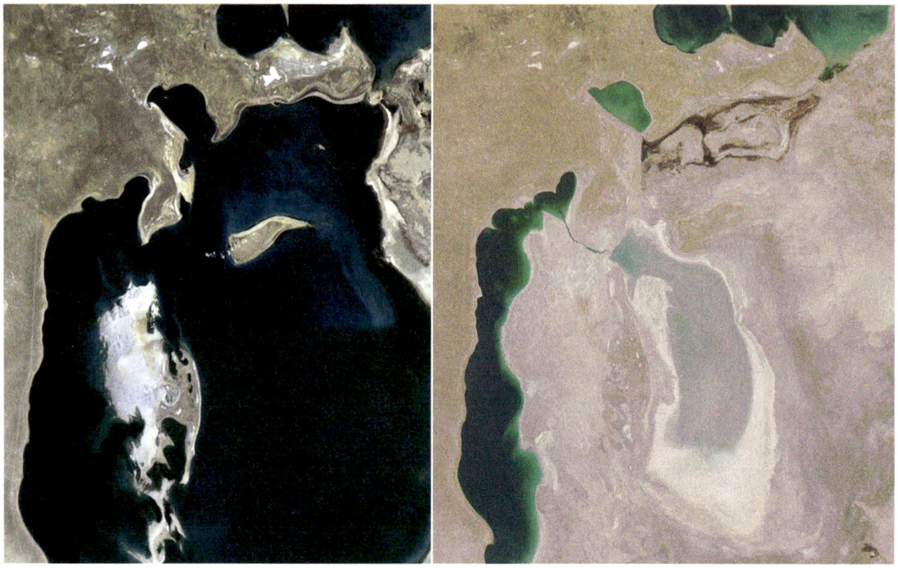

→ *Plan L.-Glossar*

+++NEWS TICKER+++

Interessante Sache

Je „älter" eine neue Jeans aussieht („used look"), desto aufwändiger und ressourcenintensiver ist ihre Herstellung.

Aus: Rat für nachhaltige Entwicklung (Hg.): Der nachhaltige Warenkorb, Berlin 2012, S. 23

Die Jeans in der Produktionskette

Du-kannst-Aufgaben

Wenn du einen Apfel im Supermarkt kaufst, steht immer darauf, wo dieser gewachsen ist. Eine Jeans, die du neu kaufst, könnte dir auch unzählige Geschichten von Orten und Menschen erzählen. Leider bleiben die Klamotten mit Geschichten gewissermaßen „stumm“, denn den Weg eines ganz bestimmten Kleidungsstücks zurückzuverfolgen ist unglaublich schwierig. Eine einheitliche Kennzeichnung wie bei Lebensmitteln gibt es für Kleidung bislang nicht. Hast du Ideen, wie du dem Weg deiner Jeans etwas mehr auf die Spur kommen könntest?

1. *Du kannst eine Erkundung in deinem Lieblingsladen durchführen oder eine E-Mail an Händler schicken und dich erkundigen, welche Reise die Jeans deiner Wahl bereits hinter sich gebracht hat.*

→ Methoden-Trainingsplatz: Erkundung (S. 119)

2. *Du kannst dich im Internet erkundigen, welche Marken offen mit der Produktionskette der Hosen umgehen, und Informationen dazu mit der Produktlinienanalyse in diesem Buch vergleichen.*
3. *Du kannst das Etikett mit den Textilpflegesymbolen in der Jeans suchen und Informationen zu deiner Hose sammeln. Helfen diese Angaben bei deiner Suche?*
4. *Du kannst nach anderen Kleidungsstücken suchen, die auch Weltreisen hinter sich haben.*
5. *Du kannst dich in die Situation der Hersteller deiner Lieblingsmarke versetzen und Gründe finden, warum diese die Wege deiner Jeans nicht immer veröffentlichen.*
6. *Du kannst Probleme und Hindernisse formulieren, die dir auf der Suche begegnen.*

Geiz ist geil – wer zahlt wirklich für dein Schnäppchen?

Das Prinzip „Fast Fashion" ist ein Thema – auch für dich?

Hinter „Fast Fashion" steckt der kurze Weg eines Kleidungsstücks von der Idee bis in deinen Kleiderschrank. Das dauert heute nur noch wenige Wochen. Geschäfte zeigen nicht mehr wie früher nur zwei Kollektionen pro Jahr. Heute wirst du nahezu jeden Tag mit neuen Teilen im Laden überrascht. Klar, die Läden wollen dir mit der „schnellen Mode" signalisieren, dass es in Ordnung ist, der Garderobe ständig einen neuen Anstrich zu geben. Das passiert dann oftmals noch zu einem Schnäppchenpreis.

Du hast aber auf den letzten Seiten schon entdeckt, dass diese Entwicklung nicht nur Vorteile für die Umwelt, die Wirtschaft und die soziale Gerechtigkeit hat. Das schauen wir uns jetzt genauer an:

Wenn wir eine kleine Zeitreise unternehmen, fällt auf, dass Kleidung noch vor ein paar Jahrzehnten viel teurer war und oft in Deutschland produziert wurde. Vielleicht hast du ja auch schon in Gesprächen mit deinen Großeltern oder Nachbarn Interessantes über den Wandel in der Mode gehört. Zahlen von 2009 sprechen im Vergleich dazu eine deutliche Sprache: Rund 98 % der Umsätze der deutschen Bekleidungsindustrie gehen auf die Nutzung von international produzierten Gütern zurück. Ein Kleidungsstück reist deshalb von Land zu Land, weil viele Firmen es möglichst günstig herstellen lassen möchten. Durch die ungeheure Auswahl an Shops herrscht zusätzlicher Preisdruck unter den Firmen.

Die Produkte, die bei uns über die Ladentheke gehen, werden oft auf Kosten der Rechte und des Wohlergehens der Arbeiterinnen und Arbeiter in Billiglohnländern Lateinamerikas und Asiens oder Osteuropa gehandelt. Viele Fabriken beuten ihre Angestellten aus. 90 % der Beschäftigten sind Frauen, viele sind Teenager wie du oder sogar noch Kinder. Neben viel zu niedrigen Löhnen steht oft die Gesundheit der Arbeiterinnen und Arbeiter auf dem Spiel. Färben und Bleichen, die Nutzung von Pestiziden oder das Veredeln von Kleidungsstücken mit Chemikalien hinterlässt Spuren im Körper der Menschen.

INFOBOX

Nähen für einen Hungerlohn

Eine Näherin oder ein Näher in Bangladesch sollte einen monatlichen Mindestlohn von 20 Euro bei 48 Stunden Arbeit pro Woche erhalten. Oft wird aber sogar dies nicht eingehalten.

Gleichzeitig steigen die Lebenshaltungskosten. So kann z. B. eine Näherin mit einem Gehalt unter dem Mindestlohn ihre Familie gar nicht ernähren!

+++NEWS TICKER+++ Hast du schon mal überlegt, was manche Firmen in Deutschland tun, um eine möglichst weiße Weste zu wahren?

Die Kampagne für saubere Kleidung (Clean Clothes Campaign = CCC) setzt sich u. a. für die Rechte von Arbeiterinnen und Arbeitern ein und hat den Kurzfilm *„Schön! Färber!"* ins Netz gestellt, der mit einem Augenzwinkern so einiges klarmacht (siehe auch *www.saubere-kleidung.de*).

Jetzt du!

Schau dir das besondere Textilpflegeetikett auf dieser Seite an.

- *Welche Informationen kannst du dem Etikett entnehmen?*
- *Was ist deine Meinung zu dieser Idee?*

INFOBOX

Corporate Social Responsibility (CSR)

Wenn die Verbraucherschutzorganisation „Stiftung Warentest" Zutritt zu Nähereien und Färbereien rund um den Globus erhält, wird es spannend. Regelmäßig führt sie unabhängige CSR-Tests durch. CSR ist die Abkürzung der englischen Bezeichnung „Corporate Social Responsibility" und meint übersetzt das freiwillige Engagement von Firmen für die Mitarbeiterschaft und für die Umwelt. Nicht alle Modefirmen möchten sich aber für eine nachhaltige Entwicklung einsetzen und lassen ihre Türen geschlossen. Wie wirkt das auf dich?

@

→ *Web-Tipp*

Fairness auch im Kleiderschrank – warum eigentlich nicht?

Veganer Schuhladen in Berlin

Jeansladen mit kostenlosem Reparaturangebot in Göteborg

Saubere Marken auf der Ladentheke

Nach all den Schreckensmeldungen könntest du auf die Idee kommen, dass Kaufen nur Schaden anrichtet. Aber trotz aller schlechten Nachrichten gibt es auch Positives: Organisationen, die die soziale und umweltbezogene Qualität von Kleidung sehr ernst nehmen und dir den Blick für „saubere“ Marken schärfen wollen.

Aber genauso wie Mode schnelllebig ist, sind es auch Produktsiegel (umgangssprachlich auch Label genannt), die auf soziale Gerechtigkeit und/oder Umweltschutz hinweisen. An dieser Stelle sollen dir Ideen an die Hand gegeben werden, wie du „sauberen“ Marken auf die Spur kommst und selbst entscheiden kannst, welche Möglichkeiten du für den Einkauf hast. Noch ist die Zahl der umwelt- und sozialfreundlich hergestellten Kleidungsstücke sehr gering. Doch die zunehmende Zahl der Konsumentinnen und Konsumenten, die hinter den Preis eines Kleidungsstücks schauen, lässt neue grüne Ideen aus dem Boden sprießen, die auch noch die Menschen dahinter sehen.

Jetzt du!

Grüne Ideen in der Modewelt?
Was glaubst du, wie sich das entwickeln wird?

INFOBOX

Woran erkenne ich korrekte Klamotten?

Was für dich „korrekt" ist, kann für deinen Sitznachbarn vielleicht völlig daneben sein. Vielleicht ist ihm ja an einem T-Shirt besonders wichtig, dass bei der Produktion kein Gift verwendet wurde, dir wiederum liegt aber besonders das Wohlergehen der Arbeiterschaft in Billiglohnländern am Herzen.

Bevor du dich auf Shoppingtour begibst, solltest du einmal in dich gehen und überlegen, was für dich beim Kauf eines Kleidungsstücks wirklich wichtig ist. Du konntest ja schon herausfinden, dass es keine einheitliche Kennzeichnung wie bei Lebensmitteln gibt. In der Welt der Mode gibt es einen ganzen Haufen verschiedener Produktsiegel, sodass du schnell den Überblick im Labeldschungel verlieren kannst.

Abhilfe schafft z. B. der Labelguide „Wear Fair", in dem Infos zu jedem Label stehen. Auch im „Nachhaltigen Warenkorb" des Rates für Nachhaltige Entwicklung wird über Produktsiegel informiert. Solche Ratgeber können dir bei der Suche nach dem für dich passenden Siegel helfen.

Problematisch bei Siegeln in der Bekleidungsindustrie ist, dass sich Marken oftmals selbst Siegel ausstellen. Köpfchen einschalten und schauen, wer oder was hinter einem Siegel steckt!

Die folgenden Siegel sollen dir einen Einblick geben:

Du-kannst-Aufgaben

Das Ende des Schuljahres naht und du willst mit deiner Klasse T-Shirts für euren Abschluss im Internet bestellen. In der neuesten Ausgabe der Zeitschrift „test" liest du, dass ausgerechnet die von euch gewählte T-Shirt-Firma die Aussage zur CSR verweigert. Weiterhin ist dort zu lesen, dass der Umgang von vielen bekannten Firmen mit der Umwelt und der sozialen Gerechtigkeit haarsträubend ist.

Noch hast du die Bestellung nicht abgeschickt. Was kannst du tun?

1. *Du kannst Kriterien aufstellen, die dir beim Kauf eines T-Shirts wichtig sind, und diese in Partnerarbeit oder in der Gruppe vergleichen.*
2. *Du kannst herausfinden, wofür die Siegel in der Infobox stehen.*
3. *Du kannst dich genauer informieren, welchen Weg T-Shirts hinter sich bringen, bevor du sie kaufen kannst, und dazu auch noch einmal den Produktionsweg der Jeans heranziehen (S. 104/105).*
4. *Du kannst nach Wegen forschen, wie du in Kontakt mit Firmen kommst, die T-Shirts herstellen.*
5. *Du kannst an Firmen schreiben, die ihre Türen der Öffentlichkeit verschließen, und deine Meinung deutlich machen.*
6. *Du kannst dich nach Firmen erkundigen, die faire T-Shirts anbieten und Preise vergleichen.*
7. *Du kannst in deinem Jahrgang eine Umfrage starten, welche Kriterien deinen Mitschülerinnen und Mitschülern beim Kauf der T-Shirts wichtig sind.*
8. *Du kannst eine informative PowerPoint-Präsentation zum Thema vorbereiten, die du deiner Klasse vorstellst.*

Rausschmiss aus dem Kleiderschrank – gibt es ein Leben nach dem Trend?

Wo landen deine Klamotten, wenn du sie nicht mehr tragen möchtest?
Kaum warst du shoppen, sind kurz danach die Regale wieder mit neuen verlockenden Angeboten gefüllt. Ein Trend löst den anderen ab. Da kann dein Kleiderschrank schon einmal überquellen. Ideen wären hilfreich, wie das Kleiderschrankproblem behoben werden könnte. Auf diesen Seiten erfährst du alles über das Leben deiner Kleidung nach dem Trend.

INFOBOX

Ab in den Container – Altkleidersammlungen

Vielleicht sind dir schon einmal Altkleider-Container in deiner Stadt aufgefallen. Es ist ganz einfach: Saubere Kleidung in eine Tüte packen, ab in den Container und schon ist wieder Platz im Kleiderschrank. Aber was passiert mit den Tüten voll Kleidung, wenn du sie los bist?

Altkleidercontainer geraten immer häufiger in die Kritik. Die Sammlung von Kleidung ist ein globaler Wirtschaftszweig, d. h. mit Altkleidersammlungen wird in der Regel Geld verdient und oft ist nicht zu erkennen, wer wirklich hinter einer Sammlung steckt, und ob dubiose Geschäfte mit der Kleidung laufen. Der Verband Fairwertung (*www.fairwertung.de*) möchte Licht ins Dunkel bringen. Container, bei denen du sicher sein kannst, dass keine undurchsichtigen Geschäfte am Werk sind, haben das Logo des Verbandes Fairwertung.

FAIR wertung bewusst handeln

Der Verband gibt an, dass jährlich 750 000 Tonnen Kleidung in Deutschland gespendet werden, aber nur ein Teil davon wirklich für Sozialprojekte (z. B. Kleiderkammern und Secondhandläden) benötigt wird. Überschüssige Kleidung und andere Textilien werden an Textilsortierbetriebe verkauft.

In diesen Betrieben werden Textilien nach ihrem Wert bzw. Zustand sortiert. Gut erhaltene Kleidungsstücke werden als Secondhandware z. B. nach Osteuropa, Afrika oder in den mittleren Osten verkauft. In den meisten Fällen landen sie dann dort in Secondhandläden oder auf Märkten. Kleidung, die sich nicht mehr zum Tragen eignet, geht an Hersteller von Putzlappen und Recyclingmaterial. Die restlichen nicht mehr weiter verwertbaren Kleidungsstücke kommen in die Abfallentsorgung.

@

→ *Web-Tipp*

Zusammensetzung der Gebrauchtkleidung

(durchschnittliches Sortierergebnis in einem deutschen Sortierbetriebe)

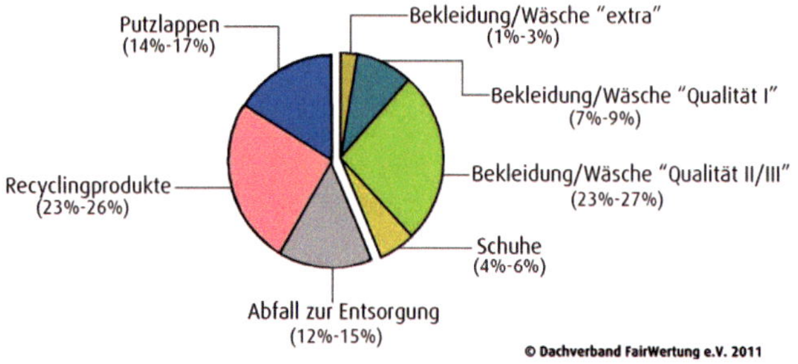

© Dachverband FairWertung e.V. 2011

Alternativen zum Container

Im Keller stapeln sich die Klamotten! All die Jahre hast du die Sachen, die du nicht mehr trägst, schön in Kisten, Tüten und Koffern verpackt, doch jetzt platzt deiner Familie der Kragen. Es müssen schleunigst Lösungen für dein Kellerproblem her. Wohin mit den alten Kleidern? Es gibt zahlreiche Ideen von einfach bis kreativ, um der Kleidung ein Leben nach dem Trend zu ermöglichen. Manchmal kann dein Geldbeutel sogar profitieren.

Viele Städte und Gemeinden haben Secondhandkaufhäuser oder Kleiderkammern.
Frag doch dort mal nach, ob du Kleidung für bedürftige Menschen abgeben kannst.
Secondhandshops nehmen deine Kleidung auf Kommission und du erhältst bei erfolgreichem Verkauf einen Anteil.
Wie wäre es mit „Upcycling" anstatt „Recycling"? Mit kleinen Handgriffen an der Nähmaschine kannst du alte Kleidung wieder zum Leben erwecken. Erkundige dich nach einer Näh-AG in der Schule oder einem Nähkurs in der Stadt.
Do it yourself! Du kannst auch ganz eigene Kleidung nähen, stricken oder häkeln. Der Trend aus den USA macht auch vor Deutschland nicht halt. Viele Schulen oder Volkshochschulen bieten passende Workshops und Kurse an. Manchmal können auch Mama oder Oma helfen …
Du kannst deine Kleidung im Internet anbieten, z. B. bei *www.ebay.de* oder *www.kleiderkreisel.de*.
Wie wäre es mit einer Kleidertauschparty mit Freunden, guter Musik und Snacks?
Unter *www.klamottentausch.net* kannst du auch Partys im großen Stil finden.
Erkundige dich doch mal nach Flohmarktterminen deiner Stadt und verkaufe deine Klamotten.

+++NEWS TICKER+++

Wir sind Spitzenreiter in Sachen Kleidung.

Jeder Mensch in Deutschland kauft jährlich 26 Kilogramm Textilien, davon 13 Kilogramm Kleidung.

Das sind z. B.

- **13 T-Shirts,**
- **3 Blusen,**
- **4 Kleider,**
- **5 Röcke,**
- **5 Pullis,**
- **5 Jeans** und
- **2 Jacken.**

Mehr dazu unter *www.konsum-global.de*

@ → *Web-Tipp*

Du-kannst-Aufgaben

Beim Surfen im Internet stößt du auf einen Wettbewerb für Schulklassen, bei dem es um kreative Beiträge rund um das Thema Altkleider geht. Kreativ und Altkleider? Kein Wunder, dass Schulklassen zu Wort kommen sollen, um diesem Thema neuen Glanz zu verleihen. Wie praktisch, dass Jack Johnson mit seinem Song „Reduce, Reuse, Recycle" ein gutes Beispiel vorausschickt. Was würdest du zum Wettbewerb einsenden?

@ → *Web-Tipp*

1. *Du kannst den Song von Jack Johnson im Internet auf* www.youtube.de *anhören.*
2. *Du kannst dir den Song mit deinen eigenen Worten übersetzen.*
3. *Du kannst einen eigenen Song oder Rap passend zum Thema schreiben und vortragen (auch auf Deutsch).*
4. *Du kannst die passenden Beats zu dem Song beitragen.*
5. *Du kannst ein Gedicht, ein Elfchen, eine Geschichte oder eine Fotogeschichte zu dem Thema entwerfen.*
6. *Du kannst dir einen anderen eigenen kreativen Beitrag überlegen.*

Nachhaltige Konsumstile unter der Lupe – Shoppen für Weltverbesserer?

*„Wenn man heute seinen Einkaufswagen durch die Gänge eines gewöhnlichen Supermarkts schiebt, könnte man auf die Idee kommen, die Weltrettung stünde unmittelbar bevor. [...] Der Mineralwasserhersteller Volvic spendiert Brunnenwasser für die Sahelzone, Ritter Sport zahlt pro Tafel 1,4 Cent für Schulmaterial in Afrika, Blendamed einen Cent für ein Gesundheitszentrum in einem SOS-Kinderdorf.
Mit Dosenmilch kann man Bären retten, mit Klobrillen Delfine [...].
Wird jetzt endlich alles gut?“*

Aus: Kathrin Hartmann: Ende der Märchenstunde, Blessing, München 2009

Was Kathrin Hartmann in ihrem Buch „Ende der Märchenstunde“ beschreibt, bezeichnet man als Greenwashing.

Bekannte Firmen ziehen sich sozusagen ein grünes Mäntelchen an, um besonders nachhaltig zu wirken. Natürlich klingt es erst einmal positiv, wenn ein Unternehmen überhaupt etwas für die Umwelt oder die soziale Gerechtigkeit tut. Doch meistens geht es dabei um relativ unwichtiges grünes Verhalten, das mithilfe der Werbung besonders aufgebauscht wird, um von umweltschädlichem oder unsozialem Verhalten abzulenken.

Jetzt du!

Fallen dir brandaktuell „grün gewaschene“ Produkte mit den dahinterstehenden Marken ein? Du kannst im Bereich Kosmetik, Elektronik, Freizeit, Ernährung usw. nach Ideen stöbern.

INFOBOX

Neue nachhaltige Konsumstile

LOHAS (Lifestyle of health and sustainability) haben einen Lebensstil, der von Gesundheit und Nachhaltigkeit geprägt ist. Oft werden sie auch die „neuen Ökos“ genannt. Die Anhänger dieser aus den USA kommenden Bewegung haben in der Regel ein hohes Einkommen und konsumieren gern und hochpreisig, möchten also nicht auf Genuss verzichten. Besonders über ihren sogenannten strategischen Konsum definieren die LOHAS ihr nachhaltiges Handeln, denn sie kaufen am liebsten nachhaltig produzierte Güter und gehen z. B. im Bioladen einkaufen. Oft stehen die LOHAS in der Kritik, weil bezweifelt wird, dass jeder Mensch diesen hochpreisigen Lebensstil leben könnte.

LOVOS (Lifestyle of voluntary simplicity) pflegen einen Lebensstil, der von einer freiwilligen Einfachheit geprägt ist. Sie streben einen Verzicht von Konsum an. Sie kennzeichnet besonders die genaue Beobachtung ihres eigenen Konsumverhaltens. LOVOS gibt es in verschiedenen Ausprägungen, von totalen „Aussteigern“ bis zu „Normalverbrauchern“.

Du-kannst-Aufgaben

Stelle dir vor, du kannst für einen Tag in die Rolle eines anderen Menschen schlüpfen, einen Tag als LOHAS oder LOVOS leben.
Natürlich hättest du dann ganz bestimmte Vorstellungen von deinem Leben und vor allem davon, wie nachhaltiger Konsum aussieht. Wie kannst du dich am besten auf die Rolle vorbereiten?

1. *Du kannst dir „Ende der Märchenstunde“ von Kathrin Hartmann in der Bücherei ausleihen und dort Infos zu nachhaltigen Lebensstilen finden.*
2. *Du kannst recherchieren, welche Firmen Greenwashing betreiben und herausfinden, was dies mit nachhaltigen Lebensstilen zu tun hat.*
3. *Du kannst im Internet nach Infos zu LOHAS und LOVOS suchen, z. B. unter www.lohas.de, www.lovos.org oder www.utopia.de.*
4. *Du kannst ein Rollenspiel in deiner Lerngruppe präsentieren.*
5. *Du kannst überlegen, ob du einen Menschen in deinem Umfeld kennst, der sich den LOHAS oder LOVOS zuordnen lassen könnte und diesen beschreiben.*
6. *Du kannst eine neue Rolle erschaffen, die deiner Meinung nach einen nachhaltigen Lebensstil repräsentieren würde.*

@

→ Web-Tipp

Die Zukunft nachhaltig gestalten – wenn nicht du, wer dann?

„Sei du selbst die Veränderung, die du dir wünschst für diese Welt."

Mahatma Gandhi (1869 – 1948)

Viele Jahre sind wir mit dem Raumschiff Erde auf einem Kurs geblieben. Bist du, wie Marshall McLuhan am Anfang des Kapitels beschreibt, Teil der Besatzung? Was kannst du dazu beitragen, den Kurs zu ändern? Es gibt zahllose Bücher, die dir Tipps und Tricks rund um den nachhaltigen Konsum geben, doch du kannst auch deinen eigenen Weg finden, deinen Beitrag zu einer nachhaltigen Entwicklung zu leisten.

Du-kannst-Aufgaben

Stelle dir eine Skala von 0 bis 10 vor. 0 steht für einen ganz und gar nicht nachhaltigen Konsum (z. B. jeden Tag Fleisch essen, shoppen auf Kosten von Billiglohnländern, jeden Tag mit dem Auto unterwegs, …) und 10 für einen besonders nachhaltigen Konsum (z. B. vegetarisch, immer mit dem Fahrrad unterwegs, Obst und Gemüse aus dem Garten, nur Secondhandkleidung, …). Wie schätzt du dich auf der Skala ein?

1. *Du kannst dir überlegen, was du schon alles tust, um nachhaltig zu konsumieren. Erstelle eine Liste.*
2. *Du kannst Ratgeber zu Hilfe nehmen, die dir Tipps geben, was nachhaltiges Handeln bedeutet, z. B. „50 einfach Dinge, die Sie tun können, um die Welt zu retten" von Andreas Schlumberger.*
3. *Du kannst in einer Gruppe diskutieren, ob es überhaupt sinnvoll ist, wenn Einzelne nachhaltig leben. Präsentiere die Ergebnisse.*
4. *Du kannst Ideen sammeln, die in der Schule und zu Hause einer nachhaltigen Entwicklung zugutekommen würden.*
5. *Du kannst dir Schritte überlegen, die deine Einschätzung auf der Skala noch weiter nach oben rücken lassen würden.*
6. *Du kannst dir überlegen, wie dein Leben in 10, 20 und 50 Jahren aussehen soll.*
7. *Du kannst eine Postkarte an dich selbst in 10 Jahren schicken, in der du deine Einschätzung auf der Skala erklärst.*
8. *Du kannst eine Wunschliste schreiben, was sich deiner Meinung nach in der Welt verändern müsste.*
9. *Du kannst eine Liste mit zehn kleinen Dingen erstellen, die dich auf deiner persönlichen Skala höher bringen würden.*
10. *Du kannst dir noch einmal die Fragen auf der Startseite durchlesen. Kannst du die Fragen jetzt beantworten? Haben sich möglicherweise neue Fragen ergeben?*

Methoden-Trainingsplatz: *Buddy Book*

Was ist das eigentlich?

Ein Buddy Book ist wie ein achtseitiges, kleines Tagebuch, das du aus einem Blatt Papier faltest – sozusagen im Hosentaschenformat!
Du kannst es für verschiedene Dinge nutzen:

- als Reflexionsheft, in dem du deine Lernfortschritte, offenen Fragen und Tipps für andere vermerkst
- als Notizheft, um Interessantes oder Wichtiges aufzuschreiben
- als Wörterbuch (Glossar), in dem du dir schwierige Wörter, die dir im Laufe des Halbjahres begegnen, notierst
- als Stichwortheft, in dem du z. B. für eine Präsentation wichtige Punkte festhältst (anstatt Karteikarten)

INFOBOX

So faltest du dein eigenes Buddy Book

Nimm dir ein Blatt Papier (A3 oder A4, je nach Größenwunsch) und fang an zu basteln.

1. Falte das Papier der Länge nach.

2. Öffne es und falte es quer.

3.Falte es noch einmal quer.

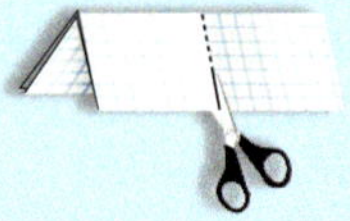

4. Schneide entlang der Mittellinie bis zur Hälfte.

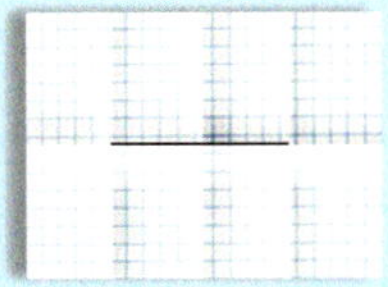

5. Öffne das Blatt. Der Schnitt ist jetzt in der Mitte.

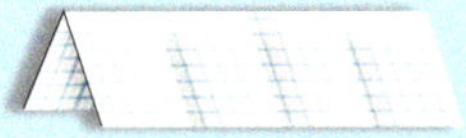

6. Falte wie bei 1.

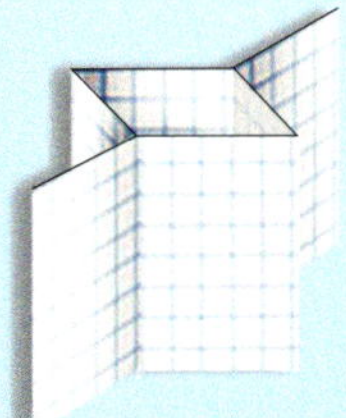

7. Schiebe die äußeren Seiten nach innen, sodass Du ein „Buch“ mit 8 Seiten erhältst.

Methoden-Trainingsplatz: Erkundung

Verlasse das Klassenzimmer und entdecke deine Umwelt

Die besten Klassenzimmer sind manchmal gar nicht in der Schule, sondern dort, wo wir uns alltäglich aufhalten: im Wald, zu Hause, in der Stadt, usw.

Orte des Lernens können überall sein!

Du hast nun so viel über nachhaltigen Konsum erfahren, erforscht und gelernt, da wird es Zeit, das Klassenzimmer zu verlassen und deine Umwelt zu erkunden. Bietet sie für dich Möglichkeiten, nachhaltig zu konsumieren? Du könntest einen nachhaltigen Stadtrundgang planen. Eine Erkundung erfordert einige Schritte, die dir im Folgenden gezeigt werden:

Vorbereitung
Bevor es an die Planung der Erkundung geht, wird in der Klasse ein Thema festgelegt. Am besten wird abgestimmt, damit alle eine Chance haben, Wünsche, Ideen und Anregungen in die Gruppe einzubringen. Sobald das Thema feststeht, kann ein Erkundungsauftrag formuliert werden, damit ihr während der Arbeit nicht vom Ziel abkommt. Was wollt ihr mithilfe der Erkundung herausfinden?

Planung
Nun geht es an die konkrete Planung der Erkundung. Ihr erstellt einen Fahrplan für das weitere Vorgehen. So braucht ihr z. B. einen Termin für die Erkundung und eine Aufstellung von Aufgaben, die bis dahin erledigt sein müssen. Ohne Plan loszugehen würde ja sonst einem Spaziergang gleichen! Außerdem macht ihr euch vorher Gedanken, wie ihr die Ergebnisse der Erkundung später präsentieren möchtet – vielleicht eine Fotoausstellung, eine Wandzeitung oder eine PowerPoint-Präsentation?

Durchführung
Am Tag der Erkundung nutzt ihr euer Wissen, das ihr bis dahin zum Thema erarbeitet habt, und haltet euch an euren Erkundungsauftrag.

Am Ende der Erkundung seid ihr sicher erledigt, aber da die Auswertung nicht sofort geschehen kann, ist eine kleine Blitzlichtrunde hilfreich.

Auswertung/Präsentation
Diese Phase findet meistens wieder im Klassenzimmer statt. Nun ist es an der Zeit, eure Präsentation vorzubereiten. Eure Lehrerin oder euer Lehrer steht euch helfend zur Seite. Wenn alle Gruppen fertig sind, können die Präsentationen beginnen.

Feedback
Eine Feedbackrunde am Ende der Erkundung ist sinnvoll, da so alle noch einmal gleichberechtigt ihre Meinung äußern können. Am besten erstellt ihr Leitfragen für die Rückmeldung (z. B.: Was könnte man noch verbessern? Was haben wir gelernt?). Außerdem könnt ihr in dieser Phase überlegen, ob ihr eure Erkundungsergebnisse einem größeren Publikum präsentieren wollt, z. B. am Tag der offenen Tür.

6 Startklar – nimm dein Leben selbst in die Hand!

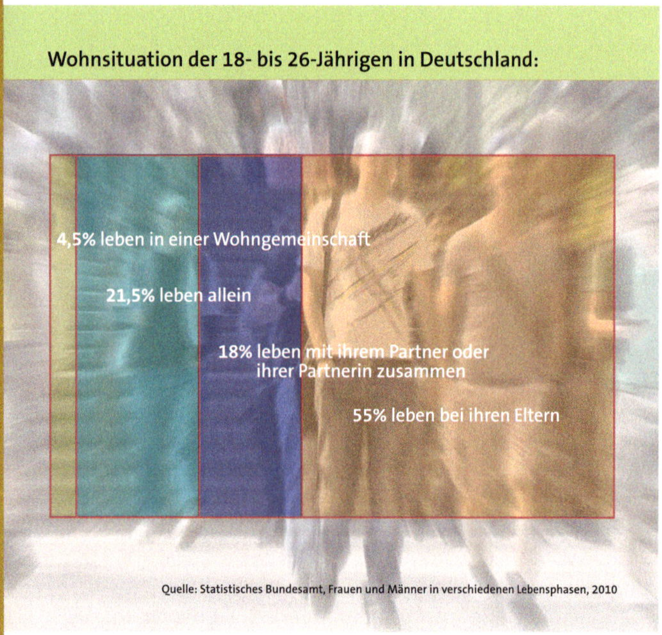

Bei deinen Eltern wohnen ...

oder ein „eigenes Leben“ führen –

was willst du?

?

Wie möchtest du in Zukunft leben und wohnen?

Welche Kosten entstehen, wenn du „auf eigenen Beinen“ stehst?

Was bedeutet 3ZKBB?

Wer bezahlt die Maklercourtage?

Welche Versicherungen brauche ich wirklich?

Was versteckt sich hinter einer Mietkautionsbürgschaft?

Was muss ich bei der Unterzeichnung eines Mietvertrages beachten?

Wie versorge ich mich allein?

Wie führe ich eine Expertenbefragung durch?

Schluss mit Hotel Mama – wie will ich leben und wohnen?

Allein wohnen wäre cool: Freunde einladen, laute Musik hören und einfach das tun, wozu ich Lust habe!

Max will raus!

Max beginnt demnächst eine Ausbildung zum Hotelfachmann und möchte mit seinem selbst verdienten Geld gern von zu Hause ausziehen. Bei der Wohnungssuche gerät er ins Grübeln, wie er denn eigentlich wohnen will. Seit einem halben Jahr ist er mit Leonie befreundet, die auch gern ausziehen würde, aber noch die Schule besucht. Seine Freunde Simon und Martin wollen mit ihm eine WG gründen. Max ist unsicher, ob er nicht lieber ganz allein wohnen möchte.
Als Hotelfachmann hat Max unregelmäßige Arbeitszeiten, auch abends oder am Wochenende. Neben seinem eigenen Bett hätte er gern einen Schlafplatz für seine Freunde, damit diese auch mal über Nacht bleiben können. Außerdem wünscht er sich eine kleine Küche. Während der Arbeit kann er zwar auch im Hotel das Personalessen nutzen, aber er möchte sich nach Feierabend gern eine Kleinigkeit kochen oder mit Freunden leckere *Ofenkartoffeln* in den Backofen schieben. Max denkt auch darüber nach, wo er sein Berichtsheft schreiben könnte.

Welche Bedürfnisse hast du?

Die Auswahl einer eigenen Wohnung ist eine ganz persönliche Sache. Es gibt verschiedene Bereiche in einer Wohnung oder in einem Haus, die sich an deinen *Bedürfnissen* orientieren.

Diese Bereiche werden unterschiedlich eingerichtet und je nach Wohnform hast du sie für dich ganz allein oder musst sie mit anderen teilen.
Der **haushaltstechnische Bereich** dient z. B. der Lagerung und Zubereitung von Nahrung oder der Reinigung von Kleidung bzw. der Aufbewahrung von Reinigungsmitteln.
Der **Entspannungs- und Rückzugsbereich** dient dem Ausruhen und Schlafen.
Der **Kommunikationsbereich** ist für das gemeinsame Essen sowie für den sozialen Austausch gedacht.

Wenn du überlegst, welche Dinge du in deinem Zuhause erledigst, fallen dir sicher noch weitere Bereiche ein. Was möchtest du gern in deinem Zuhause tun können? Was musst du zu Hause tun?

→ *Rezepte-Finder: Ofenkartoffeln mit Kräutern*

→ *Plan L.-Glossar*

INFOBOX

Es gibt verschiedene Wohnformen, die immer auch mit der Lebensform zusammenhängen.
Lebe ich in einer Familie? In einer Partnerschaft oder allein? Oder lebe ich mit Freunden zusammen?

Wohngemeinschaft (WG)	Zwei oder mehr Personen wohnen zusammen in einer Wohnung, bilden aber keine Lebensgemeinschaft oder Familie. Jeder hat ein eigenes Zimmer, alles andere wird geteilt.
Untermiete	Der Hauptmieter einer Wohnung vermietet ein oder mehrere meist möblierte Zimmer. Bad und Küche werden gemeinsam genutzt. Zur Untermiete wohnen oft Personen, die weit weg von zu Hause arbeiten und nur in der Woche eine Unterkunft in der Nähe ihrer Arbeit brauchen.
Wohnheim	Eine Institution vermietet Zimmer an eine bestimmte Personengruppe (z. B. Schwestern- oder Studentenwohnheim).
Wohnung	Der Hauptmieter bewohnt die Wohnung. Das kann eine Person, aber auch eine ganze Familie sein.
Moderne Wohnformen	Beispiel Mehrgenerationenmodelle: Hier leben ganz unterschiedliche Menschen in verschiedenen Wohnungen nebeneinander und helfen sich gegenseitig: bei der Kinderbetreuung, der Gartenarbeit, dem täglichen Einkauf usw.

Außerdem gibt es noch weitere Wohnformen, wie beispielsweise das „Betreute Wohnen" für Menschen mit Behinderung oder im Alter sowie Nachbarschaftsmodelle, Wohnen für Obdachlose, Kinder- u. Jugendheime, usw.

Du-kannst-Aufgaben

Max braucht eine Wohnform, die seinen Wünschen und Bedürfnissen gerecht wird. Er hat allerding bislang keine genaue Vorstellung, wonach er überhaupt sucht. Vielleicht kannst du Max helfen? Weißt du schon, wie du einmal wohnen möchtest?

1. *Du kannst dich für eine Wohnform entscheiden und beschreiben, wie du dir das Leben darin vorstellst.*
2. *Du kannst einen Steckbrief zum Beruf des Hotelfachmanns erstellen und überlegen, welche Vor- u. Nachteile für unterschiedliche Wohnformen sich aus diesem Beruf für Max ergeben.*
3. *Du kannst zu deinem eigenen Wunschberuf einen Steckbrief erstellen. Hat dieser Beruf Auswirkungen auf deine derzeitige Wohnsituation oder auf deine Wunsch-Wohnsituation?*
4. *Du kannst eine Mindmap zu allen Tätigkeiten erstellen, die in eurem Zuhause stattfinden. Ordne diese den Räumen zu, wo sie erledigt werden.*
5. *Du kannst ein oder zwei Wohnformen auswählen und hierzu Vor- und Nachteile formulieren.*
6. *Du kannst in einer kleinen Gruppe ein Rollenspiel einüben, in dem die Vor- und Nachteile einer Wohnform deutlich werden.*

Auskommen mit dem Einkommen – wie viel Geld brauche ich zum Leben?

→ *Plan L.-Glossar*

→ *Web-Tipp*

Max auf Wohnungssuche

Max begibt sich nun auf die Suche nach seiner Traumwohnung und stellt schnell fest, dass Wohnen ziemlich teuer ist. Von der luxuriösen Penthouse-Wohnung muss er sich wohl zunächst einmal verabschieden. Außerdem gibt es in den Wohnungsanzeigen sehr unterschiedliche Angaben zu den Kosten: *Kaltmiete, Warmmiete, Nebenkosten, Kaution, Courtage,* Strom usw. Von einem Freund hat er den Tipp bekommen, einen Finanzierungsplan zu erstellen und später dann ein *Haushaltsbuch* zu führen, um einen Überblick zu bekommen. Max sammelt aus Wohnungsanzeigen im Internet und von der Homepage des Deutschen Mieterbundes einige Informationen (*www.mieterbund.de*).

Einkommen 1. Ausbildungsjahr	**575,00 Euro**
Fixe Kosten:	
Kaltmiete	285,00 Euro
Nebenkosten	100,00 Euro
Telefon/Internet	35,00 Euro
GEZ (Fernseher)	17,98 Euro
Versicherungen	???
Variable Kosten:	
Strom (Öko-Strom???)	30,00 Euro
Lebensmittel	???
Fahrtkosten	???
Hygieneartikel	???
Kleidung	???
Frisör	???
Freizeit	???
…	???
	107,02 Euro

INFOBOX

Die Nebenkosten steigen immer weiter und werden fast zur zweiten Miete.

Durchschnittlich zahlen Haushalte 150 – 200 € Nebenkosten pro Monat.

Eine genaue Prüfung der Nebenkostenabrechnung lohnt sich jedoch, denn jede zweite Abrechnung ist fehlerhaft.

+++ NEWS TICKER +++ Wird eine Wohnung über einen Makler vermietet, fällt meist eine Maklercourtage (Provision) an. Ab dem 1. Juni 2015 muss diese nach neuer Gesetzeslage derjenige zahlen, der den Makler beauftragt. Dies ist momentan fast immer der Vermieter. Die Courtage kann eine feste Summe sein oder ein bestimmter Prozentsatz von der Kaltmiete.

Max ist völlig fertig, sein Geld wird hinten und vorn nicht reichen. Was könnte er tun? Eine kleinere Wohnung suchen? Ein kleines Zimmer? Doch eine andere Wohnform? Er fragt sich, wie viel Geld andere für Miete ausgeben und wie viel Geld man eigentlich „fürs Leben" braucht?

+++NEWS TICKER+++

Nach Flut-, Sturm- und Hagelschäden steigen die Prämien für Gebäudeversicherungen an. Angesichts der zunehmenden Extremwetterereignisse werden vermehrt die Nebenkosten auf die Mieter umgelegt.

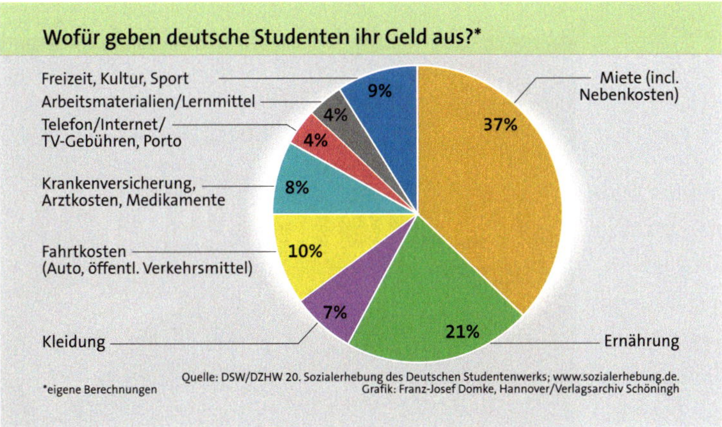

Im Durchschnitt geben in Deutschland Studierende gut ein Drittel ihres Geldes für das Wohnen aus, das sind ungefähr 320,00 Euro. Manche bezahlen davon ein kleines Zimmer in einer WG oder in einem Studentenwohnheim, viele wohnen bei den Eltern.

INFOBOX

Wohnlage

Die Mietkosten sind abhängig von der Gegend, in der deine gewünschte Wohnung liegt. Durchschnittliche Mietpreise (Mietspiegel) einer Stadt oder eines Dorfes kann man beim Bürgeramt erfragen.

München	13,82 €/m²
Paderborn	6,58 €/m²
Leipzig	5,45 €/m²
Aldenhoven	5,24 €/m²

www.wohnungsboerse.net → *Web-Tipp*

Du-kannst-Aufgaben

Eigentlich wollte Max gern allein wohnen. Angesichts der Kosten muss er sich nun aber Gedanken machen, was tatsächlich finanzierbar wäre. Max denkt noch einmal über andere Wohnformen nach und versucht herauszufinden, wie viele Quadratmeter er benötigt, außerdem wie viel Geld er für Essen und Freizeit braucht. Kannst du seine Fragen beantworten?

1. *Du kannst einen Finanzierungsplan für eine günstigere Wohnung aufstellen.*
2. *Du kannst eine Wohnung von 50 qm oder 26 qm Größe auf dem Schulhof mit Kreide aufmalen und Räume sowie Möbel einzeichnen. Beurteile das Platzangebot für Max' Bedürfnisse.*
3. *Du kannst einen Wohnungsgrundriss für Max' Wohnung oder WG-Zimmer auf ein DIN-A4-Papier zeichnen. Gib hierbei den Maßstab an. Zeichne die Wohnbereiche ein, die Max benötigt.*
4. *Im Internet findest du zahlreiche Mietanzeigen, in denen du passende Angebote für Max in deiner Heimatstadt suchen kannst. Erstelle jeweils einen Finanzplan. Du kannst ein Plakat dazu erstellen.*
5. *Du kannst überlegen, wie viele Lebensmittel und Hygieneartikel Max in einem Monat braucht. Überlegt gemeinsam, wie viel Geld er außerdem für Kleidung und Freizeit braucht. Erstellt eine Übersicht. Alternativ kannst du diese Übersicht auch zu dir selbst erstellen.*
6. *Du kannst herausfinden, wie viel Geld du in deiner Wunschausbildung verdienen würdest. Erstelle dann einen Finanzierungsplan für ein Leben allein.*

Gut versichert in die Zukunft – welche Versicherung brauche ich wirklich?

Lebenslang versichert

Max hat in seiner Bank kurz erwähnt, dass er von zu Hause ausziehen möchte. Prompt rät ihm der Bankberater zu einem Gespräch über Versicherungen, da er die ein oder andere unbedingt benötigen werde. Neben den eigentlichen Mietkosten, Lebenshaltungskosten (Nahrung, Kleidung, Hygieneartikel ...) kommen tatsächlich Kosten für Versicherungen auf Max zu, auch im Rahmen der Mietnebenkosten. Aber welche Versicherungen braucht Max zusätzlich? Welche sind wirklich sinnvoll?
Versicherungen sollten auf die individuelle Lebenslage zugeschnitten sein, da nicht jede Versicherung für jeden sinnvoll ist. Dies ist abhängig von Alter, Familienstand und besonders der eigenen Risikolage. Max recherchiert im Internet und erstellt für sich eine Übersicht mit den gefundenen Versicherungen. Dies verwirrt ihn noch mehr: Jede Webseite empfiehlt etwas anderes. Die Versicherungsagenturen beschreiben die Welt voller Gefahren und wollen ganze Pakete von mehreren Versicherungen verkaufen. Aber was braucht Max tatsächlich? Wer kann ihm da helfen?
Bei seinen Recherchen stößt er auf die Seite der Verbraucherzentrale e.V. und findet dort eine Informationsbroschüre und die Möglichkeit der Beratung (*www.verbraucherzentrale.de*).

→ *Web-Tipp*

→ *Methoden-Trainingsplatz: Expertenbefragung (S. 135)*

→ *Plan L.-Glossar*

Du-kannst-Aufgaben

Max nimmt sich vor, einen Termin bei der Verbraucherzentrale zu vereinbaren und sich beraten zu lassen, denn er ist total überfordert von dem Angebot an Versicherungspaketen.
Kannst du ihm helfen?

1. *Du kannst deine Eltern fragen, welche Versicherungen sie abgeschlossen haben. Frage nach den Gründen und ob du mitversichert bist.*
2. *Du kannst eine Expertenbefragung zu Versicherungen bei der Verbraucherzentrale e.V. vorbereiten, durchführen und auswerten.*
3. *Du kannst einen Finanzierungsplan für die Versicherungen aufstellen. Beachte dabei, dass Versicherungen monatlich, vierteljährlich oder jährlich bezahlt werden können. Hierfür müssen ggf. Rücklagen gebildet werden.*
4. *Du kannst recherchieren, welche Versicherungen in welchen Lebensphasen sinnvoll sind. Entscheide dann, welche Versicherungen sinnvoll für Max sind, und begründe diese.*

Versicherung	Beschreibung
Privathaftpflicht	Die **Privathaftpflicht** ist eine unverzichtbare, freiwillige Versicherung, die nach dem Bürgerlichen Gesetzbuch (BGB) für Schäden in unbegrenzter Höhe gegenüber Dritten haftet. Allerdings sind Kinder über ihre Eltern mitversichert, solange sie sich im ununterbrochenen Ausbildungswerdegang befinden.
Krankenversicherung	Die **Krankenversicherung** ist seit 2009 eine Pflichtversicherung, welche die Kosten im Krankheitsfall trägt. Die Leistungen sind je nach Krankenkasse und Tarifsatz variabel und müssen entsprechend abgeschlossen werden, werden aber in der gesetzlichen Krankenversicherung vom Arbeitgeber weitergeleitet.
Berufsunfähigkeitsversicherung	Die **Berufsunfähigkeitsversicherung** sichert alle diejenigen ab, die im Falle einer Arbeitsunfähigkeit z. B. durch einen Unfall eine Einkommenslücke haben. Dabei ist ein Abschluss bereits im jungen Alter sinnvoll, da dann die monatlichen Beiträge relativ gering sind, wenn die eigene Gesundheitslage noch gut ist. Eine Statistik zeigt, dass fast jeder Vierte wegen Erwerbs- oder Berufsunfähigkeit vorzeitig aus dem Berufsleben ausscheidet.
KFZ-Versicherung	Die **KFZ-Versicherung** ist eine Pflichtversicherung, da ohne diese Haftpflichtversicherung keine Zulassung eines KFZ möglich ist. Hierdurch werden Schäden Dritter im Straßenverkehr abgesichert.
Hausratversicherung	Die **Hausratversicherung** sichert das private Inventar der Wohnung ab und ist daher sinnvoll, wenn hohe Werte versichert werden müssen (z. B. Fernseher, PC, Notebook, ...). Sie versichert bei Vandalismus, Einbruch und Einbruchsdiebstahl sowie Gefahren durch Blitzeinschlag, Wasserrohrbruch, geplatzte Wasserschläuche oder Frostschäden.
Risikolebensversicherung	Die **Risikolebensversicherung** sichert in der Regel den Todesfall innerhalb einer bestimmten Laufzeit ab. Stirbt der Versicherungsnehmer in diesem Zeitraum, erhält eine benannte Person die Todesfallsumme. Sie ist sinnvoll, wenn große Werte (z. B. ein Haus) abgesichert werden sollen, und daher in jüngeren Jahren noch nicht notwendig.

Jetzt du!

Ihr habt bei Freunden eine tolle Geburtstagsparty gefeiert. Leider ist dir dabei eine Vase kaputtgegangen, ein Erbstück der Oma. Finde heraus, wer das nun bezahlen muss. Welche Versicherung könnte hier helfen?

Traumwohnung gefunden! – Bewerbung um einen Mietvertrag

1 Zi-App., 28 qm, 240 Euro inkl. NK, Kaution 3 MM, 2,38 % Prov., Agentur Immo-Concept, Tel. 089/32845694

1 Zi-App., EBK, 23 qm, 205 Euro KM, 30 Euro NK, renoviert, sofort frei, Münzwaschm., schriftliche Bewerbung an: angelika-musterfrau@mustermail.de

1 ZKDB DG im ZFH, 25 qm, 190 Euro KM, 40 Euro NK, 2 KM Kaution, frei zum 1.8., NR, Hilfe im Garten erwünscht, Schriftl. Bewerbung erbeten. *Chiffre*: 824B

→ *Plan L.-Glossar*

Richtig bewerben

Unter vielen verschiedenen Angeboten hat Max sich drei Wohnungen herausgesucht, die seinen Bedürfnissen entsprechen und seinen Finanzplan nicht sprengen. Zwei sind aus dem Internet, eine aus der örtlichen Tageszeitung. Max will sich nun um die Wohnungen bewerben.

Durch die Anzeigen ergeben sich für ihn verschiedene Bewerbungsverfahren:
- Anruf
- Brief
- E-Mail

Die folgende Checkliste kann ihm bei allen Bewerbungen helfen, um die häufigsten Fragen der Vermieter zu beantworten:
- Name
- Anschrift
- Telefonnummer
- Woher stammt die Information für die Wohnung?
- Warum interessiert man sich für die Wohnung?
- Bitte um Rückmeldung
- Bitte um Termin für eine Besichtigung
- Notwendige Unterlagen …

In Wohnungsanzeigen werden aus Kostengründen häufig Abkürzungen benutzt, hier einige Beispiele:

1-Zi-App.	1-Zimmer-Appartment
KM	Kaltmiete
EG, DG	Erd-/Dachgeschoss
WM	Warmmiete
MM	Monatsmiete
NK	Nebenkosten
1ZKDB	1 Zimmer-Küche-Diele-Bad
EBK	Einbauküche
ZFH	Zweifamilienhaus
Prov.	Provision

+++NEWS TICKER+++ Wusstest du, dass Vermieter ihre möglichen Mieter in sozialen Netzwerken suchen und sich Profile ansehen? Andere überprüfen ihre möglichen Mieter mithilfe von Personensuchmaschinen und finden interessante private Details heraus.

Du-kannst-Aufgaben

→ Plan L.-Glossar

Max bereitet sich gründlich auf die Bewerbung vor. Außerdem überlegt er, für welche Wohnung er sich entscheiden würde, falls er alle drei bekommen könnte. Kannst du ihm helfen?

1. *Du kannst den Quadratmeterpreis für die einzelnen Wohnungen berechnen und vergleichen. Beachte dabei die unterschiedlichen Preise für die Warmmiete und Kaltmiete.*
2. *Du kannst das Telefonat mithilfe der Checkliste für die erste Wohnungsanzeige vorbereiten. Stell dies in einem Rollenspiel dar.*
3. *Du kannst eine Bewerbungsmail mithilfe der Checkliste für die zweite Wohnungsanzeige formulieren.*
4. *Du kannst einen Bewerbungsbrief mithilfe der Checkliste für die dritte Wohnungsanzeige formulieren.*
5. *Du kannst eine Checkliste für die Wohnungsbesichtigung erstellen. Worauf musst du achten?*
6. *Du kannst mit deiner Gruppe überlegen, welches Auftreten beim Vermieter positiv ankommen würde, welches negativ. Erstelle eine Liste mit Tipps.*
7. *Du kannst überlegen, welche Informationen in deinem Profil im sozialen Netzwerk stehen. Welche Informationen könnten die Entscheidung des Vermieters positiv beeinflussen? Welche negativ?*
8. *Du kannst eine Wohnungsbesichtigung nachstellen. Formuliere dazu das passende Rollenspiel.*

„You never get a second chance to make the first impression."

Will Rogers, US-amerikanischer Komiker und Schauspieler, 1879 – 1935

Richtiges Outfit!

Max hat sich erfolgreich beworben und darf sich alle drei Wohnungen ansehen.
Hierfür will er wieder eine Checkliste erstellen, damit Kleinigkeiten nicht vergessen oder übersehen werden. Er holt sich Hilfe bei seinen Eltern, Großeltern und Freunden. Hier bekommt er auch den Tipp, dass ein gepflegtes Äußeres einen guten Eindruck beim Vermieter hinterlässt. Deshalb macht er sich Gedanken zu einem passenden Outfit. In einer Bewerbungsbroschüre für Berufe findet er Beispiele für unterschiedliche Kleidungsstile.

Wie denkst du über die Outfits des abgebildeten Mannes rechts?
Was würdest du Max raten?

Zusage erhalten – Mietvertrag unterzeichnen

Mieterselbstauskunft und Schufa

Max hat bei der Vermieterin des 1-Zimmer-Appartments einen positiven Eindruck hinterlassen und bekommt einen weiteren Gesprächstermin für die Unterzeichnung des Mietvertrages. Auch hierbei achtet er auf eine gute Vorbereitung.
Die Vermieterin hat noch weitere Fragen und möchte, dass Max eine *Mieterselbstauskunft* ausfüllt. Hierbei werden neben persönlichen Daten wie Name, Adresse, Kontoverbindung etc. auch Fragen über vorherige Wohnverhältnisse und Vorstrafen gestellt. Des Weiteren darf der Vermieter Kontoauszüge der letzten drei Monate sowie eine *SCHUFA*-Auskunft verlangen.

→ *Plan L.-Glossar*

Zur Sicherheit holen viele Vermieter kostenpflichtige Informationen bei der SCHUFA ein.

Die SCHUFA erteilt Auskunft über:	**Die SCHUFA darf keine Auskunft geben über:**
Name (Geburtsname)	Vermögen
Adresse	Kaufverhalten
Geburtsort	Beruf
Konten	Familienplanung
Kredite	Nationalität
Verträge	Religion

INFOBOX

Ein Vertrag gilt bereits dann als abgeschlossen, sobald man seine mündliche Zustimmung gegeben hat. Eine mündliche Zusage für eine Wohnung würde folglich reichen. Um beide Vertragsparteien abzusichern, werden die Kernpunkte aber meist im Mietvertrag festgehalten. In einer solchen schriftlichen Vereinbarung sollen auch der Umgang mit eventuellen Mängeln, Renovierungen oder Konflikten festgehalten werden.

+++NEWS TICKER+++
Wusstest du, dass 38 % der Mietpartner wegen Mietstreitigkeiten vor Gericht stehen? Hauptsächlich stehen dabei im Mittelpunkt:

- Lärmbelästigung durch Musik und TV (14 %)
- Streit über Erledigung von Gemeinschaftsaufgaben (Schneeräumen, Treppenhaus reinigen …) (9 %)
- Lärm durch Heimwerkerarbeiten (8 %)
- Behinderung durch Autos (8 %)
- Belästigung durch Haustiere (6 %)

Was gehört in den Mietvertrag?

Max erhält nun den von der Vermieterin verfassten Mietvertrag und möchte ihn gerne zum genauen Lesen mit nach Hause nehmen. Der Vermieterin ist das recht, denn in einem Mietvertrag werden für Mieter und Vermieter Verpflichtungen geregelt, die genau gelesen und verstanden werden müssen.
Zu Hause angekommen, setzt Max sich mit seinen Eltern hin und sie lesen gemeinsam den Mietvertrag. Punkt für Punkt diskutieren sie den Mietvertrag und überprüfen diesen auf Vollständigkeit und sachliche Richtigkeit. Besonders viel Gesprächsstoff bieten dabei folgende Aspekte:

- Max soll der Vermieterin drei Monatsmieten *Kaution* zahlen. Dieses Geld wird auf ein Konto als Sicherheit hinterlegt, falls Max beim Auszug Schäden an der Wohnung hinterlässt. Diese werden dann von der Kaution repariert, das Restgeld an Max wieder ausgezahlt. Alternativ kann Max eine *Mietkautionsbürgschaft* bei der Bank oder Versicherung abschließen.
- Da Max noch in der Ausbildung ist, möchte die Vermieterin darüber hinaus eine *Bürgschaft* der Eltern und eine *Einzugsermächtigung* für die Monatsmiete und weitere Kosten erhalten, damit alles immer pünktlich gezahlt wird. Max Eltern halten dies für nicht notwendig und verweisen auf den *Dauerauftrag* zum Bezahlen der Mietkosten.
- Die Nutzung von Räumen wie Waschkeller, Fahrradkeller und Garten ist zu bestimmten Uhrzeiten für Max gestattet.
- In den Nebenkosten sind der Winterdienst und die Pflege der Außenanlagen durch einen Hauswart enthalten. Dieser wird in den Nebenkosten anteilig der Wohnfläche abgerechnet. Die Nebenkostenabrechnung erhält Max im April des nachfolgenden Jahres.
- In der Hausordnung werden viele Punkte genannt, die das Zusammenleben im Haus regeln. Max darf beispielsweise eine kleine Katze, Hamster oder Ähnliches halten, jedoch keinen Hund. Ebenfalls sind hier Ruhezeiten geregelt sowie die abwechselnde Reinigung des Treppenhauses durch die Mieter.
- Max hat ein gesetzlich geregeltes Kündigungsrecht.
- Vor dem Einzug und nach dem Auszug wird ein Übergabeprotokoll angefertigt: Hier werden eventuelle Mängel (Schimmel, defekte Sanitäranlagen etc.) festgehalten. Max wird also nochmal mit der Vermieterin durch die Wohnung gehen und sich alle Räume genau ansehen. Er wird seinen Vater mitnehmen, denn vier Augen sehen mehr als zwei. Außerdem wird er Fotos machen, die als Beweis dienen können.

Du-kannst-Aufgaben

Bevor Max den Mietvertrag von der Vermieterin erhielt, hatte er sich bereits den Mietvertrag seiner Eltern angesehen und entdeckt nun einige Unterschiede. Nun ist er verunsichert, ob alle Angaben erforderlich und richtig sind. Was genau darf im Mietvertrag stehen?

→ Plan L.-Glossar

1. *Du kannst dich über die Begriffe Kaution, Mietkautionsbürgschaft und Mietbürgschaft informieren.*
2. *Du kannst im Internet nach einem Einheitsmietvertrag suchen und die wichtigsten Angaben auf einem Plakat festhalten (www.mieterbund.de).*

→ Web-Tipp

3. *Du kannst recherchieren, welche Unterschiede zwischen der Einzugsermächtigung und dem Dauerauftrag bestehen. Formuliere Vor- und Nachteile für Max.*
4. *Du kannst eine Expertenbefragung bei der Verbraucherzentrale zum Mietvertrag vorbereiten und durchführen. Überlege, welche Fragen zum Mietvertrag wichtig sind (Hausordnung, Mietkautionsbürgschaft, Übergabeprotokoll, Kündigungsregelungen ...).*

→ Methoden-Trainingsplatz: Expertenbefragung (S. 135)

An die Töpfe, fertig, los – Singleküche

„Selbst ist der Mann", heute koche ich!

Vorratshaltung

Endlich wohnt Max in seiner Wohnung. Während seiner Ausbildung hat er nun schon öfter in der Hotelküche gegessen, will aber endlich auch selbst kochen. Wegen seiner wechselnden Arbeitszeiten schafft er es zwar nicht, regelmäßig frische Zutaten einzukaufen, trotzdem will er diese nicht nur am Wochenende nutzen. Wenn er frei hat, kommt seine Freundin zu Besuch, da möchte er gerne aufwendigere Rezepte ausprobieren, die ihm in Hauswirtschaft gut gefallen haben. Max erstellt sich also einen Wochenplan:

Montag	Dienstag	Mittwoch	Donnerstag	Freitag	Samstag	Sonntag
Spaghetti Bolognese	Kartoffeln, Gurkensalat, Schnitzel	Gemüsepfanne mit Reis	Nudeln Carbonara	Fischstäbchen und Pommes	Kartoffeln, Gulasch, Salat	Pizza

Nach dieser Planung erstellt er einen Einkaufsplan und bedenkt dabei auch das Frühstück und den Pausensnack für die Arbeit.

Im *Discounter* steht er vor einem Problem: Kartoffeln gibt es nur im 2,5-Kilo-Beutel, Schnitzel sind zu mehreren verpackt, Salami, Käse, Fischstäbchen sind in der Großpackung eigentlich zu groß, aber Kleinpakete im Vergleich sehr teuer. Max geht daher zunächst mit nur einem Teil nach Hause, da er mit den großen Mengen schon schlechte Erfahrungen gemacht hat: Von den Kartoffeln isst er ein paar und der Rest wird weich und beginnt zu keimen. Große Packungen Salami hat er schon gekauft, dann aber spontan mit den Kollegen doch in der Kantine gegessen, sodass die Salami trocken und unansehnlich geworden war. Er beschließt im Internet zu recherchieren, wie man Lebensmittel richtig lagern kann, sodass er vielleicht doch die Großpakete kaufen und viel Geld sparen kann (*www. was-wir-essen.de*).

ABC

→ *Plan L.-Glossar*

@

→ *Web-Tipp*

Beim Einkauf und auch bei der Lagerung von Lebensmitteln sollte man natürlich auf das *Mindesthaltbarkeitsdatum (MHD)* bzw. das *Verbrauchsdatum* achten.

→ *Plan L.-Glossar*

Lebensmittel	Lagerung
Brot	In kleinen Portionen einfrieren und nach Bedarf auftauen.
Kartoffeln	Am besten im Keller kühl, trocken und vor allem dunkel lagern.
Gemüse und Obst	Im Obst-/Gemüsefach des Kühlschranks lagern oder in einer Obstschale. Aber darauf achten, dass man nicht alles zusammen lagern kann (z. B. Tomaten, Bananen). Tipp: Wenn du nicht alles Gemüse isst, schneide es klein und friere es ein.
Bananen	Nicht im Kühlschrank, sondern in der Obstschale lagern, da diese so noch die Möglichkeit der Nachreifung haben.
Tomaten	Luftig, aber schattig lagern. Getrennt von anderem Obst und Gemüse lagern, da Tomaten Reifegase freisetzen und beispielsweise Gurken schnell wässrig werden.
Mehl, Zucker, Haferflocken, Reis, Nudeln ...	In Vorratsdosen luftdicht und trocken lagern.
Eier	Im Kühlschrank lagern.
Käse	Im Kühlschrank auf der Glasplatte abgedeckt oder verschlossen, da er bei geringer Temperatur nicht weiterreift. Tipp: Kaufe Käse am Stück, dann kannst du ihn auch noch zu geriebenen Käse verarbeiten. Frischkäse peppt jede Soße auf.
Wurst, Fleisch, Fisch	Im Kühlschrank auf der Glasplatte oder im darüberliegenden Fach abgedeckt oder verschlossen lagern. Tipp: Wenn du nicht alles Fleisch auf einmal essen kannst, friere es ein.
Kekse, Chips ...	Nach Anbruch der Packung luftdicht verschließen. Tipp: Chips und Flips halten sich noch länger, wenn sie in luftdichter Dose im Kühlschrank gelagert werden.

Du-kannst-Aufgaben

Max überdenkt nun noch einmal seinen Wochenplan. Er muss stärker darauf achten, die Lebensmittel für verschiedene Rezepte einzuplanen bzw. im Wochenplan zu berücksichtigen, sodass auch größere Packungen innerhalb einer Woche verzehrt werden können. Kannst du ihm dabei helfen?

→ *Rezepte-Finder: Frittata, Pizzamuffins, Nudelpfanne*

1. *Du kannst seinen Wochenspeiseplan überarbeiten.*
2. *Du kannst hierzu einen Einkaufsplaner erstellen.*
3. *Du kannst überlegen, welche Lebensmittel in den Vorrat gehören, und welche man am besten möglichst frisch verarbeiten sollte. Berücksichtige dabei auch Verpackungsgrößen und MHD.*
4. *Du kannst einen Single-Vorratsplaner erstellen.*
5. *Du kannst ein Single-Rezeptheft erstellen. Berücksichtige dabei wochenweise, dass gleiche Lebensmittel in anderen Rezepten eingeplant werden.*
6. *Du kannst zu deinem Single-Rezeptheft einen Single-Einkaufsplaner erstellen.*
7. *Kaum hat Max sich eingelebt, stehen seine Freunde überraschend vor der Tür. Er will ihnen eine Kleinigkeit zu essen anbieten und findet in seinen Schränken noch Mehl, Eier, Tomaten, Zucchini, Gurke, Butter und Salami. Du kannst geeignete Gerichte suchen, die er daraus zubereiten könnte.*

Familie, Freunde, Fingerfood – Wohnungseinweihung

INFOBOX

Traditionelle Geschenke zum Einzug sind Brot und Salz. Sie symbolisieren, dass es dem Bewohner nie an Essen (Brot) fehlen soll und man nie arm wird (Salz). Salz war früher sehr kostbar und lange ein Symbol für Reichtum.
Auch Räucherstäbchen werden verschenkt, da das Räuchern nach Feng Shui das neue Heim von fremden Energien reinigen und böse Geister vertreiben soll.
Heute wird oft auch eine Topfpflanze zum Einzug geschenkt. Diese steht für Langlebigkeit und vermittelt Botschaften wie Glück (Glücksklee) oder Liebe (Rose).

Irgendwie hat Max es nie geschafft, eine Einweihungsparty für alte und neue Freunde sowie seine Familie zu organisieren. Jetzt wohnt er schon fast ein Jahr dort und nimmt seinen Geburtstag als Anlass, endlich einmal alle Gäste einzuladen. Dabei muss er überlegen, wann er die Einweihungsparty machen möchte, und wen er einladen will. Es bietet sich an, neben Freunden und Familie auch die neuen Nachbarn einzuladen, oder zumindest Bescheid zu geben, dass es lauter wird. Aber was soll er zu essen und zu trinken anbieten? Für solche Anlässe ist ein kaltes Buffet eine gute Wahl, dabei kann man verschiedene Geschmäcker und Ernährungsbesonderheiten (Vegetarier, Lebensmittelunverträglichkeiten, religiöse Besonderheiten etc.) berücksichtigen. Außerdem kann man es gut vorbereiten und jeder Gast kann sich selbst bedienen.

Du-kannst-Aufgaben

Max macht sich einen Organisationsplan für die Einweihungsparty und das Fingerfood-Buffet. Du kannst ihm dabei helfen und im Hauswirtschafsunterricht ebenso ein solches Buffet vorbereiten. Vielleicht könnt ihr auch ein Fest planen und eure Eltern dazu einladen.

1. *Du kannst Rezepte für Speisen und Getränke für ein solches Fest zusammenstellen. Berücksichtige dabei, dass Max auch Vegetarier und Freunde mit Laktoseintoleranz eingeladen hat.*
2. *Du kannst einen Einkaufzettel für die benötigten Zutaten erstellen.*
3. *Du kannst die Kosten für die Feier kalkulieren. Beachte also Rezepte, Einkaufszettel und die Preise für die Lebensmittel.*
   Beachte dabei die Packungsgröße und die Wahl der Einkaufsstätten. Du kannst auch Prospekte mit Sonderangeboten nutzen.
4. *Du kannst einen Zeitplan für die Einweihungsparty erstellen. Wann ist was zu tun?*
5. *Du kannst ein Motto für die Party überlegen und eine Einladung erstellen.*
6. *Du kannst überlegen, welche anderen Anlässe für Feste es gibt, und dazu passende Speisen notieren. Welche Unterschiede stellst du fest?*

→ *Rezepte-Finder:*
Kräutermuffins,
Blätterteigschnecken mit Blattspinat,
Käsespieße,
Frikadellen,
Pesto-Oliven-Brot,
Avocadodip,
Kräuterquark mit Senf

Methoden-Trainingsplatz: *Expertenbefragung*

Du hast eine unüberschaubare Anzahl von Versicherungen entdeckt und mindestens ebenso viele Anbieter. Um dir eine Übersicht zu verschaffen, kannst du verschiedene Expertinnen und Experten aufsuchen. So kannst du Fragen rund um das Thema klären und Informationen aus verschiedenen Blickwinkeln zusammentragen.

Bei der Expertenbefragung arbeitest du weitestgehend eigenständig in drei Phasen:

1. Vorbereitungsphase

1. **Schritt**: Du formulierst ein Ziel für die Befragung: Was genau möchtest du herausfinden? Welche Fragen sollen beantwortet werden? Formuliere deine Fragen schriftlich und notiere dazu dein vorhandenes Vorwissen.
2. **Schritt**: Überlege dir sinnvolle Ansprechpartner für dein Anliegen. Planst du also z. B. den Besuch einer Verbraucherzentrale oder einer Versicherungsagentur? Welche Experten brauchst du für deine Fragen?
3. **Schritt**: Kläre organisatorische Fragen im Vorfeld. Vereinbare Termine, kläre den Zeitbedarf und den Hin- und Rückweg sowie evtl. entstehende Kosten. Besonders wichtig ist die Einigung über den Gesprächsinhalt, damit sich dein Ansprechpartner auch auf das Gespräch vorbereiten kann.
4. **Schritt**: Einige dich in der Gruppe auf Gesprächsregeln, um einen guten Eindruck zu hinterlassen. Du verständigst dich innerhalb der Gruppe, wer welche Fragen und Aufgaben übernimmt. Überlegt, wer die Antworten und Erfahrungen dokumentiert, ob ihr mitschreibt oder eine Aufnahme machen dürft. Hierfür braucht ihr allerdings das Einverständnis aller Beteiligten. In diesem Zusammenhang solltest du jetzt schon überlegen, wie du deine Ergebnisse später präsentierst (Info-Plakat, PowerPoint-Präsentation, Artikel für Schülerzeitung usw.).

2. Durchführungsphase

Nun ist es endlich so weit, du führst die Expertenbefragung durch. Halt dich dabei an den gemeinsam erstellten Fahrplan, allerdings darfst du auch zusätzliche Fragen stellen, die vielleicht erst im Gespräch aufkommen.

Vergiss nicht, höflich zu sein und dich zu bedanken.

3. Auswertungs- und Dokumentationsphase

1. **Schritt**: Diskutiere über die Ergebnisse der Befragung und finde heraus, ob du deine Fragen beantworten konntest. Falls nicht alles beantwortet werden konnte, stelle Vermutungen auf, warum dies der Fall ist.
2. **Schritt**: Präsentiert eure Ergebnisse.

7

Haushalt im Griff – yes, you can!

Wusstest du, dass sich unter deinem Dach eine kleine Firma befindet?
Ganz klar, du nennst es Haushalt! Gut organisiert fällt er niemandem auf.
Erst wenn die Arbeit im Haushalt liegen bleibt, wird deutlich, was eigentlich fehlt.
Sicher kannst du an den Gegenständen in diesem Haus erkennen, welche Arbeiten zu erledigen sind.
Welche Dinge und damit verbundenen Aufgaben kannst du erkennen?
Die Mindmap hilft dir weiter.

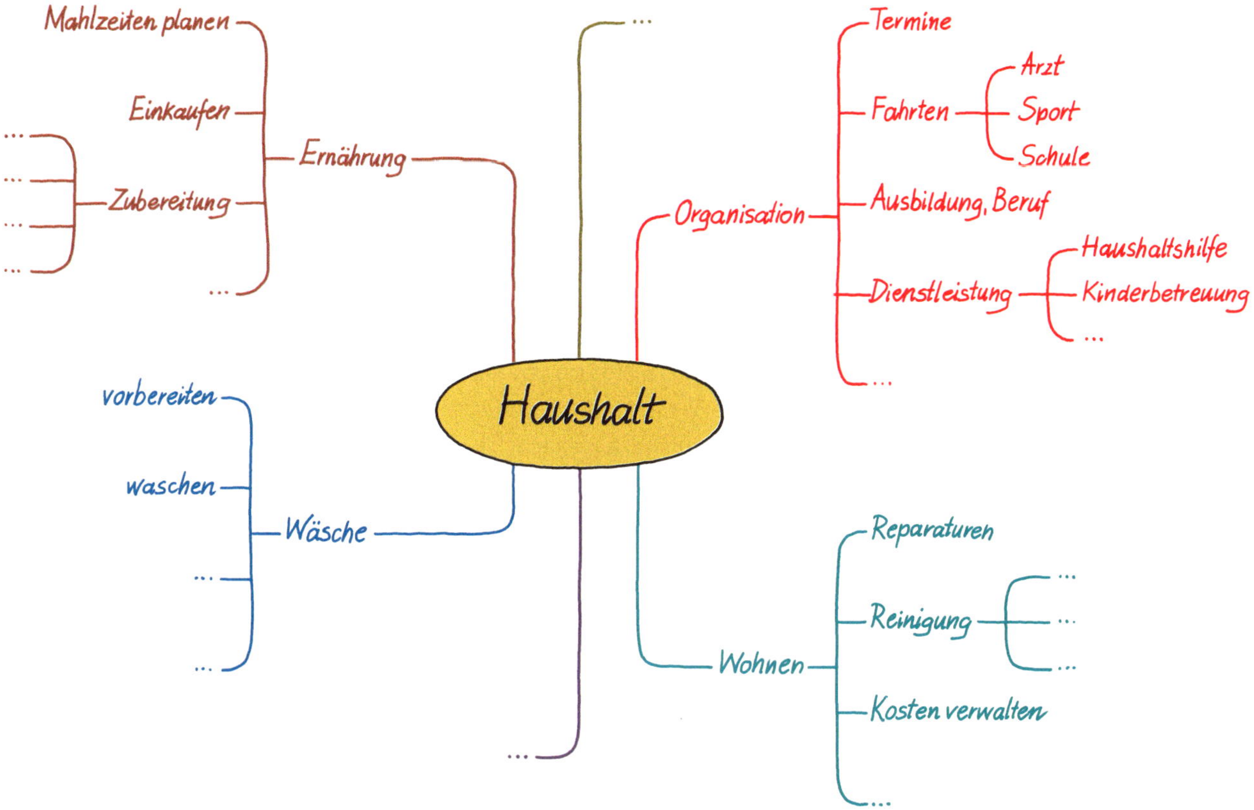

Was heißt überhaupt „Haushalt“?
Welche Arbeiten fallen im Haushalt an?
Wer muss im Haushalt mithelfen?
Welche Haushaltsformen gibt es in Deutschland?
Wie viel ist Hausarbeit wert?
Was ist „Neue Hausarbeit“?
Wer arbeitet für wen im Haushalt?
Was brauche ich, damit es mir gut geht?
Wie plane ich meinen Tag?

Willkommen im Unternehmen Haushalt – was erwartet dich hinter der Tür?

Aufgaben im Haushalt

Viel Arbeit und kein Haushaltsmitglied verdient auch nur einen Cent daran. Auch das ist Haushalt! Manche Haushalte vergeben einzelne Aufgaben und zahlen dafür entsprechend, wie z. B. für Wäschepflege. Was tagtäglich in einem Haushalt passiert, lässt sich schwer in einem Satz zusammenfassen. Das Bild auf der Startseite zeigt schon gut, welche Arbeiten anfallen.
Zur Haushaltsarbeit kann unter anderem zählen:

Wäsche waschen	Bügeln	Füreinander da sein
Einkaufen	Ehrenamtlich/freiwillig arbeiten	Geld verwalten
Spülmaschine ausräumen	Kinder betreuen	Telefonanrufe entgegennehmen
Tisch decken	Bad reinigen	Staubsaugen
Rasen mähen	Für Kinder Nachhilfe organisieren	Einkaufsplan erstellen
Nahrung zubereiten	Termine vereinbaren	Feste planen
Erholung für sich selbst und für andere ermöglichen	Versicherungen abschließen	Müll trennen und entsorgen
Fenster putzen	Haushaltsgeräte reparieren	Rechnungen bezahlen
Pflege von Familienmitgliedern	Haustiere versorgen	Wohnung renovieren
Wischen	Kontakte pflegen	...

+++NEWS TICKER+++
Im Durchschnitt verbringen Menschen in Deutschland 3,6 Stunden täglich mit Arbeiten wie Nahrungszubereitung, Pflege von Angehörigen und Reparaturen.

Jetzt du!

Du hast viele Tätigkeiten im Haushalt kennengelernt. Nun fragst du dich vielleicht, wie nützlich du im Haushalt bist. Welche Arbeiten erledigst du und wie oft?

Wer macht was im Haushalt?

Nach der OECD-Studie von 2013 liegt die Hausarbeit immer noch hauptsächlich in Frauenhand. Frauen verbringen in Deutschland täglich zwei Stunden mehr im Haushalt als Männer. Dies ist nicht nur in Deutschland so, auch in anderen Ländern liegen die Frauen in Sachen Hausarbeit vorn. Woran liegt das? Früher haben viele Mütter selten bis gar nicht gegen Bezahlung gearbeitet. Dies hat sich im Verlauf der Jahre zunehmend verändert. Immer mehr Frauen sind erwerbstätig in Voll- oder Teilzeitstellen. Zudem wird ihnen aber noch ein Großteil der Hausarbeit auferlegt. Durch die Tatsache, dass immer mehr Frauen erwerbstätig sind, wird die Arbeitsteilung im Haushalt komplizierter. Oft kommt die Frage auf, wer was wann im Haushalt erledigt. Die Kinder müssen auch ran, um das Arbeitspensum zu schaffen. Dies ist eine ständige Aushandlungssache und Nährboden für Konflikte zwischen den einzelnen Familienmitgliedern.

Du-kannst-Aufgaben

Deine Eltern haben dich mal wieder zum Ausräumen der Spülmaschine und Aufräumen deines Zimmers verdonnert. Dabei hast du wirklich keine Zeit für solche Kleinigkeiten. Nach der Schule hast du doch Sport und danach willst du dich noch mit deinen Freunden treffen. Dieses Mal lässt du es einfach bleiben, was soll schon passieren?!
Als du abends nach Hause kommst, liegt auf deinem ungemachten Bett ein Zettel:

Rechnung für den vergangenen Monat:

30 x *Frühstück*	*à 2 €:*	*60 €*	
30 x *Mittagessen*	*à 4 €:*	*120 €*	
30 x *Abendessen*	*à 3 €:*	*90 €*	*Gesamtbetrag: 462 €*
4 kg *Wäsche waschen, trocknen, falten*	*à 3 €:*	*12 €*	
6 Stunden *Reinigungsarbeiten*	*à 10 €:*	*60 €*	
8 Stunden *Nachhilfe in Englisch*	*à 15 €:*	*120 €*	

Wie gehst du mit dieser Rechnung um?

1. *Du kannst einen Brief an deine Eltern als Reaktion auf die Rechnung verfassen.*
2. *Du kannst ein Rollenspiel entwickeln und der Klasse vorstellen. Diskutiere mit deinen Eltern über die Rechnung.*
3. *Du kannst dir überlegen, welche Folgen deine fehlende Unterstützung im Haushalt für andere Familienmitglieder haben könnte. Erstelle eine Liste.*
4. *Du kannst in die Rolle deiner Eltern schlüpfen und eine Rechnung an dich selbst schreiben. Welche Summe erreichst du?*

WÄSCHEREI
PETERS

Aktuelle Preisliste

Frisch gewaschen – inkl. falten:	
Pulli	3,20 €
T-Shirt	2,50 €
Jeans	4,10 €
Hemd, Bluse	2,50 €
Badetuch	2,50 €
Bügeln:	
Bluse, Hemd	1,80 €
Hose	2,10 €
T-Shirt	1,50 €

Für weitere Anfragen rufen Sie uns bitte an!

+++NEWS TICKER+++

Schon gewusst?
Nach Paragraph 1619 des Bürgerlichen Gesetzbuches sind Kinder zur Mitarbeit im Haushalt der Eltern verpflichtet, solange sie darin leben.

Unter einem Dach – Haushalts- und Lebensformen früher …

Großfamilie

Mehrgenerationenhaushalt

Bürgerliche Kernfamilie

Frauen-Wohngemeinschaft *Beginenhof* (auf dem St. Amandsberg, Belgien)

ABC

→ *Plan L.-Glossar*

Die gute alte Zeit: Vater, Mutter, Kinder sowie Großeltern und Urgroßeltern hatten Platz unter einem gemeinsamen Familiendach. Auch früher gab es also schon alternative Wohnformen. Seit der Aufnahme dieser Bilder ist viel Zeit vergangen, manches ist gleich geblieben, vieles hat sich verändert.

... und Haushalts- und Lebensformen heute

Natürlich gibt es auch heute das traditionelle Verständnis von Familie: Vater, Mutter, Kind. Wir kennen aber auch andere Haushalts- und Lebensformen, von denen ihr euch einige näher anschauen könnt.

→ Plan L.-Glossar

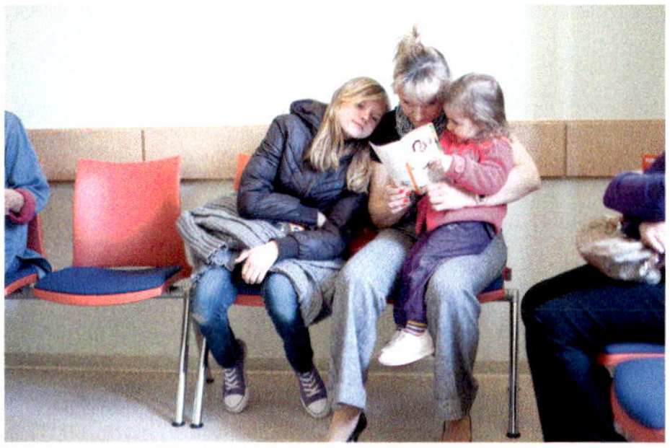

Allein erziehende Mutter

Regenbogenfamilie

Einpersonenhaushalt

Wohngemeinschaft

INFOBOX

Verschiedene Haushalts- und Lebensformen heute:

- Mehrgenerationenhaushalt
- Großfamilie
- „Bürgerliche Kernfamilie"
- Patchworkfamilie
- *Regenbogenfamilie*
- Einpersonenhaushalt
- Gleichgeschlechtliche Lebensgemeinschaft
- Nichteheliche Lebensgemeinschaft
- Kinderloses Paar/Ehepaar
- Getrennt Zusammenlebende
- Wohngemeinschaft
- Allein erziehende(r) Mutter/Vater
- ...

+++NEWS TICKER+++ „Etwa jeder dritte Haushalt in Deutschland (36,1 %) war im Jahr 2000 ein Einpersonenhaushalt."

Aus: Christian Schulz: Familienbande. Themenblätter im Unterricht (Nr. 32), hrsg. v. d. Bundeszentrale für politische Bildung/bpb, Bonn, 2003, S. 3

Wie kommt's?

Immer mehr Menschen wohnen länger bei ihren Eltern und lassen sich mehr Zeit, um mit einer festen Partnerin oder einem festen Partner zusammenzuziehen, die Stabilität von Lebensgemeinschaften ist nichts Selbstverständliches. Die Lebenserwartung der Menschen ist wesentlich gestiegen, trotzdem leben manche im Alter verwitwet allein. Außerdem möchten viele Männer und Frauen trotz fester Partnerschaft ihren eigenen Haushalt behalten. Einpersonenhaushalt heißt also nicht zwangsläufig, Single zu sein.

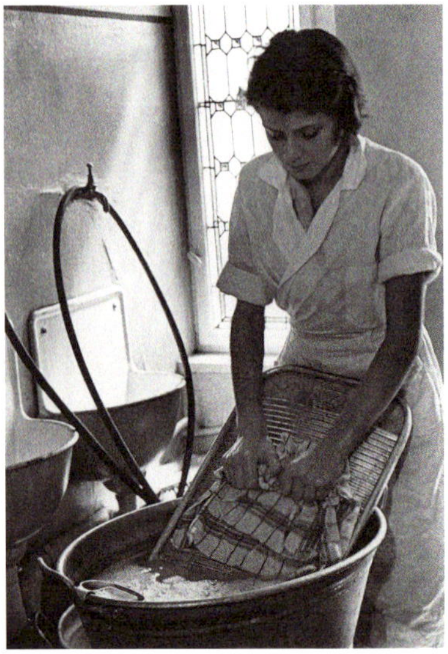

Eine Frau am Waschbrett, 1935

+++NEWS TICKER+++
Familie war gestern!? Hat die klassische Familie ausgedient? Die meisten Jugendlichen leben auch heute bei ihren verheirateten Eltern. Immer mehr werden jedoch von allein erziehenden Müttern oder Vätern erzogen. 2008 wuchsen rund 842 000 Jugendliche in alternativen Familienformen auf.

Neue Hausarbeit

Nicht nur die Haushaltsformen haben sich verändert, auch die Arbeiten, die unter einem Dach erledigt werden, haben einen Wandel erlebt. Vieles wird den Haushaltsmitgliedern durch z. B. Geräte und Dienstleistungen abgenommen. Früher musste jedes Kleidungsstück von Hand auf einem Waschbrett gewaschen werden. Heute nimmt uns diese Arbeit eine Waschmaschine ab. Doch hinzu kommt neue Hausarbeit wie zum Beispiel die Vermittlung zwischen Haushalt und Banken, Versicherungen, Schulen usw. Die Arbeit ist also nicht weniger geworden, sondern hat sich *verändert*.

Seit den 1960er Jahren ist die Waschmaschine aus deutschen Haushalten nicht mehr wegzudenken.

Du-kannst-Aufgaben

In der Projektwoche habt ihr euch mit dem Leben früherer Generationen beschäftigt. Dich interessiert nun, wie deine Urgroßeltern und Großeltern gelebt haben. Gab es eine große Familie unter einem Dach? Oder wohnten nur wenige Familienmitglieder in einem Haushalt? Welche Aufgaben fielen im Haushalt an?

1. *Du kannst einen Stammbaum deiner Familie erstellen. Dazu kannst du dir Unterstützung bei deiner Familie suchen.*
2. *Du kannst dir Fragen überlegen, die du älteren Generationen stellen würdest.*
3. *Du kannst deine Eltern, Großeltern oder sogar Urgroßeltern interviewen – schriftlich oder mit der Kamera.*
4. *Du kannst die Lebensformen, die du in deiner Familiengeschichte findest, mit deiner heutigen Lebensform vergleichen.*
5. *Du kannst die Lebensformen der älteren Generationen in deiner Familie und deine heutige Lebensform mithilfe von Bildern darstellen.*
6. *Du kannst Standbilder zu „Haushalts- und Lebensformen früher – heute“ vorbereiten und präsentieren. Diese könnt ihr dann auch fotografieren.*

Familienmahlzeit – ein Auslaufmodell?

INFOBOX

Familienmahlzeit
Unter dem Begriff „Familienmahlzeit“ wird eine gemeinsame, häusliche Mahlzeit von Kindern oder Jugendlichen mit mindestens einem Elternteil verstanden.

Gemeinsames Frühstück am Sonntagmorgen – überall gleich?

LUKAS: Ab und zu frühstücken wir auch mal sonntags gemeinsam. Das bedeutet immer Stress! Mama deckt den Tisch und macht das Rührei, Papa holt Brötchen. Ich muss dann immer früh aufstehen und manchmal sogar mit abräumen.

SARAH: Wir frühstücken sonntags nicht zusammen. Mein älterer Bruder schläft immer bis in die Puppen und Mama arbeitet im Schichtdienst. Ich mache mir immer ein Brot mit selbst gemachter Erdbeermarmelade und gucke Fernsehen mit Papa. Dafür essen wir abends gemeinsam.

JONAS: Wir frühstücken jeden Sonntag zusammen. Dann sind immer alle da. Mit der Zubereitung des Frühstücks wechseln wir uns immer ab, so bleibt es gerecht. Manchmal macht mein Bruder auch Quarkbrötchen selbst.

MELISSA: Ich liebe unsere sonntäglichen Frühstücke. Nur beim Abräumen danach gibt es öfter mal Ärger. Keiner hat so wirklich Lust. Dann gibt es häufig Diskussionen.

Jetzt du!

Schau dir das Bild genau an. Die Familie verbringt ein gemeinsames Frühstück. Nimm dir mit einer Partnerin/einem Partner Zeit und interviewt euch gegenseitig zu euren eigenen Familienmahlzeiten.

→ Methoden-Trainingsplatz: Interview (S. 152)

Das brauche ich – Bedürfnisse im Haushalt

Jetzt du!

Du hast Freizeit und andere arbeiten. Ist das so? Was muss bei dir zu Hause geleistet werden, damit du die Seele baumeln lassen kannst? Wer macht diese Arbeit?

Ein Haushalt – ein Team

Im Haushalt sollte nicht nur Arbeit auf dich warten, er sollte auch ein Ort für die Erfüllung deiner Bedürfnisse sein. Entspannung auf Kosten anderer unter deinem Dach geht doch aber gar nicht. Hier ist also Teamwork anstatt „Hotel Mama“ gefragt, damit es allen im Haushalt gut geht und jeder und jede auch wirklich Freizeit hat, ganz ohne Erwerbs- *und* Hausarbeit.

Jetzt du!

Was brauchst du eigentlich, damit es dir gut geht?
Mache ein Brainstorming – ein möglicher Beginn ist hier schon vorgegeben.
Sammelt dann in der Klasse alle Begriffe in einem großen Bild an der Tafel.

→ Plan L.-Glossar

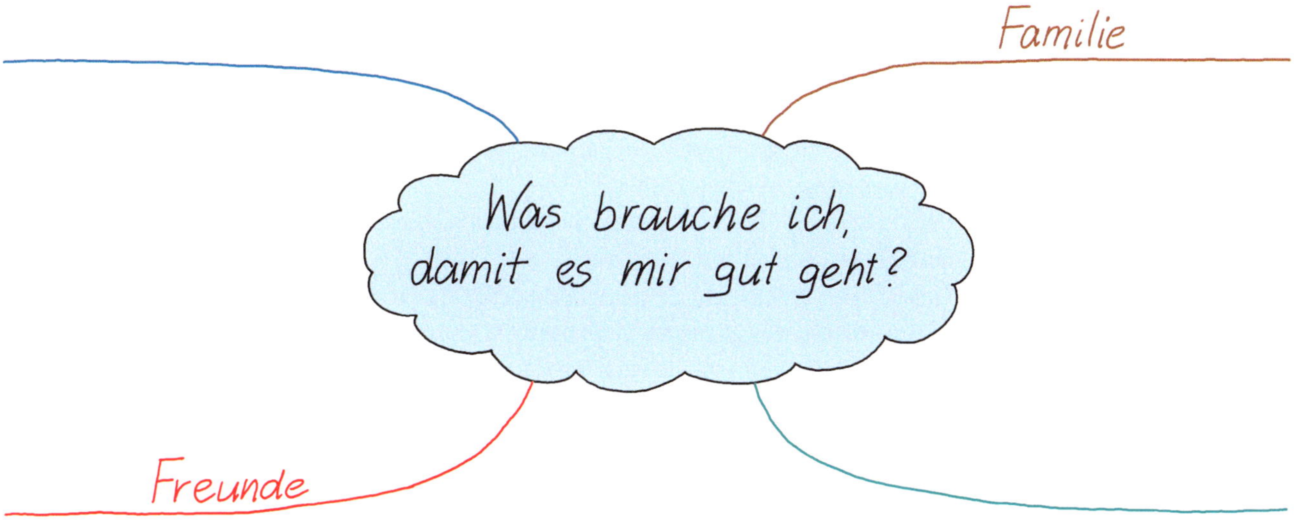

Wäre es nicht spannend zu sehen, was die ganze Klasse als Top-Treffer in Sachen Wohlbefinden braucht? Im Internet könnt ihr eine Schlagwortwolke erstellen, die z. B. häufig genannte Begriffe besonders groß abbildet. Hier ist ein Beispiel aus einer fünften Klasse.

Was fällt euch auf?

Deine Zeit ist kostbar – wann mache ich was?

> *„Wer Zeit nutzt, hat Zeit gewonnen."*
>
> Sprichwort

Dein Tag – deine Zeit

Deine Zeit ist kostbar. Am Ende eines Tages fragst du dich sicher manchmal, wo die Zeit geblieben ist. Schule, Sportverein, im Haushalt helfen, mit Freunden treffen – solche Aktivitäten können deinen Tag füllen.

Der Tag hat 24 Stunden und besteht für dich aus Schule, Freizeit und Schlaf. Jeder Mensch teilt die Zeit des Tages unterschiedlich ein.

Lina ist in letzter Zeit sehr gestresst und möchte die nächsten Wochen besser planen, um auch ein bisschen Freizeit zu haben. Dafür hat sie sich notiert, welche Tätigkeiten an einem normalen Tag in der Woche anstehen und wie viel Zeit sie dafür benötigt:

Linas Montag:	
Tätigkeit	Zeit
Schule (inklusive Pausen und Weg)	8 Stunden
Körperpflege und Anziehen	1 Stunde
Essen	1 Stunde
Für die Klassenarbeit lernen	30 Minuten
Termin beim Kieferorthopäden	1 Stunde 30 Minuten
Klavierunterricht (inklusive Weg)	1 Stunde
Fernsehen	1 Stunde 30 Minuten
Zimmer aufräumen	15 Minuten
Leergut wegbringen (inklusive Weg)	15 Minuten
Mit Oma telefonieren	15 Minuten
Mit Maren skypen	1 Stunde
Smartphone/Internet	1 Stunde 45 Minuten
Schlafen	8 Stunden

Jetzt du!

Lina findet ihren Montag ziemlich stressig. Was hältst du von ihrem Tag? Sortiere ihre Aktivitäten in die Kategorien Schule, Freizeit und Schlafen ein und beurteile ihren Tag. Erstelle eine Tippliste für Lina.

Gute Zeitplanung

Lina hat sich über ihren vollgestopften Tag sehr gewundert! Wie sieht es bei dir aus? Weißt du genau, wie viel Zeit des Tages du für welche Tätigkeiten verbrauchst? Eine gute Zeitplanung kann dir helfen, den Tag fit zu durchleben. Zeitplanung sieht aber für jeden anders aus. Einige schreiben sogenannte Wochenpläne (ein Beispiel findest du auf dieser Seite), andere schreiben Termine und Aufgaben in einen Kalender, um die Übersicht zu behalten. Was machst du? Probiere doch mal etwas aus!

MEINE WOCHE 3.- 9. April	
Montag (3) • Zimmer aufräumen • 15.00 Kieferorthopäde • 17.00 Skypen mit Maren	**Donnerstag** (6) Lernen für Englischarbeit
Dienstag (4) Geburtstagsfeier Mama	**Freitag** (7) Englischarbeit
Mittwoch (5) • Altglas wegbringen • 18.00 Schulaufführung	**Samstag** (8) Freizeitpark mit Mama und Papa
Notizen Geschenk für Mama besorgen	**Sonntag** (9) Sonntagsfrühstück mit Oma

Idee für einen Wochenplan

Du-kannst-Aufgaben

Im Radio hörst du eine Sendung zu Zeitfressern im Alltag. Das macht dich neugierig und du überlegst, was dir an einem Tag mit 24 Stunden Zeit rauben könnte.

1. *Du kannst wie Lina einen typischen Tag in deinem Leben mit Schule, Freizeit und Schlafen notieren, um im Anschluss zu analysieren, wie du evtl. deine Zeit effektiver nutzen kannst.*
2. *Du kannst eine Umfrage starten und Ideen sammeln, welche Tätigkeiten im Alltag Zeit rauben.*
3. *Du kannst auf einem Poster bildlich darstellen, welche Tätigkeiten in deiner Klasse/deiner Schule Zeit fressen.*
4. *Du kannst dich mit deiner Familie zusammensetzen und überlegen, welche Dienstleistungen ihr nutzt, um Zeit zu sparen, und diese in der Klasse präsentieren.*
5. *Du kannst einen Flyer für den Schul-Wochenplaner gestalten, der Tipps zum Umgang mit Zeit gibt.*
6. *Du kannst in einer Gruppe eine eigene Radiosendung zum Thema Zeitfresser aufnehmen.*

Chillen statt schuften – Fertigprodukte oder frisch zubereitet?

Wie kommt das Essen auf den Tisch?

+++NEWS TICKER+++
Die Lebensmittelindustrie verzeichnete im vergangenen Jahr im Bereich des Conveniencefood 3 Milliarden Euro Gewinnzuwachs.

→ Plan L.-Glossar

Die vielfältigen Aufgaben im Haushalt können ganz schön viel Zeit in Anspruch nehmen – Zeit, die du vielleicht am Ende eines Tages gar nicht übrig hast. Für unsere Ernährung gibt es im Supermarkt zum Glück ein riesiges Angebot an Lebensmitteln. Nur wenige davon kommen direkt vom Feld oder aus dem Stall in die Regale. Die Lebensmittelindustrie nimmt uns heute die meiste Arbeit in der Küche ab. Sogenannte *Convenienceprodukte* müssen z. B. nur noch angerührt, aufgetaut, erhitzt oder aufgebacken werden. Praktisch – aber haben diese Produkte auch Nachteile? Studien zeigen, dass immer weniger Menschen mit frischen Lebensmitteln Nahrung zubereiten können, obwohl in den zahlreichen Kochshows im Fernsehen keine Fertigerzeugnisse verwendet werden. Darüber hinaus benötigen solche Waren viele Zusatzstoffe, um zu funktionieren. Woraus wir unsere täglichen Mahlzeiten zubereiten, ist also eine schwierige Entscheidung.

Du-kannst-Aufgaben

Wie ist es bei dir? Welche Fertigprodukte kennst du? Welche verwendet ihr regelmäßig in eurem Haushalt? Was würdest du nie benutzen? Was hältst du für überflüssig?

1. *Du kannst im Supermarkt erkunden, welche Fertigprodukte dort angeboten werden. Notiere sie in einer Tabelle:*

Garfertige Lebensmittel	Zubereitfertige Lebensmittel	Verzehrfertige Lebensmittel
z. B. Nudeln	z. B. Müsli	z. B. Joghurt
Grillfleisch	Puddingpulver	Kekse

2. *Du kannst eine Top-10-Liste mit den beliebtesten Fertigprodukten deiner Klasse anlegen.*
3. *Du kannst Rezepte analysieren und herausfinden, wie lange du in der Küche stehen würdest. Vergleiche dies mit den Angaben auf Fertigprodukten.*
4. *Du kannst dir eine Meinung bilden: Sind Convenienceprodukte nützlich, nötig oder gar schädlich? Sammle Pro- und Kontra-Argumente und präsentiere diese.*
5. *Du kannst eine Liste mit den Lieblingsgerichten deiner Familie erstellen. Denk auch an besondere Festtagsgerichte. Schreibe zu jeder Speise auf, ob es aus frischen Lebensmitteln hergestellt wird oder Fertigprodukte verwendet werden.*

Was spricht für und was gegen die Verwendung von Convenienceprodukten?

Lest die folgenden Argumente und diskutiert in der Gruppe.

Dr. Health, Arzt/
Wissenschaftler/
Ernährungsexperte

Ich halte die vielen Zusatzstoffe in Convenienceprodukten für bedenklich, da sie meiner Meinung nach noch nicht ausreichend erforscht sind. Möglicherweise haben sie schwerwiegende Auswirkungen bei Kindern und Jugendlichen wie z. B. Karies, aber auch Aufmerksamkeitsstörungen und Übergewicht.

Ich halte viele Convenienceprodukte für völlig überflüssig. Da verkauft uns die Industrie billige Zutaten zu überzogenen Preisen. Für mich ist Kochen ein Erlebnis und gutes, frisches Essen eine Selbstverständlichkeit, die nicht zeitaufwendig sein muss.

Luigi Kochlöffel, Koch
und Restaurantbesitzer

Mein Unternehmen steht mit seinen Produkten im Dienst unserer Kunden. Ihnen wollen wir das Leben so einfach wie möglich machen. Die strengen Lebensmittelkontrollen in Deutschland sorgen ja dafür, dass unsere Waren absolut unbedenklich sind und zu einer gesunden Ernährung beitragen.

Herr Fixundfrisch,
Pressesprecher von Knopp

Frau Mustermann, kocht
je nach Situation und Zeit
unterschiedlich

Ich bin durch die Medien verunsichert. Wenig Zeit zwingt mich oft dazu, Fertigprodukte zu verwenden, auch wenn ich lieber frisch kochen würde. Dafür bleibt aber nur an Feiertagen Zeit. Außerdem verweigern meine Kinder oft die aufwendigen Mahlzeiten. Ich fürchte, sie sind schon sehr an den Geschmack ihrer Lieblingsprodukte gewöhnt.

Ich finde, die Konsumenten werden durch immer neue Packungsaufschriften getäuscht. Das kann kein Laie mehr durchschauen. Die Produzenten müssen offenlegen, was wirklich in den Produkten enthalten ist, und nicht nur neue Namen verwenden, wie z. B. Hefeextrakt statt Geschmacksverstärker.

Frau Ratundtat,
Verbraucherschützerin

Genuss braucht Zeit?! –
Fast Food war gestern, es lebe das Slow Food

Frische Zutaten brauchen Zeit?!

Um Zeit zu sparen, verwenden immer mehr Haushalte Fertigprodukte. Dieses schnelle Essen hat Vor- und Nachteile. Allerdings gibt es immer mehr Menschen, denen frische Gerichte und eine genussvolle Atmosphäre wichtig sind.

→ Rezepte-Finder: Frikadellen, Kartoffelpüree, Möhrensalat, Schokoladenpudding

Frikadellen, Kartoffelpüree, Möhrensalat und *Schokoladenpudding*

Frikadellen mit Würzmischung, Fertigpüree, Möhrensalat aus dem Glas, Schokopudding zum Anrühren

Du-kannst-Aufgaben

Ihr wollt es genau wissen? Wählt ein Gericht aus und bereitet es auf zwei Arten zu. Benutzt einmal nur frische Zutaten und beim anderen Gericht möglichst viele Fertigprodukte.

1. *Ihr könnt eure Beobachtungen notieren und anschließend eure Aufzeichnungen vergleichen.*

Benötigte Zeit	Aussehen	Inhaltsstoffe
Abfallmengen	Geschmack	Zusatzstoffe
Hohes/niedriges Spülaufkommen	Benötigte Fähigkeiten	Preis …

2. *Du kannst die Ergebnisse in der Gruppe diskutieren und dazu in die Rollen der Personen auf der vorangegangenen Seite schlüpfen.*
3. *Du kannst den gesundheitlichen Wert der Gerichte analysieren.*
4. *Du kannst laut Zutatenliste ein Fertiggericht deiner Wahl aus frischen Zutaten selbst nachkochen.*
5. *Du kannst die Inhaltsstoffe zu den ausgewählten Fertiggerichten recherchieren (s. Kap. 2, Zusatzstoffe).*

"Ich möchte die Geschichte einer Speise kennen. Ich möchte wissen, woher die Nahrung kommt. Ich stelle mir gerne die Hände derer vor, die das, was ich esse, angebaut, verarbeitet und gekocht haben."

Carlo Petrini, Gründer und internationaler Präsident von Slow Food

Aus: http://www.slowfood.de [19.03.2014]

Immer mehr Menschen ist es nicht egal, woher ihr Essen kommt. Dabei geht es neben Anbau und Produktionsverfahren auch um die Zubereitungsart der Speisen und deren Verzehr.

INFOBOX

Slow Food

... ist eine weltweite Vereinigung von Menschen, die ihr Essen bewusst genießen und die Kultur des Essens und Trinkens erhalten wollen. In Deutschland hat die Bewegung zurzeit 12 000 Mitglieder. Darüber hinaus setzt sich Slow Food für eine verantwortliche Landwirtschaft und Fischerei sowie eine artgerechte Viehzucht ein.

Unser traditionelles Lebensmittelhandwerk und die regionale Geschmacksvielfalt sollen bewahrt werden.

Slow Food®
Deutschland e.V.

Du-kannst-Aufgaben

Ihr habt Spaß am Kochen und Essen und wollt in eurer Schule beim nächsten Schulfest die Slow-Food-Idee verbreiten. Dazu gestaltet ihr Infoplakate und kleine Mahlzeiten.

1. *Du kannst recherchieren, was sich hinter dem abgebildeten Logo oben rechts verbirgt (www.slowfood.de).*
2. *Du kannst die nächste Slow-Food-Gruppe in eurer Nähe besuchen und ein Interview führen.*
3. *Du kannst Gerichte suchen, die trotz frischer Zutaten schnell zubereitet werden können, und mit den Rezepten ein Kochbuch gestalten.*
4. *Du kannst Kostproben zubereiten und anbieten.*

→ Web-Tipp

→ Methoden-Trainingsplatz: (S. 152)

Methoden-Trainingsplatz: Interview

Im Interview solltest du immer neutral bleiben, auch wenn dein Interviewpartner eine Meinung vertritt, die dir fremd ist!

Ein Interview führen

- In einem guten Interview erfährst du interessante Dinge, die du so vielleicht noch nicht von deiner Interviewpartnerin oder deinem Interviewpartner wusstest. Du kennst das sicher aus dem Fernsehen oder aus Zeitschriften, wo häufig Prominente interviewt werden.
- Die Qualität dieser Gespräche hängt stark von den gestellten Fragen, aber auch dem aufmerksamen Zuhören ab. Denn so ergeben sich häufig spannende Anschlussfragen, an die du am Anfang vielleicht gar nicht gedacht hast.
- Eine sorgfältige Planung ist daher sehr wichtig für ein gelungenes Interview. Du solltest zwar dein Ziel, das Thema des Gesprächs, immer im Auge behalten, aber dennoch angemessen auf die Antworten deines Gegenübers reagieren.

1. Vorbereitungsphase

- Mache dir klar, was du bereits über das Thema weißt, und wie deine eigene Meinung dazu ist. Wen wirst du interviewen? Was könnte diese Person vielleicht Besonderes wissen? Was ist das Ziel des Interviews?
- Notiere möglichst viele Fragen, die nicht nur mit einem Wort oder mit Ja/Nein zu beantworten sind.
- Überprüfe dies, indem du sie selbst beantwortest oder ein Probeinterview durchführst.
- Gehe mögliche Antworten durch und überlege dir Anschlussfragen.

2. Durchführungsphase

Mit deinen vorbereiteten Fragen führst du das Interview durch.

- Mache dir ausreichend Notizen, um die Antworten später präsentieren zu können.
- Höre gut zu und frage nach, wenn du etwas nicht verstanden hast.
- Protokolliere wenn möglich auch die Reaktionen deines Interviewpartners, z. B. falls er einmal keine Antwort parat hatte.

3. Präsentationsphase

Dazu gibt es mehrere Möglichkeiten:

- Ihr könnt das Ergebnis vor der Klasse präsentieren.
- Mehrere Interviews können zusammengefasst werden und besondere Ergebnisse als Wandzeitung oder in Diagrammen veranschaulicht werden.
- Es können aber auch nur einzelne besondere Aspekte ausgewählt und dargestellt werden.
- Ihr könnt die Interviews auch aufschreiben und als Buch gestalten.

Interviews zum Thema Familienmahlzeit – ein Auslaufmodell?

Beim Lesen der Darstellung des Familienfrühstücks sind dir vielleicht Unterschiede, aber auch Gemeinsamkeiten zu deinen Familienmahlzeiten zu Hause aufgefallen. Dies ist eine gute Gelegenheit, mit anderen ins Gespräch zu kommen und interessante Details über verschiedene Haushaltsgewohnheiten heute oder in der Vergangenheit zu erfahren.

1. Vorbereitungsphase

Das eigene Verhalten wird üblicherweise als Normalität angesehen, mache dir daher zunächst bewusst, was du als „normal" für eine Familienmahlzeit ansiehst. Notiere für dich zunächst stichwortartig:

- Welche Mahlzeiten sind für dich Familienmahlzeiten?
- Welche Mahlzeiten werden immer zusammen eingenommen, welche nie, welche nur manchmal?
- Warum ist das so?
- Wer bereitet die Mahlzeit zu? Immer? Manchmal?
- Wo wird gegessen?
- Formuliere weitere Fragen.
- Welche dieser Fragen würde dich auch bei deinem Interviewpartner interessieren?
  Vermutest du bestimmte Besonderheiten aufgrund von Religion oder Herkunftsland?
  Falls du ein Interview mit deinen Großeltern führst, auch aufgrund ihres Alters?
- Welche Fragen musst du stellen, um interessante Antworten zu erhalten? Was soll bei deinem Interview herauskommen? Du könntest z. B. herausfinden, was sich möglicherweise im Laufe der Jahre an den Mahlzeiten verändert hat, oder was gleich geblieben ist.

2. Durchführungsphase

Halte deine Fragen bereit und führe das Interview freundlich und neutral durch.
Vermeide, auf die Antworten negativ zu reagieren, aber stelle kluge Anschlussfragen und frage nach, falls du etwas nicht verstanden hast.

- „Habe ich das richtig verstanden, du meintest …?"
- „Interessant, kannst du das noch näher erklären?"

3. Präsentationsphase

Überlege, wie die gesammelten Informationen am besten präsentiert werden können.
Ist dein Interviewpartner mit der Veröffentlichung einverstanden oder sollen die Ergebnisse anonym dargestellt werden?

Apfeltaler (aus Quark-Öl-Teig)

500 g Äpfel	• waschen, schälen, Kernhaus entfernen und in kleine Würfel schneiden. Den Saft von
1 Zitrone	• unter die Äpfel mischen.
100 ml Apfelsaft *2 EL Zucker*	• in einen Topf geben, aufkochen lassen. Apfelwürfel zugeben und 4 Min. weich kochen. Apfelwürfel auskühlen lassen.
150 g Magerquark *6 EL Öl* *6 EL Milch* *75 g Zucker* *1 Päckchen Vanillezucker* *1 Prise Salz*	• mithilfe der Knethaken des Handrührgerätes miteinander verrühren.
300 g Mehl *½ Päckchen Backpulver*	• mischen und sieben. Die Hälfte davon mithilfe der Knethaken des Handrührgerätes unter die Quarkmasse kneten. Teigmasse auf ein Backbrett geben und den Rest des Mehles mit den Händen rasch unterkneten.
	• Teig zu einer Rolle formen und 1 – 2 cm dicke Scheiben abschneiden. • Aus den Teigstücken Taler formen und in der Mitte etwas eindrücken. • Ausgekühlte Apfelwürfel auf die Taler geben. Dabei einen kleinen Rand lassen.
100 g Sahne oder Dosenmilch	• Teigränder der Taler bestreichen.
Hagelzucker *Mandelblätter*	• auf die Taler streuen und bei 175 °C Umluft 15 – 20 Min. backen.

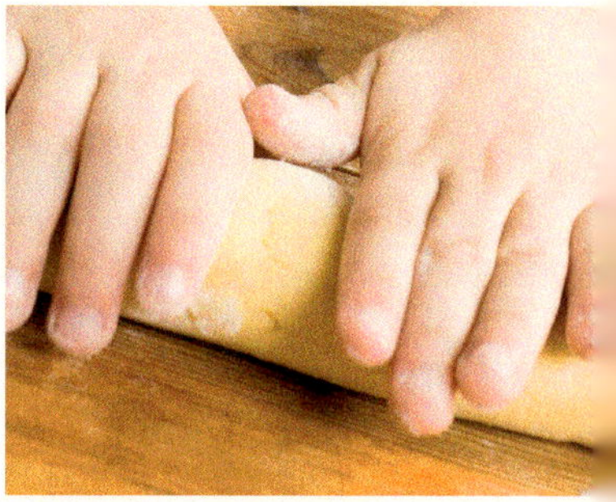

Tipp:
Der Teig muss eine glatte und gleichmäßige Beschaffenheit haben.

Arme Ritter – süß

1 Ei *¼ l Milch*	• miteinander gut verquirlen.
4 Scheiben Toastbrot	• einzeln in der Ei-Milch-Mischung wenden.
50 g Butterschmalz	• in einer Pfanne erhitzen.
	• Toastbrotscheiben auf beiden Seiten goldbraun braten, bis sie knusprig sind.
¼ TL Zimt *2 – 3 TL Zucker*	• gut vermischen, über die angebratenen Toastbrotscheiben streuen und warm servieren.

Avocadodip

1 reife Avocado	• halbieren, den Kern herauslösen, das Fruchtfleisch von der Schale lösen und mit
1 EL Zitronensaft	• beträufeln.
2 Zehen Knoblauch	• schälen und pressen.
125 g Joghurt *125 g Crème fraîche*	• in eine Schüssel geben. Die restlichen Zutaten hinzugeben, alles gut pürieren und mit
Salz *Pfeffer weiß* *Cayennepfeffer*	• abschmecken.

Tipp:
Schmeckt gut zu Gemüserohkost oder Brot.

Blätterteigschnecken mit Blattspinat

1 Rolle Blätterteig	• auspacken und ausgerollt auf die Arbeitsfläche legen.
½ Becher Schmand *Salz, Pfeffer*	• miteinander vermischen, abschmecken und • auf dem Blätterteig verstreichen.
Ca. 100 g Blattspinat	• auf dem Schmand verteilen.
	• Den Blätterteig von der breiten Seite her fest aufrollen, in fingerdicke Scheiben schneiden und auf dem Backblech verteilen (Abstand halten!). • Alles im Backofen bei 180° C ca. 25 – 30 Min. backen.

Tipp:
Die Blätterteigschnecken können auch mit anderen Lebensmitteln gefüllt werden (z.B. Schinken, Rucola, Käse, Salami).

Bruschetta

3 Tomaten	• waschen, entkernen und in kleine Würfel schneiden.
1 Knoblauchzehe *1 Zwiebel*	• schälen und sehr klein hacken.
1 Bund Basilikum	• waschen und etwas klein schneiden.
2 EL Olivenöl *Salz und Pfeffer*	• in eine Schüssel geben und die oben genannten Zutaten hinzugeben.
8 Scheiben Brot *(z. B. Ciabatta)*	• in einer Pfanne ohne Öl anrösten. Die Tomatenmischung auf die Brote geben und sofort servieren.

Tipp:
Am besten, du verwendest nur Tomaten, wenn diese bei uns Saison haben.

Bunte Gemüsepfanne

1 Möhre *2 Kartoffeln*	• waschen, schälen und kleinschneiden.
¼ Blumenkohl oder *¼ Brokkoli* *100 g Champignons* *1 Paprika* *½ kleine Aubergine* *½ Zucchini*	• putzen und in etwa gleich große, mundgerechte Stücke schneiden.
1 Zwiebel	• pellen und würfeln.
100 g Mais aus der Dose	• in einem Sieb abtropfen lassen.
2 – 4 EL Öl	• in einer Pfanne erhitzen und das Gemüse nach und nach hinzufügen. Mit Möhre und Kartoffeln beginnen, dann Blumenkohl oder Brokkoli dazugeben, anschließend die Zwiebel etwas andünsten und das restliche Gemüse hinzufügen. Es ist wichtig, dass das Gemüse nicht zu lange erhitzt wird, denn es soll knackig bleiben.
300 ml Gemüsebrühe	• aufgießen und bei geschlossenem Deckel fertig garen.
1 – 2 TL Gewürzmischung	• am Ende der Garzeit zugeben, das Aroma entfaltet sich in kürzester Zeit. Vorsichtig dosieren, lieber erst abschmecken.

Tipp:
Das Gemüse der bunten Gemüsepfanne kann nach Belieben kombiniert werden. Du kannst auch die Kartoffeln weglassen und das Gemüse mit Reis servieren.

Chickenwings

8 Hühnerflügel	• waschen und mit Küchenpapier trocken tupfen.
Barbecue-Gewürz: *1 TL schwarze Pfefferkörner* *½ TL Kreuzkümmel* *½ TL getrockneter Thymian* *½ TL getrockneter Majoran* *½ TL Cayennepfeffer* *2 TL Paprika* *1 TL Senfsamen* *½ TL Salz,* *1 EL Rohrzucker*	• ganze Gewürze mahlen, die Kräuter wenn nötig zerreiben, danach alle Zutaten mischen.
	• Hühnerflügel in einer Schüssel gründlich mit dem Barbecue-Gewürz mischen.
Backpapier	• auf dem Backblech auslegen, die Hühnerflügel nebeneinander darauf verteilen. Im Ofen (Mitte, Umluft 180 °) etwa 35 Min. backen, bis sie schön knusprig sind. Dabei nach etwa der Hälfte der Zeit wenden.

Tipp:
Chickenwings schmecken aus dem Backofen oder im Sommer natürlich vom Grill.
Wenn möglich, das Barbecue-Gewürz 2 – 3 Std. vor dem Grillen in das Fleisch einziehen lassen.

Garverfahren: Backen	Garverfahren: Grillen
Garen und Bräunen in heißer Luft bei Temperaturen von 150 – 250° C.	Garen und Bräunen in heißer Luft oder durch Kontaktwärme.
Geeignet für: Kuchen, Kleingebäck, überbackene Aufläufe, Geflügel, Braten usw.	**Geeignet für:** Kurzbratstücke, Fisch, Geflügel Besonders beliebt ist mariniertes Fleisch.
Vorteile: Beim Garen und Bräunen von Fleisch bilden sich auch ohne Fettzugabe Röst- und Aromastoffe.	**Vorteile:** Besonders geeignet für fettarme Zubereitung.
Nachteile: Hitzeempfindliche Vitamine werden zerstört.	**Nachteile:** Hitzeempfindliche Vitamine werden zerstört.

Coq au Vin

4 Hühnerkeulen *Salz* *Pfeffer* *Mehl zum Wenden*	• Hühnerkeulen waschen, mit Küchenpapier trocken tupfen und an den Gelenken durchtrennen, würzen und in Mehl wenden.
400 g Gemüse (z. B. Möhren, Knollensellerie, Lauch) *1 Zwiebel*	• Die Möhren und den Sellerie schälen. Den Lauch putzen und waschen. Die Zwiebel abziehen, • alles klein würfeln.
1–2 Zweige Rosmarin *2 Zweige Thymian* *1 Stängel Salbei* *2 Lorbeerblätter* *Küchengarn*	• Rosmarin, Thymian und Salbei unter fließendem, kaltem Wasser abspülen und trocken schütteln. Kräuter und Lorbeerblätter mit Küchengarn zu einem Sträußchen zusammenbinden.
30 g Butterschmalz	• in einem Schmortopf erhitzen, das Hühnerfleisch darin bei mittlerer Temperatur rundum in 4–5 Min. kräftig anbraten.
1 EL Tomatenmark	• unterrühren und kurz anrösten. Gemüse und Zwiebel in den Schmortopf geben und 4–5 Min. rösten. Kräutersträußchen dazugeben.
600 ml kräftige Hühnerbrühe	• zugießen und aufkochen. • Das Fleisch zugedeckt bei niedriger bis mittlerer Temperatur ca. 45 Minuten schmoren. • Hühnerfleisch herausnehmen und warm halten. Kräutersträußchen entfernen. Soße offen ca. 6 Min. auf die gewünschte Konsistenz einkochen lassen.
30 g kalte Butter	• nach und nach in Stückchen einrühren.
Ca. 10 kleine Champignons *100 g Frühstückspeck* *30 g Butter*	• Champignons mit Küchenpapier putzen und halbieren, Speck in kleine Würfel schneiden. Butter erhitzen, beides darin 3–4 Min. anbraten. Coq au Vin damit bestreuen.

Tipp:

Klassisch wird die Speise mit Wein zubereitet, wie die Bezeichnung „Coq au Vin" schon verrät; mit der Zeit gewannen vielfältige Variationen ohne Alkohol an Beliebtheit.
Zum Coq au Vin Bandnudeln oder Kartoffelgratin servieren.

Erdbeer-Spargel-Salat

1 kg Erdbeeren	• waschen, putzen und halbieren.
2 EL Zucker *2 EL weißer Balsamicoessig*	• zu den Erdbeeren geben und ziehen lassen.
1 kg grünen Spargel	• waschen und in mundgerechte Stücke schneiden.
3 EL Öl	• in einer Pfanne erhitzen und den Spargel bei mittlerer Hitze anbraten.
4 TL Honig *2 EL weißer Balsamicoessig* *Saft von 1 Zitrone*	• über den Spargel geben und vom Herd nehmen.
200 g Rucola	• waschen, abtropfen lassen und mit Erdbeeren und Spargel auf Tellern anrichten. Den Sud aus der Spargelpfanne als Soße darüber geben.
60 g Pinienkerne	• in einer Pfanne ohne Fett rösten und über den Salat geben.

Tipp:

Du kannst je nach Saison auch andere Zutaten verwenden. Probiere doch mal Tomaten, Birnen, Weintrauben, Käse oder Nüsse.

Frikadellen

1 Zwiebel	• schälen und würfeln, in eine Schüssel geben.
500 g gemischtes Hackfleisch *1 Ei* *ca. 6 EL Semmelbrösel* *2 TL Senf* *1 TL Salz, ½ TL Pfeffer* *1 TL Oregano*	• Zutaten zu den Zwiebeln geben und alles zu einem Teig vermischen. • Mit angefeuchteten Händen kleine Frikadellen formen und auf einem Teller ablegen.
1 EL Rapsöl	• in einer Pfanne erhitzen und die Frikadellen bei mittlerer Temperatur von allen Seiten braten. • Bis zum Servieren auf einem Teller im Backofen warm halten.

Frittata mit Schinkenspeck

100 g durchwachsenen Speck	• in schmale Streifen schneiden.
1 EL Olivenöl	• in einer Pfanne erhitzen, Speckstreifen zugeben und unter Rühren anbraten, bis die Speckstreifen ausgelassen und knusprig ist. • Speckstreifen aus der Pfanne nehmen.
5 Eier *5 EL Sahne* *Pfeffer*	• mithilfe des Schneebesens gut miteinander verquirlen. Die Hälfte der angebratenen Speckstreifen unterrühren.
1 EL Olivenöl	• in der Pfanne erhitzen.
	• Eiermasse in die Pfanne gießen, gleichmäßig verteilen und bei milder Hitze kurz stocken lassen. • Frittata bei 140° C im Backofen 15 Minuten fertig garen. • Frittata aus der Pfanne auf eine flache, runde Platte gleiten lassen, Rest Speckstreifen aufstreuen und warm servieren.

Frittata mit Zucchini

250 g kleine Zucchini	• waschen, die Enden knapp abschneiden und in feine Stifte schneiden.
1 Zwiebel *1 Knoblauchzehe*	• schälen, in feine Würfel schneiden.
1 Bund Schnittlauch	• waschen, in feine Röllchen schneiden.
5 Eier *5 EL Milch* *Salz, Pfeffer*	• mithilfe des Schneebesens gut miteinander verquirlen. • Die Hälfte der Schnittlauchröllchen untermischen.
4 EL Olivenöl	• in einer Pfanne erhitzen.
	• Zucchinistifte, Zwiebel- und Knoblauchwürfel zugeben und andünsten. • Eiermasse über das angedünstete Gemüse gießen, gleichmäßig verteilen und bei milder Hitze kurz stocken lassen. • Frittata bei 140° C im Backofen 15 Min. fertig garen. • Frittata aus der Pfanne auf eine flache, runde Platte gleiten lassen, restliche Schnittlauchröllchen aufstreuen und warm servieren.

Tipp:

Die Frittata kann auch gut mit Pilzen (Frittata ai funghi) zubereitet werden: Dafür 125 g Champignons, gehackte Petersilie und Schnittlauch in die Eiermasse geben, weitere 125 g Champignons andünsten, dann so wie links angegeben weiter zubereiten.

Früchtequark

1 Banane	• schälen, in dünne Scheiben schneiden.
1 Apfel *1 Birne*	• waschen, halbieren, vierteln, Kerngehäuse entfernen, achteln, in schmale Stücke schneiden.
Einige Weintrauben	• waschen, evtl. halbieren.
½ Zitrone	• auspressen und mit dem geschnitten Obst mischen.
250 g Magerquark *etwas Milch*	• miteinander verrühren.
Ca. 2 EL Zucker	• einrieseln lassen, probieren, wenn nötig etwas mehr Zucker zufügen.
	• Vorbereitetes Obst untermischen und in Dessertschälchen oder dekorative Gläser füllen.

Fruchtiges Sahnecurry mit Huhn

200 g Hähnchenbrust	• in mundgerechte Stücke schneiden.
½ rote Paprika	• waschen, Stiel und Kerne entfernen und in Würfel schneiden.
½ Brokkoli	• waschen, Röschen abschneiden und eventuell noch teilen.
3 EL Öl	• in einer Pfanne erwärmen und zunächst das Fleisch darin anbraten. Paprika und Brokkoli ebenfalls dazugeben und einige Minuten mitbraten.
1–2 TL Curry, 1 EL Mehl	• über das Geschnetzelte stäuben, umrühren, mit
¼ l Wasser *(evtl. mit etwas Brühe)*	• ablöschen, kurz aufkochen.
200 g Sahne	• hinzugeben, unterrühren und leicht köcheln lassen.
nach Belieben: Pfirsiche, Nektarinen oder Ananas	• klein schneiden, zugeben und leicht erwärmen, mit
Salz *Pfeffer*	• abschmecken.

Fünf-Gewürze-Huhn

1 EL frischer Ingwer *3 Knoblauchzehen* *1 große Schalotte* *4 TL Zucker* *50 ml Sojasoße* *50 ml thailändische oder vietnamesische Fischsoße* *½ TL Fünf-Gewürze-Pulver* *Pfeffer*	• Ingwer schälen, Knoblauch und Schalotte abziehen. Zusammen mit dem Zucker in einem Mixer zu einer Paste vermengen oder die Zutaten auf einem Schneidebrett mit einem großen, scharfen Küchenmesser zu einer Paste hacken. In eine kleine Schüssel füllen; Sojasoße, Fischsoße, Fünf-Gewürze-Pulver und etwas gemahlenen Pfeffer dazugeben.
Hühnerteile	• abwaschen und trocken tupfen. In eine weite Schüssel legen, Marinade darübergeben und die Teile darin wenden.
	• Backofen auf 200° C vorheizen.
Backpapier	• auf einem Backblech auslegen. Die Hühnerteile aus der Marinade nehmen, mit der Hautseite nach unten darauf verteilen. 11 – 12 Minuten bräunen, dabei zwischendurch nochmal mit der Marinade bepinseln. • Umdrehen, wieder mit der Marinade bepinseln und 11 – 12 Minuten grillen, bis beim Einstechen mit einem Messer klarer Fleischsaft austritt. In den letzten 10 Min. nicht mehr mit Marinade bepinseln. • Hühnerteile aus dem Backofen nehmen und servieren.

Gemüsepommes mit Tomatendip

Gemüse nach Wahl (z. B. Karotten, Kohlrabi, Gurke, Zucchini, Paprika)	• waschen, putzen in 1 cm dicke Streifen schneiden. Gemüsestreifen in Gläser anrichten.
Ca. 150 g Tomatensoße (selbst gemacht, s. S. 180)	• erkalten lassen.
100 – 150 g saure Sahne *Salz* *Pfeffer* *Chilipulver* *Basilikum*	• mit der Tomatensoße verrühren und würzen.

Tipp:
Der Tomatendip schmeckt auch zu Baguette, Fleisch oder Fisch.

Geschnetzeltes Züricher Art

600 g Hühnerbrustfilet *Pfeffer* *1 TL edelsüßes Paprikapulver*	• Das Fleisch abwaschen und trocken tupfen, einmal längs halbieren und in ½ cm dicke Streifen schneiden und würzen.
2 Zwiebeln	• abziehen und fein würfeln.
500 g Champignons	• mit Küchenpapier abreiben und in Scheiben schneiden.
4 EL Öl	• in einer großen, schweren Pfanne 2 EL Öl erhitzen, die Hälfte der Fleischstreifen darin bei starker Temperatur unter Rühren 3 Minuten von beiden Seiten kurz anbraten. Herausheben und auf ein Sieb geben, den Bratensaft auffangen. Die zweite Fleischportion mit dem übrigen Öl genauso braten und zur ersten Fleischportion geben.
1 EL Butter	• in der Pfanne schmelzen, die Zwiebeln und Champignons darin unter Rühren etwa 3 Min. goldbraun braten.
200–250 ml Gemüse- oder Hühnerbrühe	• zugeben, bei mittlerer Temperatur 5 Min. einkochen lassen.
200 g Sahne	• dazugeben und die Soße in 5–7 Min. cremig einkochen lassen.
Salz *Pfeffer* *½ Bund Petersilie* *1 TL abgeriebene Biozitronenschale*	• Fleisch samt dem Bratensaft einrühren und 2–3 Min. in der Soße ziehen lassen. • Geschnetzeltes mit Salz und Pfeffer abschmecken. • Petersilie abspülen und trocken schütteln. Die Blätter hacken und mit der Zitronenschale untermischen.

Tipp:
Das Original „Züricher Geschnetzeltes" ist eine berühmte Spezialität aus der Schweiz. Dafür wird in feine Streifen geschnittenes Kalbfleisch aus der Oberschale verwendet.
Zu Geschnetzeltem passen gut Rösti.

Heiße Schokolade

50 g Schokolade	• hacken und im Wasserbad schmelzen.
400 ml Milch *100 g Sahne* *½ Zimtstange* *3 EL Honig*	• in einem Topf aufkochen.
2 EL Kakaopulver	• in die Sahnemilch einrühren und Topf vom Herd nehmen.
	• Sahnemilch durch ein Sieb nach und nach in die geschmolzene Schokolade rühren.

Tipp:
Heiße Schokolade mit dem Stabmixer vor dem Servieren schaumig rühren.

Hühnerbrühe

1 Suppenhuhn	• innen und außen unter fließendem, kaltem Wasser abspülen (wenn nötig, Innereien vorher entfernen).
2–3 l Wasser	• in einem großen Topf zum Kochen bringen. Das Huhn in das kochende Wasser geben, alles zum Kochen bringen und abschäumen.
1 EL Salz	• in den Topf geben. Das Huhn 1 ½ Std. köcheln lassen, wenn nötig, etwas kaltes Wasser nachgießen.
1 Bund Suppengrün (Möhre, Sellerie, Porree, Petersilie)	• In der Zwischenzeit Suppengrün putzen, schälen, abspülen, abtropfen lassen und grob zerkleinern.
1 Zwiebel	• abziehen.
10 weiße Pfefferkörner *2 Lorbeerblätter*	• Vorbereitetes Suppengrün mit der Zwiebel, den Pfefferkörnern und Lorbeerblättern nach etwa 60 Min. Garzeit in die Brühe geben und mitgaren.
2–3 Stängel Petersilie	• etwa 15 Minuten vor Ende der Garzeit in die Brühe geben und ziehen lassen.
	• Das Hühnerfleisch aus der Suppe nehmen. Die Brühe durch ein feines Sieb gießen. Das Huhn enthäuten. Das Fleisch von den Knochen lösen, in Stücke zupfen. Das Fleisch kann als Suppeneinlage oder auch für Hühnerfrikassee verwendet werden.

Tipp:
Die Hühnerbrühe lässt sich gut einfrieren.

Hühnercurry mit Kokosmilch

300 g Möhren	• schälen, längs halbieren und schräg in 1 cm breite Stücke schneiden.
1 Stange Zitronengras	• waschen, quer halbieren und jedes Stück 1 Mal längs einschneiden.
2 Knoblauchzehen *30 g frischer Ingwer*	• Knoblauch abziehen, Ingwer schälen und grob würfeln.
1 – 2 rote Chilischoten	• putzen und längs einschneiden. Kerne mit einem Messer entfernen. Chilischote fein hacken.
600 g Hühnerbrustfilet	• waschen, trocken tupfen und in grobe Würfel schneiden.
1 EL Butterschmalz *Salz* *Pfeffer*	• in einer großen Pfanne erhitzen. Fleisch darin unter Wenden ca. 5 Min. anbraten. Mit Salz und Pfeffer würzen.
	• Möhren zugeben und kurz braten. • Ingwer und Knoblauch durch eine Knoblauchpresse direkt in die Pfanne drücken. Chili zugeben, alles unter Wenden 1 – 2 Min. braten.
Ca. 2 EL Curry-Gewürzmischung	• darüberstäuben. Curry unter Rühren kurz anschwitzen.
1 Dose (400 ml) ungesüßte Kokosmilch *350 ml Gemüse- oder Hühnerbrühe*	• Kokosmilch und Brühe zugeben und aufkochen.
	• Zitronengras dazugeben.
½ Limette *Salz* *Curry-Gewürzmischung* *Koriander zum Garnieren*	• Limette gewaschen und in Scheiben geschnitten ebenfalls dazugeben. • Hühnercurry zugedeckt bei schwacher bis mittlerer Hitze 15 – 20 Min. köcheln. • Mit Salz und Curry abschmecken, mit Koriander garnieren.

Tipp:

Zum Hühnercurry schmeckt Basmati-Reis.

Hühnerfrikassee

25 g Butter	• in einem Topf bei niedriger bis mittlerer Temperatur zerlassen.
30 g Weizenmehl	• hinzugegeben und unter ständigem Rühren etwa 3 Min. erhitzen (anschwitzen), bis eine goldgelbe Farbe erreicht ist.
500 ml kalte Hühnerbrühe	• nach und nach unter ständigem, schnellen Rühren mit dem Schneebesen zufügen, damit sich keine Klümpchen bilden. So lange weiterrühren, bis sich Brühe, Butter und Mehl gut zu einer Mehlschwitze verbunden haben. • Die Mehlschwitze etwa 10 Min. bei niedriger Temperatur leicht kochen lassen, bis die gewünschte Konsistenz erreicht ist. Zwischendurch immer wieder umrühren.
170 g Spargel	• putzen und in mundgerechte Stücke schneiden.
150 g Champignons	• putzen und vierteln.
Kleine Fleischstücke vom Huhn	• mit dem Gemüse in die Soße geben und kurz aufkochen lassen.
4 EL Schlagsahne	• unterrühren und auf die gewünschte Konsistenz einkochen, mit
Salz *Pfeffer* *Muskat* *¼ bis 1 EL Zitronensaft*	• abschmecken.

Tipp:

Du kannst auch Spargel und Champignons aus dem Glas/aus einer Dose verwenden, dann musst du diese erst in einem Sieb abtropfen lassen.
Nach Belieben kannst du die Speise auch in Kombination mit Erbsen zubereiten.

Joghurtdressing mit Kräutern

150 g Joghurt *2 EL Zitronensaft oder Weißweinessig* *1 EL Sonnenblumenöl*	• verrühren.
2–3 EL Kräuter (z.B. Basilikum, Dill, Petersilie, Schnittlauch)	• abspülen, trocken schütteln und die Blätter abzupfen. Alle Kräuter fein schneiden bzw. hacken, in den Joghurtdressing einrühren, mit
Salz und Pfeffer	• abschmecken.

Kaiserschmarrn

4 Eier	• aufschlagen, dabei das Eigelb vom Eiweiß trennen. In zwei größere Rührschüsseln geben. • Das Eiweiß mit einem Handrührgerät zu sehr steifem Eischnee schlagen.
40 g Zucker *1 Päckchen Vanillezucker* *1 Prise Salz*	• zum Eigelb geben und mit einem Handrührgerät sehr schaumig schlagen.
375 ml Milch *250 g Mehl*	• nach und nach zu der Eigelbmasse geben und vorsichtig unterrühren.
	• Mit einem Schneebesen den Eischnee langsam unter die Eigelbmasse rühren.
60 g Rosinen	• zu der Masse geben und verrühren.
1 EL Butter	• in einer Pfanne erhitzen, eine große Kelle Teig hineingeben und bei mittlerer Hitze goldbraun werden lassen. Dann umdrehen und fertig backen, schließlich mit zwei Gabeln in Stücke reißen und auf einen Teller geben. Im Backofen warm stellen.
Puderzucker	• vor dem Servieren über den Kaiserschmarrn sieben.

Tipp:
Apfelmus dazu servieren!

Kartoffelpüree

1 kg Kartoffeln	• schälen, kleinschneiden, mit wenig Wasser kochen.
125 ml warme Milch *20 g Butter*	• mit den gekochten Kartoffel mischen und mit
etwas Garflüssigkeit	• stampfen. Mit
Salz, Pfeffer, Muskatnuss	• würzen.

Tipp:
Alternativ können die gekochten Kartoffeln durch eine Kartoffelpresse gedrückt werden und dann mit der Milch verrührt werden. Nicht zu lange rühren, Kleistergefahr!

Käsespieße

500 g Gouda am Stück	• Rinde abschneiden und würfeln.
Erdbeeren *Trauben* *Oliven (schwarz und grün)*	• waschen und in mundgerechte Stücke schneiden.
Zahnstocher	• Je einen Goudawürfel und eine Erdbeere, Traube oder Olive auf einen Zahnstocher stechen.
Basilikumblätter	• abzupfen und waschen, anschließend gut trocknen.
250 g Cocktailtomaten	• waschen und gut abtropfen lassen.
2 Pakete *Mini-Mozzarellakugeln*	• abtropfen lassen.
	• Je ein Basilikumblatt, eine Cocktailtomate und eine Mozzarellakugel auf einen Zahnstocher stechen.

Kirsch-Schoko-Kuchen

200 g Butter oder *Margarine* *200 g Zucker* *1 Päckchen Vanillezucker*	• Zutaten in eine Rührschüssel geben, mithilfe der Rührstäbe des Handrührgerätes so lange schlagen, bis eine helle, cremige Masse entsteht und der Zucker nicht mehr knirscht.
4 Eier	• aufschlagen, einzeln zur cremigen Zucker-Fett-Mischung geben und unterrühren.
1 Glas Sauerkirschen	• abtropfen lassen, dabei zwei Esslöffel Saft auffangen.
250 g Mehl *½ Päckchen Backpulver* *1 TL Zimt* *1 TL Kakaopulver* *2 EL Kirschsaft*	• Mehl und Backpulver mischen, sieben und mit den Geschmackszutaten und dem Rest Kirschsaft zum Teig geben. Bei mittlerer Stufe rühren, bis kein Mehl mehr sichtbar ist, dauert höchstens zwei Minuten.
150 g geriebene Schokolade *oder 150 g Schokoraspel*	• mit den Kirschen vorsichtig unter den Teig heben.
	• Teig in eine gefettete und bemehlte Kastenform füllen und bei 180° C ca. 60 – 70 Min. backen. • Kuchen vom Rand lösen und in der Form auskühlen lassen. • Kuchen aus der Form stürzen und mit
2 EL Puderzucker	• bestäuben.

Tipp:

Alle Zutaten müssen die gleiche Temperatur haben, damit eine lockere Teigmasse gerührt werden kann.

Garprobe: Mit einem Holzstäbchen in den Kuchen stechen – bleibt das Stäbchen trocken, ist der Kuchen fertig.

Kräuterbutter

4 – 5 EL Schnittlauch	• abspülen, trocken schütteln und zu Röllchen schneiden.
150 g weiche Butter *1 – 2 EL Zitronensaft*	• Zutaten in einer Schüssel mit dem Schnittlauch vermengen.
	• Ein Stück Klarsichtfolie auf der Arbeitsfläche ausbreiten, die gewürzte Butter in die Mitte häufeln und in eine längliche Form drücken. Mit einem weiteren Stück Klarsichtfolie gut umwickeln. • Die Butter zu einer Rolle formen, dabei darauf achten, dass die Folie nicht hineingeknetet wird. Die Enden der Folie zum Knoten verdrehen und in Klarsichtfolie verpackt kühl stellen.

Tipp:
Viele frische Kräuter können verwendet werden, z. B. Schnittlauch, Petersilie, Basilikum, Kerbel, Estragon, Thymian und Zitronenmelisse.

Kräutermuffins

1 Bund Basilikum *½ Bund Oregano*	• abspülen, trocken tupfen, von den Stängeln abzupfen und klein schneiden bzw. hacken.
4 getrocknete Tomaten in Öl	• gut abtropfen lassen und sehr klein würfeln.
1 getrocknete Chili	• sehr fein hacken.
150 g Doppelrahmfrischkäse *Salz und Pfeffer*	• Die Hälfte des Basilikums, die Tomatenwürfel und die zerkleinerte Chilischote mit dem Frischkäse mischen. Käsemischung mit Salz und Pfeffer vorsichtig abschmecken. • Backofen auf 175 °C vorheizen.
50 g Parmesan *170 g Mehl* *2 ½ TL Backpulver* *½ TL Natron* *1 Prise Muskatnuss* *je ½ TL Zucker und Salz*	• sorgfältig vermischen.
75 g Butter *2 Eier* *250 ml Buttermilch*	• Butter mit Eiern schaumig rühren. Buttermilch, das restliche Basilikum, Oregano bzw. Thymian unterrühren. Dann die Mehlmischung unterheben.
1 Muffinblech *12 Papierförmchen*	• Papierförmchen in die Mulden des Muffinblechs setzen. • Die Hälfte des Teigs gleichmäßig in die Förmchen verteilen. Jeweils 1 TL Frischkäsemasse in die Mitte auf den Teig setzen und mit dem restlichen Teig bedecken. • Die Muffins im heißen Ofen (Mitte) 20 – 25 Min. backen. • Etwa 10 Min. auskühlen lassen und aus den Förmchen lösen.

Kräuterquark

250 g Quark *100 g Joghurt*	• verrühren.
2–3 EL Kräuter *(z. B. Basilikum, Dill, Petersilie, Schnittlauch)*	• abspülen, trocken schütteln und die Blätter abzupfen. • Alle Kräuter fein schneiden bzw. hacken, in den Dip einrühren und abschmecken. Mit
Salz und Pfeffer	• nochmal abschmecken.
	• Dip verrühren und in einem Schälchen anrichten.

Kräuterquark mit Senf

250 g Quark *100 g saure Sahne* *1 TL scharfer Senf* *2 TL Olivenöl*	• verrühren.
½ Bund Basilikum *½ Bund Petersilie* *½ Bund Dill* *½ Bund Zitronenmelisse*	• abspülen, trocken schütteln und die Blätter abzupfen, sehr fein schneiden bzw. hacken, untermischen und abschmecken. Mit
Salz und Pfeffer	• nochmals abschmecken.

Low-Carb-Brötchen

4 Eier *200 g Magerquark* *120 g Mandelmehl* *(alternativ: gemahlene Mandeln)* *100 g Mehl* *1 EL Natron* *1 TL Salz*	• in einer Rührschüssel mit den Knethaken des Handrührgeräts verkneten. • Mit einem Esslöffel Portionen abstechen und mit angefeuchteten Händen Brötchen formen. • Im vorgeheizten Backofen bei 180° C ca. 20 Min. goldbraun backen.

Tipp:
Nach Bedarf: Mohn, Sesam oder Sonnenblumenkerne vor dem Backen über die Brötchen streuen und leicht andrücken.

Möhrensalat

Ca. 200 g Möhren	• waschen, mit dem Sparschäler schälen und mit einer Raspel in feine Streifen in eine Schüssel reiben.
1 gestrichenen TL Salz *2–3 gestrichene TL Zucker* *Pfeffer* *1 EL Zitronensaft* *2 EL Weinessig* *3 EL Öl*	• dazugeben und mit den Möhren mischen.
	• Den Salat ca. 30 Min. ziehen lassen.

Tipp:
Du kannst auch einen Teil der Möhren durch einen Apfel ersetzen, dann schmeckt der Salat noch fruchtiger.

Müsliriegel (ca. 16 Stück)

	• Backofen auf 180° C vorheizen.
175 g Butter	• in einem Topf bei niedriger Temperatur schmelzen.
175 g brauner Zucker *4 EL heller Sirup*	• hinzufügen und mit einem Kochlöffel umrühren, bis der Zucker aufgelöst ist. • Den Top vom Herd nehmen.
350 g kernige Haferflocken *50 g Cornflakes*	• langsam und gründlich mit der Masse verrühren.
Nach Belieben: *50 g Trockenfrüchte* *(z. B. Cranberrys, Rosinen, gehackte Aprikosen)*	• unter den Teig rühren.
	• Die Mischung in eine flache Backform füllen, mit dem Kochlöffel sorgfältig bis in die Ecken drücken und die Oberfläche glatt streichen. • 25 Min. backen, bis der Teig fest und goldbraun ist; 10 Min. abkühlen lassen, dann in Riegel schneiden; ganz abkühlen lassen, erst dann aus der Form nehmen.

Nudelpfanne (Resteküche für eine Portion)

1 kleine Zucchini	• waschen, grob raspeln, in ein Sieb geben.
Etwas Salz	• unter die Zucchiniraspel mischen, kurz ziehen lassen.
200 g – 300 g gekochte Spaghetti	• in ca. 5 cm große Stücke schneiden.
1 – 2 Eier	• verquirlen.
	• Zucchiniraspel gut ausdrücken und mit verquirlten Eiern und den Spaghetti vermischen. Mit
Salz und Pfeffer *Nach Belieben:* *etwas Curry*	• abschmecken.
2 EL Öl	• in einer beschichteten Pfanne erhitzen, Spaghetti-Zucchini-Masse zugeben und flach drücken. Bei mittlerer Hitze von beiden Seiten anbräunen.

Tipp:
Wird das Rezept mit rohen Nudeln zubereitet, sind pro Portion 80 – 100 g rohe Spaghetti einzuplanen.
Für die Nudelpfanne kannst du auch andere Reste verwenden: Paprika, Zwiebel, Salami, Schinken usw.

Ofenkartoffeln mit Kräutern

1,2 kg mittelgroße festkochende Kartoffeln	• gründlich waschen evtl. abbürsten und abtrocknen.
2 Knoblauchzehen	• abziehen und hacken.
4 Stängel Thymian *2 Stängel Rosmarin*	• abspülen, trocken tupfen, Blätter bzw. Nadeln von den Stängeln zupfen und grob hacken.
5 EL Olivenöl *Salz* *Pfeffer* *1 Messerspitze Chiliflocken*	• Für die Marinade Olivenöl, gehackte Kräuter, Knoblauch, Salz, Pfeffer und Chiliflocken verrühren. Die Kartoffeln ungeschält der Länge nach halbieren, in die Marinade geben, vermengen und (wenn möglich) 30 Min. durchziehen lassen.
	• Kartoffelhälften mit der Schnittfläche nach oben auf ein gefettetes Backblech legen. Mit der restlichen Marinade beträufeln. • Das Backblech auf mittlerer Einschubleiste in den vorgeheizten Backofen schieben und die Kartoffeln bei 200° C etwa 35 Min. garen. • Mit Kräuterquark oder Kräuterbutter servieren.

Tipp:
Um die Garzeit zu verkürzen, Kartoffeln in Viertel oder Sechstel schneiden (Wedges).
Die Garzeit im Backofen beträgt dann nur etwa 20 Min.
Die Ofenkartoffeln mit Kräuterquark oder Kräuterbutter servieren.

Ofenschlupfer

4 Brötchen	• in dünne Scheiben schneiden.
4 Äpfel	• waschen, schälen, Kernhaus entfernen und in feine Spalten schneiden.
½ l Milch *2 Eier* *2 EL Zucker* *1 TL Zimt*	• miteinander gut verquirlen. Mit etwas
weicher Butter oder Margarine	• eine Auflaufform einfetten.
nach Belieben: *100 g Rosinen*	• Brotscheiben und Apfelspalten dachziegelartig in die Auflaufform schichten. Dazwischen die Rosinen einstreuen. Am Schluss die Eier-Milch-Mischung über den Auflauf gießen.
50 – 80 g Butter als Flocken *4 EL Semmelbrösel*	• auf den Auflauf geben und bei 175° C Umluft ca. 30 Minuten backen.

Tipp:
Die Milch kann auch durch einen Teil Sahne (Resteverwertung) ersetzt werden. Vanillesoße zu den Ofenschlupfern reichen.

Pesto

50 g Pinienkerne	• in einer Pfanne ohne Fett goldgelb rösten und auf einem Teller erkalten lassen.
2 – 4 Knoblauchzehen	• abziehen.
1 Bund Basilikum *½ TL Salz*	• Basilikum abspülen, trocken tupfen und die Blätter abzupfen, mit Salz, Pinienkernen sowie Basilikum in einen Mess- oder Rührbecher geben und pürieren.
100 g geriebener Parmesan	• zugeben und nochmals pürieren.
200 ml Olivenöl	• einlaufen lassen und weiter pürieren, bis ein dickflüssiges Pesto entsteht.

Tipp:
Für Nudelgerichte ein wenig Pesto mit 1 – 2 Esslöffeln von dem heißen Nudelwasser verrühren und mit den Nudeln vermengt servieren.

Pesto-Oliven-Brot

Backpapier	• Den Backofen auf 200° C vorheizen. Ein Backblech mit Backpapier auslegen.
250 g Weizenmehl (Type 405) *250 g Weizenvollkornmehl* *1 TL Natron*	• in eine große Schüssel sieben.
3 EL Pesto *300 ml Buttermilch* *50 g entsteinte grüne Oliven*	• Den Pesto in die Buttermilch rühren. Mit den Oliven zu der Mehlmischung geben und alles zu einem weichen Teig verkneten. Falls nötig, etwas mehr Flüssigkeit einarbeiten.
	• Den Teig zu einem Kreis (20 cm ø) formen und auf das Backblech legen. Etwas flach drücken und kreuzförmig einschneiden.
Milch zum Bestreichen	• Den Laib mit Milch bestreichen und im vorgeheizten Ofen 30 – 35 Min. goldbraun backen. Das Brot sollte hohl klingen, wenn man auf die Kruste klopft.

Pizza mit Parmaschinken und Rucola (1 Backblech)

300 g Mehl *½ Würfel frische Hefe*	• in eine große Rührschüssel geben, Hefe zerbröseln und unter das Mehl rühren.
4 EL Olivenöl *¼ TL Salz* *150 ml lauwarmes Wasser*	• zu Mehl und Hefe geben und mit den Knethaken des Handrührgeräts zu einem Teig verkneten. Eventuell auf der Arbeitsplatte mit den Händen zu einer geschmeidigen Kugel kneten. Falls erforderlich, mit etwas Mehl bestäuben, der Teig darf nicht kleben. • Teig mit einem Tuch bedecken und 15 Min. gehen lassen.
1 kl. Dose Pizzatomaten *Pfeffer* *Salz* *italienische Kräuter*	• in eine Schüssel geben und mit den Gewürzen und Kräutern abschmecken.
100 g Parmesan	• reiben und zur Seite stellen.
100 g Parmaschinken	• in Streifen schneiden.
50 g Rucola	• putzen, waschen und trocknen.
	• Den Teig ausrollen, mit der Tomatensauce und dem Käse belegen.
	• Bei 200° C backen und vor dem Servieren mit Schinken und Rucola bestreuen.

Pizzamuffins (24 Stück)

	• Backofen auf 180° C Umluft vorheizen.
100 ml Milch *1 Würfel Hefe* *2 EL lauwarmes Wasser* *2 Prisen Zucker*	• in eine Schüssel geben und die Hefe darin auflösen.
500 g Mehl	• in eine Rührschüssel sieben.
150 g Butter *2 Eier* *½ TL Salz* *1 TL Pizzagewürz*	• in die Rührschüssel geben, Hefemischung hinzugeben und alles gut durchkneten; • danach 20 Min. gehen lassen.
2 Zwiebeln *1 EL Öl*	• schälen, in kleine Würfel schneiden und in • glasig dünsten.
100 g Schinken	• klein schneiden.
2 Tomaten	• entkernen und in kleine Würfel schneiden.
100 g Champignons	• klein schneiden.
50 g geriebenen Gouda	• zusammen mit dem Schinken, den Tomaten und den Champignons unter den Teig kneten,
	• auf die Förmchen aufteilen (ca. 2/3 füllen) und mit
etwas Gouda	• bestreuen und • ca. 25 – 30 Minuten backen.

Salat mit pikantem Senfdressing

1 Eisberg- oder Kopfsalat	• waschen und trocknen und in eine Schüssel geben.
2 TL süßer Senf *1 TL Salatkräuter, fein geschnitten* *3 EL Zitronensaft* *Salz und Pfeffer* *½ Tl. Zucker* *3 EL Öl oder Joghurt*	• in einer kleinen Schüssel verrühren und unter den Salat mischen.

Tipp:
Du kannst die Zutaten für den Salat noch erweitern durch Tomaten, Salatgurke, Gemüsemais, Paprika, Zwiebelringe, Kidneybohnen, usw.
Dazu schmeckt ein frisches Baguette.

Saltimbocca alla Romana

4 Hühnerbrustfilets	• kalt abspülen und mit Küchenpapier trocken tupfen. Mit einem scharfen Messer horizontal der Länge nach in je zwei dünne Schnitzel schneiden.
100 g roher geräucherter Schinken in dünnen Scheiben	• in Größe der Fleischstücke zuschneiden und je eine Scheibe auf ein Schnitzel legen.
8 Salbeiblätter	• abspülen, trocken tupfen und darauf verteilen. Schinken und Salbei mit Zahnstochern auf dem Hühnerfleisch feststecken.
Salz *Pfeffer*	• Die unbelegte Seite der Filets leicht würzen.
1 EL Butter *2 EL Olivenöl*	• Butter und Öl in zwei Pfannen verteilen und gleichzeitig erhitzen. Die Hühnerbrustfilets mit der Schinkenseite nach unten einlegen und bei mittlerer Hitze etwa 2 Min. braten. Die Schnitzel wenden und in 1 Min. fertig braten. Die Saltimbocca aus der Pfanne nehmen und zugedeckt warm halten.
150 ml Hühnerbrühe	• auf die Pfannen verteilen und den Bratensatz damit lösen. Die Soßen zusammengießen, mit Salz und Pfeffer abschmecken und zu den Saltimbocca reichen.

Tipp:

Der italienische Klassiker wird mit Kalbsschnitzeln zubereitet. Du kannst das Hühnerbrustfilet durch Kalbsschnitzel tauschen und erhältst ein genauso wohlschmeckendes und zartes Gericht.
Dazu passen Rosmarinkartoffeln oder Brot und Blattsalat.

Garverfahren: Braten in der Pfanne

Garen und Bräunen in heißem Fett in der Pfanne bei ungefähr 180° C.

Geeignet für:
Kurzbratstücke, Fisch, Kartoffeln usw.

Vorteile:
Schnelles Garen von kleinen Portionen. Es bilden sich Röst- und Aromastoffe.
Aus den Bratenrückständen können leckere Soßen hergestellt werden.

Nachteile:
Wenn Fleisch zu lange gebraten wird, kann es schnell trocken werden.

Schoko-Cantuccini

250 g Mehl	• auf eine Arbeitsfläche sieben, in der Mitte eine Mulde eindrücken.
50 g Butter	• in Stücke schneiden und
2 Eier *25 g Kakaopulver* *160 g brauner Zucker* *1 Päckchen Vanillezucker* *1 Prise Salz* *100 g Pinienkerne* *60 g Pistazienkerne*	• in die Mulde geben. Alle Zutaten mit den Händen gut vermengen und rasch zu einem glatten Teig verarbeiten.
	• Teig in Frischhaltefolie einwickeln und ca. 45 Min. kühl stellen. • Teig in vier gleich große Portionen teilen. Jede Portion zu einer ca. 25 cm langen Rolle formen.
Backpapier	• auf einem Backblech auslegen. Teigrollen mit Abstand zueinander auf das Backblech legen und bei 200° C ca. 15 Min. backen. • Gebackene Teigrollen 10 Min. auskühlen lassen und jede Rolle vorsichtig mit einem Sägemesser schräg in 1 cm dicke Scheiben schneiden. Mit den Schnittflächen auf das Backblech legen und weitere 10 Min. backen.

Tipp:
Schoko-Cantuccini in einer Dose kühl und trocken lagern. Dann können sie einige Wochen aufbewahrt werden.

Die Beheizungsfunktionen des Backofens

Ober- u. Unterhitze	**Umluft**	**Grillen**
Der Backofenraum wird durch Heizkörper im Boden und in der Decke beheizt. Je nach Typ können diese einzeln oder zusammen eingeschaltet werden. Es kann nur ein Backblech eingeschoben werden. Ist nichts im Rezept angegeben, wird dies in die mittlere Einschubleiste geschoben.	In der Backofenrückwand ist ein Ventilator eingebaut, der die Wärme gleichmäßig im ganzen Backofen verteilt. So können auch mehrere Bleche gleichzeitig eingeschoben werden. Von der Temperaturangabe für Ober- und Unterhitze können 20° C abgezogen werden. Steht also im obigen Rezept 200° C, dann brauchst du im Umluftherd nur 180° C.	Durch einen fest eingebauten Rohrheizkörper unter der Decke des Backofens können Temperaturen von bis zu 300° C erreicht werden. So wird Fleisch z. B. besonders knusprig. Wenn Umluft und Grillfunktion kombiniert werden können, muss außerdem das Grillgut nicht gewendet werden.

Achtung! Steht keine Angabe im Rezept, ist stets Ober- und Unterhitze gemeint.

Schokomuffins

140 g Zartbitterschokolade	• hacken und mit
190 g Butter	• in einem Topf schmelzen und etwas abkühlen lassen.
150 g Walnüsse	• grob hacken.
150 g Mehl	• sieben.
3 Eier *200 g Zucker* *1 Päckchen Vanillezucker*	• mithilfe der Rührstäbe des Handrührgeräts zu einer sehr cremigen Masse aufschlagen, dauert ca. 7 Min.
	• Zuerst Mehl, dann die geschmolzene Schokoladenbutter und zum Schluss die Walnüsse vorsichtig unter die Eiermasse heben.
Papierförmchen	• in die Mulden des Muffinbleches legen. Teig in die Förmchen füllen. • Muffins bei 180° C ca. 30 Min. backen, kurz auskühlen lassen und aus den Mulden nehmen.

Tipp:
Früchte oder Trockenfrüchte in geschmolzene Schokolade tauchen und zur Verzierung auf die gebackenen Muffins setzen.

Schokoladenpudding

80 g Zartbitterschokolade	• grob hacken. Von
500 ml Milch	• 3 EL abnehmen.
2 gestrichene EL Speisestärke	• in den 3 EL Milch klümpchenfrei anrühren. • Die restliche Milch in einem kleinen Topf erwärmen, Schokolade darin schmelzen.
1 EL Backkakao (schmeckt dann noch schokoladiger)	• unterrühren. Sobald es aufkocht, die Speisestärke zugeben und gut verrühren.
Zucker (nach Geschmack)	• unterrühren.
	• In Portionsschälchen füllen und abkühlen lassen.

Spaghetti alla „Tofu-Carbonara“

500 g Spaghetti	• in kochendem Salzwasser „al dente“ (bissfest) kochen.
150 g Räuchertofu	• in kleine Würfel schneiden.
1 Zwiebel	• schälen und ebenfalls in kleine Würfel schneiden.
1 Bund glatte Petersilie	• hacken und zur Seite stellen.
4 EL Olivenöl	• in einer Pfanne erhitzen und die Tofuwürfel 3 Min. bei mittlerer Hitze braten. Dann die Zwiebelwürfel hinzugeben und weitere 3 Min. braten.
300 ml Sahne	• hinzugießen und kurz aufkochen. Die gehackte Petersilie unterheben.
Salz und Pfeffer	• zum Abschmecken verwenden. • Die Soße direkt unter die gegarten Spaghetti heben.

Tipp:
Klar, dieses Gericht wird eigentlich mit Fleisch zubereitet. In diesem Rezept schmeckt der Tofu durch das Raucharoma dem Fleisch aber sehr ähnlich. Tofu bekommst du im Bioladen und in vielen Supermärkten.

Tomatensoße aus Dosentomaten

½ Zwiebel *½ Knoblauchzehe*	• Beides abziehen. • Zwiebel fein würfeln. Knoblauch sehr klein hacken.
1–2 EL Olivenöl	• in einem Topf erhitzen. Zwiebel und Knoblauch darin dünsten.
1 Dose (200 g) geschälte Tomaten *1 EL Tomatenmark*	• zufügen, nach Belieben Tomatenmark unterrühren.
	• Tomatenmasse zum Kochen bringen und mit Deckel bei schwacher Hitze etwa 15 Min. leicht kochen lassen, dabei gelegentlich umrühren. Mit
Salz und Pfeffer	• würzen. • Die Soße nach Belieben pürieren, mit
½ TL Zucker *Spritzer Essig* *½ EL gehackter Oregano*	• abschmecken.

Tomatensoße aus frischen Tomaten

1 kg reife Tomaten	• waschen, Strunk entfernen, vierteln.
1 – 2 Zwiebeln	• in Würfel schneiden.
5 EL Olivenöl	• in einem Topf erhitzen, Zwiebeln andünsten, Tomaten zugeben und mitdünsten. Tomatenmasse 8 – 10 Min. bei mäßiger Hitze weich kochen. Dabei ab und zu umrühren, damit nichts am Topfboden anklebt. Evtl. etwas Wasser zugeben. • Gegarte Tomaten durch die Flotte-Lotte drehen oder mit dem Pürierstab zerkleinern und mit
Zucker, Salz, Pfeffer, Basilikum, Chili, Knoblauch	• abschmecken.

Tipp:
Selbst gemachte Tomatensoße schmeckt am besten im Sommer, der Erntezeit der Tomaten.

Vanillekipferl (etwa 2 Backbleche)

½ Vanillestange *1 Prise Salz*	• Vanillestangen aufschlitzen, das Vanillemark mit dem Messerrücken aus der Schote schaben. • Eine Hälfte mit der Prise Salz in eine große Rührschüssel geben.
40 g Puderzucker	• in eine Schüssel sieben und mit der anderen Hälfte Vanillemark vermischen.
140 g Mehl *50 g gemahlene Mandeln* *40 g Zucker* *100 g Butter* *1 Eigelb* *1 Prise Salz*	• Zutaten zum Vanillemark und Salz geben und mit den Knethaken des Handrührgeräts einen Knetteig erstellen. • Sollte dieser zu fest sein, noch einen EL Wasser hinzugeben und mit den Händen zu einem geschmeidigen Teig kneten.
Backpapier	• auf zwei Backblechen auslegen.
	• Den Teig zu einer Rolle mit ca. 2 cm ø formen, davon ca. 1 cm lange Scheiben abschneiden. Aus den Scheiben zwischen den Handflächen erst Kugeln, dann Halbmonde formen. Dabei nicht zu lange kneten – der Teig soll nicht warm werden. • Halbmonde auf den Blechen verteilen. 12 – 15 Min. bei 180° C hell backen und noch heiß mit Vanillepuderzucker bestreuen. Auf dem Backpapier abkühlen lassen.

Tipp:
Die Vanillekipferl sollten nicht braun werden, denn dann bekommen die Kipferl einen leicht bitteren Geschmack und werden zu trocken.

Vanillepudding (mit echtem Vanillemark)

1 Vanilleschote *350 ml Milch*	• Vanillestange aufschlitzen, das Vanillemark mit dem Messerrücken aus der Schote schaben. • Zusammen mit der Milch in einem kleinen Topf zum Kochen bringen.
150 ml Milch *3 Eigelb* *35 g Speisestärke*	• Alles in einer Rührschüssel mit einem Schneebesen schaumig rühren.
	• Wenn die Milch zu kochen beginnt, die ausgelaugte Schote herausnehmen und die Stärkemasse einrühren. • Alles 1 – 2 Min. unter Rühren aufkochen und anschließend sofort in 4 Glasschälchen füllen.

Vanillezucker (selbst gemacht)

1 – 2 Vanilleschoten	• Vanilleschoten mit einem spitzen, scharfen Messer längs halbieren. • Das Vanillemark mit dem Messerrücken aus den Schotenhälften schaben.
250 g weißen Zucker	• mit dem Vanillemark mischen. • Den Zucker zusammen mit den Vanilleschoten in ein gut schließendes Glas geben.
	• Nach einer Woche hat der Zucker das Vanillearoma aufgenommen. Nun kann man den Vanillezucker zum Aromatisieren von Süßspeisen, Kuchenteigen oder Getränken verwenden.

Vollkornnudeln mit verschiedenen Soßen

2–3 l Wasser	• in einem großen Kochtopf zum Kochen bringen.
1 EL Salz	• ins kochende Wasser geben.
300 g Vollkornnudeln	• dazugeben, Hitze zurückschalten, unter regelmäßigem Umrühren ca. 12 Min. bissfest garen.
Bolognesesoße	
1 Zwiebel	• schälen, in feine Würfel schneiden.
2 EL Öl	• in einer Pfanne erhitzen; Zwiebeln darin glasig dünsten.
250 g Hackfleisch	• in der Pfanne anbraten, dabei mit einem Pfannenwender das Hackfleisch zerteilen, immer wieder wenden, bis kein rohes Fleisch mehr zu sehen ist.
1 EL Mehl	• darüberstäuben und unterrühren.
1/8 l heiße Brühe	• unter Rühren dazugeben, aufkochen lassen, dann auf mittlere Hitze herunterschalten.
4 EL Tomatenmark *1 kl. Dose geschälte Tomaten*	• unterrühren, mit
½ TL Zucker *je 1 TL Salz, Pfeffer, Oregano, Thymian*	• würzen, abschmecken und ohne Deckel ca. 15 Min. einkochen lassen.
Carbonarasoße	
2 Scheiben Kochschinken	• würfeln.
2 EL Öl	• in einer Pfanne erhitzen; Kochschinken darin ca. 3 Min. dünsten.
1 EL Mehl	• überstäuben, gut verrühren.
1/8 l Milch *1/8 l Wasser*	• nach und nach zugeben; zwischendurch immer wieder aufkochen lassen und kräftig rühren. Mit
je 1 Pr. Salz, Pfeffer, Paprika edelsüß, evtl. ½ TL Brühe	• würzen und abschmecken.
50–75 g Sahneschmelzkäse	• in der Soße schmelzen lassen.

Walnut-Chocolate-Cookies

250 g Butter oder Margarine *180 g brauner Zucker* *1 Päckchen Vanillezucker*	• Fett und Zucker in eine Rührschüssel geben, mithilfe der Rührstäbe des Handrührgerätes so lange schlagen, bis eine helle, cremige Masse entsteht und der Zucker nicht mehr knirscht.
2 Eier	• aufschlagen, einzeln zur cremigen Zucker-Fett-Mischung geben und unterrühren.
100 g Walnusskerne *150 g Zartbitterschokolade*	• grob hacken.
300 g Mehl *1 TL Backpulver* *100 g Kakaopulver* *½ TL Salz*	• Mehl und Backpulver mischen, sieben, mit den Geschmackszutaten zum Teig geben und zügig unter den Teig mischen.
	• Gehackte Walnüsse und Zartbitterschokolade unterheben.
Backpapier	• auf zwei Backblechen auslegen.
	• Mit einem Esslöffel ca. 24 Häufchen auf den Blechen verteilen und etwas flach streichen. Cookies bei 180° C ca. 10 – 13 Min. backen und anschließend auskühlen lassen.

Tipp:
Beim Aufsetzen der Häufchen Abstand zueinander lassen, damit die Cookies nicht zusammenkleben.

Weihnachtspunsch mit Früchten

Saft von 1 Zitrone *Saft von 1 Orange* *500 ml roter Traubensaft* *500 ml Apfelsaft* *4 Nelken* *1 Zimtstange* *1 – 2 Prisen Muskat* *½ Schale von einer Zitrone* *Honig*	• Alles außer Honig aufkochen und 10 Min. ziehen lassen. • Punsch durch ein Sieb gießen und nach Belieben mit Honig süßen.

Plan L.-Glossar

aid
Diese Abkürzung steht für Auswertungs- und Informationsdienst für Ernährung, Landwirtschaft und Forsten und wurde 1950 gegründet. Er ist ein gemeinnütziger Verein und bietet verständliche, praxistaugliche Informationsmedien zu den oben genannten Bereichen. www.aid.de

Anorexia nervosa
wird als Pubertätsmagersucht bezeichnet, da häufig Mädchen zwischen dem 13. und 35. Lebensjahr daran erkranken. Das Krankheitsbild führt zu extremem Untergewicht mit einer starken Kontrolle des Essverhaltens. Wie bei jeder Sucht versuchen die Betroffenen ihre Krankheit zu verschleiern oder zu verharmlosen. Das Bild vom eigenen Körper ist verzerrt und selbst mit Behandlung sterben ca. 15 % der Erkrankten.

Aroma
Aroma bezeichnet verschiedene Sinneseindrücke, wie z. B. ein angenehmer Geschmack oder ein würziger bzw. intensiver Duft. Aromen sind Bestandteile von Lebensmitteln, werden aber auch als natürliche oder künstliche Bestandteile beigemischt.

Ätherische Öle
Als ätherische Öle werden pflanzliche Öle bezeichnet, die in Pflanzenteilen vorkommen. Sie duften meist intensiv und verflüchtigen sich leicht. Ätherische Öle kommen z. B. in den Blättern von Basilikum oder in den Blüten der Kamille vor.

Ballaststoffe
sind Nahrungsbestandteile, die nur teilweise im Dickdarm abgebaut werden können und daher lange Zeit als überflüssiger Ballast angesehen wurden. Mittlerweile haben die Forscher jedoch herausgefunden, dass sie sich positiv auf den Organismus auswirken. Ballaststoffe kommen nur in pflanzlichen Produkten vor, wie den Randschichten von Getreiden, Obst, Gemüse oder Hülsenfrüchten.

Bedürfnis
Verspüren wir ein Bedürfnis, so haben wir einen bestimmten Wunsch oder ein besonderes Verlangen nach etwas. Zu den Grundbedürfnissen des Menschen gehören Schlafen, Durst, Hunger und Sexualität. Darüber hinaus gibt es weitere Bedürfnisse, z. B. nach Liebe und Geborgenheit, Anerkennung, Ordnung, Selbstverwirklichung usw.

Beginenhof
Früher waren Beginenhöfe typische Wohnanlagen für alleinstehende Frauen mit Ursprung in Belgien und den Niederlanden. Sie zeichneten sich z. B. durch gemeinsames Wirtschaften aus. Jede Begine hatte aber ihren eigenen Rückzugsort. Heute gibt es (wieder) alte und moderne Beginenhöfe auch in Deutschland, die ein ähnliches Konzept verfolgen.

Brainstorming
Ein Brainstorming ist wie ein Gedankenwirbel im Kopf. Alles, was dir zu einem Thema einfällt, sagst oder notierst du. Wichtig dabei ist, dass alle Ideen einen Platz finden und nichts herabgewürdigt wird.

Bürgschaft ↖ *Mietkautionsbürgschaft*
Bei einer Bürgschaft verpflichtet (verbürgt) sich ein Dritter gegenüber dem Gläubiger, für vertragliche Verbindlichkeiten des eigentlichen Vertragspartners einzustehen. Im Mietverhältnis bedeutet dies, dass z. B. Eltern sich dafür verbürgen, dass ihr Kind die Miete regelmäßig und vollständig zahlt. Sonst müssen die Eltern dies übernehmen.

Chiffre
Mithilfe einer Verschlüsselung (Codierung) werden Name und Anschriften eines Inserenten anonymisiert. Zeitschriften oder Zeitungen können dann mithilfe der Chiffre-Nummer dem Inserenten die Interessenten weiterleiten.

CO_2 ↖ *Treibhausgase*

Convenienceprodukte
Convenience ist englisch und bedeutet bequem. Die Produkte versprechen also eine schnelle, einfache Zubereitung, da viele Verarbeitungsschritte schon von der Lebensmittelindustrie erledigt wurden. Tiefkühlpizza ist ein Convenienceprodukt.

Courtage (Provision)
Ein (Versicherungs-)Makler erhält für die Vermittlung von Wohnungen oder Versicherungen einen bestimmen Betrag (prozentual oder festgelegt). Dieser wird bei erfolgreichem Abschluss des Vertrags fällig.

Dauerauftrag ↖ *Einzugsermächtigung*
Der Kontoinhaber erteilt der Bank den Auftrag für Überweisungen von regelmäßig in gleicher Höhe wiederkehrenden Zahlungen an denselben Empfänger (z. B. Mieten, Versicherungsprämien). Die Bank haftet für termingerechte Erfüllung des Dauerauftrages. Änderungen, Löschung oder Erweiterungen können nur vom Kontoinhaber vorgenommen werden.

Discounter *(englisch discount = Preisnachlass, Rabatt)*
Discounter zeichnen sich durch ein tendenziell einfaches und schmales Warensortiment, das aus einfachen Verkaufsflächen präsentiert wird, aus. In der Regel sind es firmeneigene No-Name-Produkte, die in größeren Gebinden verkauft werden. Frischtheken, in denen man kleinere Mengen aussuchen kann, gibt es meist nicht.

Einzugsermächtigung
(Lastschriftverfahren) ↖ *Dauerauftrag*
Der Kontoinhaber gibt dem Zahlungsempfänger (z. B. Vermieter) die Berechtigung, anfallende Zahlungen (Miete, Nebenkosten etc.) ohne Angabe von Gründen von seinem Konto abzubuchen. Hierbei kann es sich um sich ändernde Beträge handeln. Ist das Konto zum Zeitpunkt der Abbuchung nicht gedeckt, werden Zahlungen zurückgebucht und ggf. das Inkassoverfahren eingeleitet.

Eiweiß
wird auch als Protein bezeichnet. Eiweißstoffe sind wichtige Baustoffe für den Körper. Fleisch-, Ei- und Milchproteine sind reich an Aminosäuren, die für den Körper unentbehrlich sind. Aber auch Getreide, Hülsenfrüchte und Kartoffeln enthalten Eiweiß.

E-Nummern
sind Zahlen zwischen 100 und 1521. Sie kennzeichnen europaweit Zusatzstoffe und gelten einheitlich in allen EU-Ländern. Das E stand dabei ursprünglich für Europa. Diese Zusatzstoffe haben vorgeschriebene wissenschaftliche Tests durchlaufen. *www.zusatzstoffe-online.de*

Fette
sind ein wichtiger Brennstoff für den Körper. Sie liefern viel Energie und versorgen den Organismus mit lebensnotwendigen (= essenziellen) Fettsäuren, welche für verschiedene Vorgänge wichtig sind und mit der Nahrung aufgenommen werden müssen. Maximal 30 % der täglich zugeführten Energie sollte aus Fetten stammen, wobei ein Speiseöl oder –fett umso wertvoller für den Körper wird, je mehr essenzielle Fettsäuren es enthält.

Fixe Kosten ↖ *Variable Kosten*
Kosten, die über eine gewisse Zeit konstant bleiben. Im Fall einer Haushaltplanung umfasst dies die Miete, Nebenkosten, Versicherungen, etc.

Freie Radikale
Diese sauerstoffreichen Verbindungen nehmen wir mit der Nahrung bzw. der Atemluft auf. Sind sie in zu großer Zahl vorhanden, können sie die Körperzellen schädigen und Erkrankungen auslösen.

Gelatine ↖ *Geliermittel*
Gelatine ist ein Geliermittel, mit dem flüssige oder halbflüssige Lebensmittel ihre cremige oder feste Konsistenz bekommen (Gummibärchen, Puddings, Sahnetorten, Joghurtzubereitungen). Die in Deutschland erzeugte Gelatine wird zu 90% aus Schweineschwarten und zu 10% aus Rinderbestandteilen gewonnen. Sie ist als Blattgelatine oder in gemahlener Pulverform erhältlich, wird in Wasser eingeweicht, unter Erhitzen aufgelöst und anschließend unter eine Flüssigkeit oder Creme gerührt. Nach längerer Abkühlzeit ist die Gelatine in der Speise wieder fest (siehe auch Geliermittel).

Geliermittel
Geliermittel geben Lebensmitteln mehr Festigkeit. Neben Gelatine gibt es auch mehrere pflanzliche Gelier- und Bindemittel, z. B. Alginsäure, Agar-Agar und Carageen (alle aus Algen), Pektin (aus Äpfeln oder Zitronenschalen), Johannesbrotkernmehl, Guarkernmehl, Traganth (alle aus Pflanzenteilen) und Xanthan (Bakterien auf zuckerhaltigen Substraten).

Globaler Handel
Das Wort "global" kommt vom lateinischen Wort "globus" und heißt übersetzt Erdkugel. Dementsprechend bedeutet "global" die ganze Erde betreffend, weltumspannend. Durch den globalen Handel ist es möglich, dass sich der Markt öffnet und Waren weltweit vertrieben werden können. Es wird auch möglich, dass Waren in armen Ländern billig produziert werden können. Deshalb sind viele Waren bei uns dann nicht so teuer. Allerdings verdienen Menschen in manchen Ländern nur einen Hungerlohn und oft müssen sogar Kinder viele Stunden in den Fabriken arbeiten, um den Lebensunterhalt der Familien zu bestreiten.

Globalisierung
Globalisierung beschreibt die weltweite Verflechtung in allen Bereichen des Lebens (z. B. Wirtschaft, Politik, Kultur). Wir kaufen Lebensmittel aus weit entfernten Ländern, verkaufen in Deutschland hergestellte Güter aber auch ins Ausland.

Grundumsatz ↖ *Leistungsumsatz*
ist ein Teil des menschlichen Energiebedarfs. Faktoren wie Gewicht, Geschlecht und Muskelmasse einer Person sowie deren Alter bestimmen den individuellen Grundumsatz. Dieser unterliegt jedoch zahlreichen Schwankungen und nimmt mit steigendem Alter ab. Zusammen mit dem Leistungsumsatz erhältst du deinen Gesamtenergieumsatz.

Haushaltsbuch
Eine Privatperson führt ein Haushaltsbuch, um ihre Ausgaben zu erfassen und zu kontrollieren. Es bietet die Möglichkeit, Einnahmen und Ausgaben aufzulisten, und eine Übersicht zu bekommen. Vorlagen hierzu findet man im Internet oder bei der Verbraucherzentrale.

Hormone
Hormone sind chemische Botenstoffe im menschlichen Körper. Meist werden sie in Zusammenhang mit unseren Gefühlen gebracht. Eine bekannte Redewendung ist: "Bei dir spielen die Hormone verrückt". Doch Hormone regulieren viel mehr als unsere Gefühle. Sie lassen uns wachsen, tragen zum Aufbau unserer Muskeln bei, steuern unser Verhalten, bestimmen, wie wir aussehen und vieles mehr. Sie können aber auch krank machen. Hormone kommen nicht nur beim Menschen vor, sondern auch beim Tier. Oft erhalten Tiere zusätzliche Hormone, damit sie schneller wachsen, das Futter besser verwerten und eher geschlachtet werden können.

Kaltmiete ↖ *Warmmiete*
Mietpreis für die Räumlichkeiten ohne weitere Kosten, also auch ohne Heizkosten

Kaution
Kaution ist eine Sicherheitsleistung für den Fall, dass ein Mieter seiner Schadensersatzpflicht nicht nachkommt.

Kohlenhydrate
ist der mengenmäßig wichtigste Nährstoff für den menschlichen Körper. Mehr als 50% der täglichen Energie sollte aus Kohlenhydraten bestehen. Kohlenhydratreiche Lebensmittel sind Getreide, Kartoffeln, einige Gemüse und die aus ihnen

hergestellten Produkte. Einfache Glieder der Kohlenhydrate werden als „Zucker" bezeichnet. Die verschiedenen Zuckerformen erkennt man in der Ernährungsnavigation an der Endung „-ose" (Glucose, Fruktose, usw.).

Konservierung

Konservierung stammt aus dem Lateinischen (conservare = „erhalten, bewahren") und bezeichnet die Verlängerung der Haltbarkeit von Lebensmitteln auf chemische oder physikalische Weise. Zu den physikalischen Methoden zählen die Konservierung durch Kälte, Hitze, Trocknen, Bestrahlen oder Vakuumieren. Diese Verfahren sind aufgrund ihrer geringen Veränderung der Inhaltsstoffe der Nahrungsmittel besonders schonend (z. B. Tiefgefrieren, Pasteurisieren, Trocknen von Kräutern ...)

Zu den chemischen Methoden zählen das Säuern, Pökeln, Räuchern, Zuckern, Salzen und das Einlegen in Alkohol. Bei diesem Verfahren werden Geschmack, Aroma und Struktur der Lebensmittel gewünscht verändert (z. B. Sauerkraut, geräucherter Schinken ...).

Lebensmittel

Laut Lebensmittelgesetz sind Lebensmittel alle Stoffe, die in unverändertem, teilweise verarbeiteten oder verarbeiteten Zustand dafür bestimmt sind, von Menschen verzehrt zu werden. Ernährungswissenschaftler unterscheiden zwischen Nahrungs- und Genussmitteln.

Quelle: Artikel 2 der Verordnung Nr. 178/2002 des Europäischen Parlaments und des Europäischen Rats (28. Januar 2002).

Lebensphasen

Dies bezeichnet die unterschiedlichen Stufen der Entwicklung eines Lebewesens oder die Abfolge von Lebensereignissen. Beim Menschen: Embryogenese -> der Kindheit (Säugling, Kleinkind) -> der Jugend -> Erwachsenenalter (Senior). Soziale Lebensphasen des Menschen (Sozialisation): vorschulische Zeit -> Schulzeit -> Berufsausbildung oder Studium -> Erwerbsleben und Rente

Lebensstil

Der Lebensstil beschreibt die Art und Weise, wie wir leben. Der Begriff umfasst z. B. unseren Wohnstil, Ernährungsstil, unsere Freizeitvorlieben und unsere Kleidung. So stecken hinter unserem täglichen Konsumhandeln unsere Einstellungen und Sichtweisen.

Leistungsumsatz *↖ Grundumsatz*

bezeichnet den Energiebedarf des Menschen durch körperliche Aktivitäten. Wirklich energiezehrende Belastungen kommen heute jedoch nur bei Profisportlern vor.

Mietkautionsbürgschaft *↖ Bürgschaft*

Die Mietkaution wird von einer Bank oder einer Versicherung in Form einer Bürgschaft gestellt. Es wird damit eine private Wohnung oder ein gewerblich genutzter Raum abgesichert.

Mieterselbstauskunft

Mithilfe der Mieterselbstauskunft kann der Vermieter Informationen über einen zukünftigen Mieter erfragen. Dabei dürfen Fragen zum Einkommen, Arbeitgeber, Familienstand, zu Haustieren oder vorherigen Mietverhältnissen gestellt werden. Ebenso ist es erlaubt, nach eidesstattlichen Versicherungen oder Lohnpfändungen zu fragen. Die Beantwortung ist zwar freiwillig, wird allerdings von Vermietern gern gesehen. Nicht zulässig sind Fragen nach sexuellen Vorlieben oder der kurzfristigen Familienplanung.

Mindesthaltbarkeitsdatum *↖ Verbrauchsdatum*

Das Mindesthaltbarkeitsdatum gibt an, bis zu welchem Datum das verpackte Lebensmittel, wenn es entsprechend aufbewahrt wird, seine spezifischen Eigenschaften behält. Das Mindesthaltbarkeitsdatum ist kein Verbrauchsdatum, d. h. die Ware ist nicht automatisch verdorben. Eine sensorische Prüfung (Geruch, Geschmack, Aussehen) hilft zu prüfen, ob es noch genießbar ist. Hackfleisch, Rohmilch und frisches Geflügelfleisch sind sehr leicht verderbliche Lebensmittel. Bei diesen Lebensmitteln steht anstatt eines Mindesthaltbarkeitsdatums das Verbrauchsdatum ("verbrauchen bis..."). Das Verbrauchsdatum ist unbedingt einzuhalten. Diese Angaben müssen auf allen Lebensmittelpackungen stehen.

Mineralstoffe ↖ *Spurenelemente*
sind anorganische Substanzen in Lebensmitteln, die im Körper viele Aufgaben erfüllen und daher lebensnotwendig sind. Sie werden in Mengen- und Spurenelemente unterteilt und kommen nur in geringen Mengen im Körper vor. Bei Durchfallerkrankungen oder durch starkes Schwitzen verliert der Köper wichtige Mineralstoffe, sodass diese durch entsprechende Nahrung bzw. mineralstoffreiche Getränke wieder zugeführt werden müssen.

Nebenkosten
Dies sind Betriebskosten für Warm- und Kaltwasser, Hausmeister, Müllabfuhr, Versicherungen, etc. Nebenkosten werden als Pauschale abgerechnet. Eine genaue Abrechnung erfolgt dann in der Regel einmal jährlich. Dabei kann es zu Rückzahlungen, aber auch zu Nachzahlungen kommen.

Pestizide
Pestizide sind chemische Stoffe, die eingesetzt werden, um Insekten oder Unkraut zu beseitigen. Nach dem Einsatz verschwinden sie aber nicht, sondern sammeln sich in der Nahrungskette und können Lebensmittel verseuchen.

Produktlinienanalyse
Eine Produktlinienanalyse deckt auf, welchen Weg ein Produkt gegangen ist, bis es im Geschäft steht – von der Rohstoffbeschaffung bis zur Entsorgung. Dabei wird nicht nur auf ökologische Gesichtspunkte geachtet, sondern auch ein besonderer Blick auf soziale und gesellschaftliche Faktoren geworfen.

Regenbogenfamilie
Regenbogenfamilien sind Familien, bei denen leibliche, adoptierte oder Pflegekinder bei gleichgeschlechtlichen Partnern leben. Der Begriff leitet sich vom Symbol der schwul-lesbischen Bewegung ab – eine Flagge in Regenbogenfarben.

Ressourcen
Das Wort stammt aus dem Französischen. Ressourcen sind bestimmte Mittel, die nötig sind, um ein Ziel zu erreichen. Geld oder Arbeitskräfte sind z. B. Ressourcen, aber auch Öl, Erdgas oder andere Bodenschätze. Zu den natürlichen Ressourcen gehören unsere Wälder, Seen und Flüsse. Allerdings sind diese Vorräte in der Regel nur in begrenztem Umfang vorhanden.

Schmarrn
Vor allem in Österreich sind Redewendungen bekannt, wie z. B.: „Du redest einen Schmarrn. Das geht dich einen Schmarrn an." Schmarrn bedeutet soviel wie Blödsinn, etwas ist bedeutungslos, wertlos, ohne Qualität.

SCHUFA
Die Abkürzung steht für Schutzgemeinschaft für allgemeine Kreditsicherung. Die SCHUFA liefert ihren Vertragspartnern Informationen über die Kreditwürdigkeit ihrer Kunden und schützt so vor Verlusten. Wenn du beispielsweise wegen hoher Handy-Schulden aktenkundig geworden bist, wäre dies bei der Schufa registriert.

Soziale Netzwerke
Als soziale Netzwerke werden Online Communities wie z. B. facebook, wer-kennt-wen usw. bezeichnet. Hier sind in einer virtuellen Welt Menschen miteinander verbunden, die sich unterhalten, verabreden oder austauschen. Soziale Netzwerke dienen der emotionalen, kognitiven und auch materiellen Unterstützung.

Spurenelemente
sind Stoffe, die der Mensch nur in geringen Mengen (Spuren) benötigt. Meist reichen weniger als 50 mg/Tag aus. Eisen und Jod gehören zu den Spurenelementen. Bei einem Mangel kann es zu körperlichen Beeinträchtigungen kommen.

Süßstoffe
gehören zu den Lebensmittelzusatzstoffen und haben eine intensivere Süßkraft als Zucker. Sie werden aus künstlichen oder natürlichen Verbindungen hergestellt und ersetzen den Zucker in vielen Lightprodukten, da sie so gut wie keinen Nährwert besitzen. Aspartam (E 951), Cyclamat (E 952) oder Saccharin (E 954) sind häufig verwendete Süßstoffe.

Tabu
Hiermit ist eine Handlungsweise oder ein Verhalten gemeint, das gegen Gesetze und Normen verstößt. Dabei kann es sich auch um ungeschriebene, aber innerhalb einer Gruppe anerkannte Regeln handeln.

Taurin
ist in vielen Energydrinks oder Sportgetränken enthalten. Es soll die Stimmung, die Leistungs- und die Konzentrationsfähigkeit verbessern, dies ist allerdings wissenschaftlich nicht belegt.

Treibhausgase ↖ *CO_2*
Treibhausgase sind Bestandteile der Atmosphäre. Sie verhindern, dass die Temperaturstrahlung der Erde in den Weltraum entweicht und die Erde abkühlt. Seit Beginn der industriellen Revolution hat es eine große Zunahme an Treibhausgasemissionen in die Atmosphäre gegeben, was hauptsächlich durch das CO_2 aus der Verbrennung von fossilen Brennstoffen, aber auch durch die Abholzung der Tropenwälder verursacht worden ist. Ist zu viel Treibhausgas in der Atmosphäre, besteht die Gefahr, dass sich die Erde zu stark erwärmt, man spricht auch von „Treibhauseffekt". Wichtige Treibhausgase sind:

- Kohlendioxid (CO_2): Es entsteht hauptsächlich durch die Verbrennung von fossilen Brennstoffen.
- Lachgas (N_2O): Es entsteht vorwiegend durch die Landwirtschaft.
- Methangas: Es wird hauptsächlich von Kühen ausgestoßen. Eine einzige Kuh stößt im Jahr genauso viel Treibhausgas aus wie ein Mittelklassefahrzeug, das im Jahr durchschnittlich 25 000 Kilometer fährt.

Umami
Mit diesem japanischen Wort wird die Geschmacksrichtung „herzhaft, fleischig, köstlich oder wohlschmeckend" beschrieben. Wissenschaftler fanden heraus, dass der Umami-Geschmack vor allem auf Geschmacksverstärker zurückzuführen ist.

Variable Kosten ↖ *Fixe Kosten*
Kosten, die nicht konstant sind und im Laufe eines gewissen Zeitraumes variieren. Im privaten Haushalt sind dies Lebenshaltungskosten (Lebensmittel, Hygiene-Artikel, Freizeit usw.).

Verbrauchsdatum ↖ *Mindesthaltbarkeitsdatum*

Vegetarisch
Vegetarisch ist das Adjektiv von Vegetarismus. Vegetarismus bezeichnet eine Ernährungsweise, bei der Menschen bewusst auf Fleisch und Fisch verzichten oder ganz auf Nahrungsmittel, die vom Tier produziert werden.

Vitamine
sind für den menschlichen Körper lebenswichtige organische Substanzen, die zum großen Teil mit der Nahrung aufgenommen werden müssen. Sie liefern keine Energie und werden als Wirkstoffe bezeichnet, da sie an zahlreichen Vorgängen im Körper beteiligt sind. Es gibt wasser- und fettlösliche Vitamine. Eine ausgewogene Ernährung versorgt uns ausreichend mit allen nötigen Vitaminen.

Vollwertige Ernährung
bezeichnet eine ausgewogene Kost, bei der alle Lebensmittel in bestimmten Mengen erlaubt sind. Eine Orientierung geben die aid-Ernährungspyramide und die 10 Regeln der DGE (Deutsche Gesellschaft für Ernährung e. V.). Der Genuss sollte bei einer vollwertigen Ernährung nicht zu kurz kommen. Zusammen mit regelmäßiger körperlicher Bewegung sind dies die besten Voraussetzungen für lebenslange Gesundheit.

Warmmiete ↖ *Kaltmiete*
In der Warmmiete sind neben Kaltmiete und Heizkosten in der Regel die Nebenkosten (Betriebskosten) enthalten. Die Stromkosten trägt der Mieter meist extra.

WWF
Die Abkürzung WWF steht kurz für „World Wide Fund For Nature". Dieser Organisation wurde 1961 gegründet und ist die größte Naturschutzorganisation der Welt. Ein großer Panda ist das bekannte Logo des WWF.

Bildquellenverzeichnis

S. 4 (Infografik): © ISOE - Institut für sozial-ökologische Forschung; S. 4 (unterlegtes Foto): © A_Bruno - Fotolia.com; S. 5 o.: © Ocean/Corbis; S. 5 u.: Jose Giribas/images.de; S. 6: © Samuel Borges - Fotolia.com; S. 7 o.: ©allesalltag; S. 7 u.: CIRIC/Images.de; S. 8: Gerald Bucher; S. 9: Lehmann, Herbert/StockFood; S. 10: Andrea Gjestvang/The Moment/Agentur Focus; S. 11 u.: © BeTa-Artworks - Fotolia.com; S. 11 o.: © M. Schuppich - Fotolia.com; S. 12: Ute Grabowsky/photothek.net; S. 13 o.: © Paul Cowan; S. 13 u.: © dream79 - Fotolia.com; S. 14 o.: © mumi - Fotolia.com; S. 14 u.: © Thomas Francois - Fotolia.com; S. 15: ALIMDI.NET/Denis Meyer; S. 16: dieKLEINERT.de/..... Studio K; S. 18: © Andrea Wilhelm - Fotolia.com; S. 19: Ute Grabowsky/photothek.net; S. 20: © hiphoto39 - Fotolia.com; S. 22 o.: © Andrew Bayda - Fotolia.com; S. 22 u.: picture-alliance/dpa; S. 25 li.: © StockFood/Gousset, Bettina; S. 22 Mi.: Panos Pictures/VISUM; S. 22 re.: © StockFood/Cato-Symonds, Shaun; S. 27 li.: © Natika - Fotolia.com; S. 27 Mi.: © Natalia Merzlyakova - Fotolia.com; S. 27 re.: © Mariusz Blach - Fotolia.com; S. 29: Liesa Johannssen/photothek.net; S. 31: © monticellllo - Fotolia.com; S. 32: © Dan Race - Fotolia.com; S. 33: © LVDESIGN - Fotolia.com; S. 34: DGE-Ernährungskreis®, Copyright: Deutsche Gesellschaft für Ernährung e. V., Bonn; S. 35 li.: © aid infodienst, www.aid.de; S. 35 re.: Dreidimensionale Lebensmittelpyramide, Copyright: Deutsche Gesellschaft für Ernährung e. V., Bonn; S. 36: © StockFood/Bumann, Gerhard; S. 37: © Gina Sanders - Fotolia.com; S. 38: UpperCut Images B/F1online Bildagentur RM; S. 39: © Piotr Marcinski - Fotolia.com; S. 40: © Jonas Glaubitz; S. 41: © PhotoSG - Fotolia.com; S. 42 o.: © Jürgen Fälchle - Fotolia.com; S. 42 u.: Fred Dott; S. 43: © StockFood/TH Foto; S. 45: © Kitty - Fotolia.com; S. 48: © michaeljung - Fotolia.com; S. 49: © andriigorulko - Fotolia.com; S. 50: © Kesu - Fotolia.com; S. 52 1. u. 3. Abb.: © margo555 - Fotolia.com; S. 52 2. Abb.: © Christian Jung - Fotolia.com; S. 52 4. Abb.: © scis65 - Fotolia.com; S. 52 5. Abb.: © zi3000 - Fotolia.com; S. 53 1. Abb.: © Barbara Pheby - Fotolia.com; S. 53 2. Abb.: © lenushka2012 - Fotolia.com; S. 53 3. Abb.: © Digitalpress - Fotolia.com; S. 53 4. Abb.: © Scisetti Alfio - Fotolia.com; S. 53 5. Abb.: © Harald Biebel - Fotolia.com; S. 53 6. Abb.: © Tim UR - Fotolia.com; S. 54 o.: © Ric Esplana Babor - Fotolia.com; S. 54 Mi.: © Foodlovers - Fotolia.com; S. 54 u.: © StockFood/Hrbková, Alena; S. 55 1. Reihe li., 2. Reihe li., 2. Reihe Mi.: © StockFood/Eising Studio - Food Photo & Video; 1. Reihe Mi., 3. Reihe li.: © StockFood/Zabert Sandmann Verlag/Z.Sandmann Verlag; 1. Reihe re.: © StockFood/Cato-Symonds, Shaun; S. 55 2. Reihe li.: © StockFood/Hempel, Shawn; S. 55 3. Reihe Mi.: © dusk - Fotolia.com; 3. Reihe re.: © ott - Fotolia.com; S. 56: © teressa - Fotolia.com; S. 57: © StockFood/Garten, Peter; S. 58: © StockFood/Mèche, Hilde; S. 60 1. Abb.: © atoss - Fotolia.com; S. 60 2. Abb.: © photocrew - Fotolia.com; S. 60 3. Abb.: © Malyshchyts Viktar - Fotolia.com; S. 60 4. Abb.: © GIS - Fotolia.com; S. 60 5. Abb.: © Schlierner - Fotolia.com; S. 60 6. Abb.: © womue - Fotolia.com; S. 60 7. Abb.: © askaja - Fotolia.com; S. 61 1. Abb.: © tropper2000 - Fotolia.com; S. 61 2. Abb.: © angorius - Fotolia.com; S. 61 3. Abb.: © Diana Taliun - Fotolia.com; S. 61 4. Abb.: © bergamont - Fotolia.com; S. 61 5. Abb.: © photocrew - Fotolia.com; S. 61 6. Abb.: © NataliTerr - Fotolia.com; S. 61 7. Abb., 8. Abb.: © Dionisvera - Fotolia.com; S. 62: © StockFood/ETSA; S. 63 1. Reihe li.: © Fontanis - Fotolia.com; S. 63 1. Reihe Mi.: © tycoon101 - Fotolia.com; S. 63 1. Reihe re.: blickwinkel/allOver; S. 63 2. Reihe li.: © ratmaner - Fotolia.com; S. 63 2. Reihe Mi.: © StockFood/Lutterbeck, Barbara; S. 63 2. Reihe re., 3. Reihe re.: © StockFood/Heinze, Winfried; S. 63 3. Reihe Mi.: © fotoart-wallraf - Fotolia.com; S. 63 3. Reihe re.: © Kokhanchikov - Fotolia.com; S. 64: © StockFood - Jurg Waldmeier; S. 66: © Tony Campbell - Fotolia.com; S. 68 li.: © viperagp - Fotolia.com; S. 68 re.: © scerpica - Fotolia.com; S. 70: © Agfoto - Fotolia.com; S. 71: © nataliazakharova - Fotolia.com; S. 72: Stiftung Warentest, 6/2009; S. 73: Stiftung Warentest; S. 76 (Teller mit Besteck auf Tisch): © Schwoab - Fotolia.com; S. 76 (Thermometer): © vladischern - Fotolia.com; S. 78: „Klimaschutz schmeckt" © Verbraucherzentrale; S. 79: © Jürgen Fälchle - Fotolia.com; S. 80: © picture-alliance/Paul Mayall; S. 81 o.: Okapia; S. 81 Mi.: picture alliance/dpa; S. 81 u.: ullstein bild – Keith; S. 82: Caro/Oberhaeuser; S. 84 (Schokolade): © vipman4 - Fotolia.com; S. 84 (Bio-Gütesiegel Bio): picture alliance/dpa; S. 84 (Fair-Trade-Siegel): picture-alliance/dpa; S. 86: © BMEL; S. 88: Ulrich Baumgarten/vario images; S. 90: © Klaus Eppele - Fotolia.com; S. 94: "The Hitchhiker's Guide to the Galaxy" Vogon ship above Earth © 2005 Touchstone Pictures Photo by Cinesite ** J.C.C./Copyright ddp images; S. 96 o., S. 100 u.: © Dominique Costermanns: Die Nachaltige Entwicklung für Kinder erklärt. Editions Luc Pire, 2004; Internet: www.kroll.be; S. 96 u. li.: © Simon - Fotolia.com; S. 96 u. Mi.: © julvektoria - Fotolia.com; S. 96 u. re.: © Arcady - Fotolia.com; S. 98: © Mopic - Fotolia.com; S. 99: Rechner von der BUNDjugend (Jugend im Bund für Umwelt und Naturschutz Deutschland e. V.); S. 100 o.: http://www.tagesschau.de/inland/wwf114.html, grafische Bearbeitung: Franz-Josef Domke, Hannover/Verlagsarchiv Schöningh; S. 101: © Kundra - Fotolia.com/Grafische Bearbeitung: Franz-Josef Domke, Hannover/Verlagsarchiv Schöningh; S. 102 li.: © Friedberg - Fotolia.com; S. 102 re.: Golden Section Graphics; S. 106 o.: © Anna Khomulo - Fotolia.com; S. 106 u.: NASA via Wikimedia Commons; S. 108: © olly - Fotolia.com; S. 109 o.: picture alliance/dpa; S. 109 u.: Christliche Initiative Romero (CIR) www.ci-romero.de; S. 110 li.: picture alliance/ZB; S. 110 re.: picture alliance/Robert B. Fishman, ecomedia; S. 111 li.: Fair Wear Foundation; S. 111 Mi. u. re.: © Internationaler Verband der Naturtextilwirtschaft e. V.; S. 112: Dachverband FairWertung; S. 114: © iuneWind - Fotolia.com; S. 116: © Kwest - Fotolia.com; S. 120 re.: © mihi - Fotolia.com; S. 121 li.: RFJohner/F1online Bildagentur RM; S. 121 re.: © Dan Race - Fotolia.com; S. 122: © Jeanette Dietl - Fotolia.com; S. 124: © Fiedels - Fotolia.com; S. 126: © Pitopia, Convisum, 2012; S. 128: © Pitopia, Harald Richter, 2009; S. 129: © feelphotoartz - Fotolia.com; S. 130: © eccolo - Fotolia.com; S. 132: © viperagp - Fotolia.com; S. 134: © Kitty - Fotolia.com; S. 136: © Katsiaryna - Fotolia.com; S. 138 o.: © eyetronic - Fotolia.com; S. 138 u.: © Dron - Fotolia.com; S. 140 o. li. und re.: akg-images; S. 140 u. li.: collector/voller Ernst; S. 140 u. re.: bpk/De Graeve; S. 141 o. li.: © Dron - Fotolia.com; S. 141 o. re.: The Image Works/VISUM; S. 141 u. li.: © Minerva Studio - Fotolia.com; S. 141 u. re.: picture alliance/ZB/Foto: Jens Kalaene/dpa; S. 142 o.: Bildarchiv Pisarek/akg-images; S. 142 u.: © JackF - Fotolia.com; S. 143: Picture-Alliance GmbH/Foto: Denkou Images; S. 144: © Photographee.eu - Fotolia.com; S. 145: Kirsten Mann; S. 147: © Mariusz Prusaczyk; S. 148: © Klaus Eppele - Fotolia.com; S. 150: Angelika Krug; S.

151: © Slow Food Deutschland e. V.; S. 154: © StockFood/Foodcollection; S. 155: © Eva Gruendemann - Fotolia.com; S. 156: © Corinna Gissemann - Fotolia.com; S. 157: © digismith - Fotolia.com; S. 158: © PhotoEd - Fotolia.com; S. 159: © Peredniankina - Fotolia.com; S. 160: © StockFood/Giblin, Sheri; S. 161: © ott - Fotolia.com; S. 162: © Jan Felker - Fotolia.com; S. 163: © Lucky Dragon - Fotolia.com; S. 164: © marysckin - Fotolia.com; S. 165: © Tiramisu Studio - Fotolia.com; S. 166: © Quade - Fotolia.com; S. 167: © Christian Pedant - Fotolia.com; S. 168: © Africa Studio - Fotolia.com; S. 169: © Viktor - Fotolia.com; S. 170: © Corinna Gissemann - Fotolia.com; S. 171: © kazoo80 - Fotolia.com; S. 172: © kab-vision - Fotolia.com; S. 173: © dmytromykhailov - Fotolia.com; S. 175: © StefanieB. - Fotolia.com; S. 176: © petrabarz - Fotolia.com; S. 177: © Ekaterina Fribus - Fotolia.com; S. 178: © Yevgeniya Shal - Fotolia.com; S. 179: © PhotoEd - Fotolia.com; S. 180: © Ildi - Fotolia.com; S. 181: © M.studio - Fotolia.com; S. 182: © quipu - Fotolia.com; S. 183: © photocrew - Fotolia.com